职业院校饭店服务与管理专业系列教材

酒吧服务与管理

主　编　单铭磊

中国财富出版社

图书在版编目（CIP）数据

酒吧服务与管理／单铭磊主编 . —北京：中国财富出版社，2014.5

（职业院校饭店服务与管理专业系列教材）

ISBN 978 - 7 - 5047 - 5151 - 5

Ⅰ.①酒…　Ⅱ.①单…　Ⅲ.①酒吧—商业服务—高等职业教育—教材 ②酒吧—商业管理—高等职业教育—教材　Ⅳ.①F719.3

中国版本图书馆 CIP 数据核字（2014）第 052387 号

| 策划编辑 | 寇俊玲 | 责任印制 | 何崇杭 |
| 责任编辑 | 徐文涛　李瑞清 | 责任校对 | 梁　凡 |

出版发行	中国财富出版社		
社　　址	北京市丰台区南四环西路 188 号 5 区 20 楼	邮政编码	100070
电　　话	010 - 52227568（发行部）	010 - 52227588 转 307（总编室）	
	010 - 68589540（读者服务部）	010 - 52227588 转 305（质检部）	
网　　址	http：//www.cfpress.com.cn		
经　　销	新华书店		
印　　刷	北京京都六环印刷厂		
书　　号	ISBN 978 - 7 - 5047 - 5151 - 5/F · 2129		
开　　本	787mm×1092mm　1/16	版　　次	2014 年 5 月第 1 版
印　　张	16.75	印　　次	2014 年 5 月第 1 次印刷
字　　数	337 千字	定　　价	39.80 元

出版说明

职业教育与普通教育的不同在于，普通教育强调较强的系统理论基础，培养的是学术型、工程型人才；而职业教育强调较强的实践技术和专业技能，培养的是技术型、技能型人才。因此，职业教育既有高等教育在教育领域的某些共性，更有职业教育的个性，即特色。这种特色首先表现为独特的办学理念和办学思路：以就业为导向、与社会经济发展紧密结合，以社会需要为出发点和落脚点，以行业企业为主导的校企合作、产学研结合等。

实现职业教育的目标、体现职业教育的价值离不开优秀的教材！

事实却是市场上的教材不是本科教材的简单删减，就是培训教材的粗略扩充，导致职业教育教材中的部分内容是已被淘汰的知识，新知识、新技术、新内容、新工艺、新材料不能及时反映到教材中来，教材与紧密联系生产一线的职业教育专业设置不符，给学生就业带来弊端。

为了解决上述问题，我们策划并组织编写了这套"职业院校饭店服务与管理专业系列教材"，期望能够满足广大老师和学生的需求。本套教材从策划伊始到问世，都伴随着策划人详尽的调研和编写老师严谨的耕耘。这些使得本套教材具有以下特点：

（1）通俗易读，深浅有度。理论知识广而不深，基本技能贯穿教材的始终。图文并茂，以例释理的方法得到广泛的应用，十分符合职业院校学生的学习特点。

（2）注重"双学型"特点的体现。职业教育对"双师"和"双证"的要求，必然呼唤教材具备"双学"的特点：一方面，教材能够协助教师对学生进行在校的理论和实践教育；另一方面，还能够帮助学生取得相关职业技能证书，向劳动部门颁发的职能鉴定标准看齐，为就业做好准备。为了做到这点，本套教材与这些技能考试相结合，以考试的试题为课堂训练或者拓展模块，实现两者的有机结合。

（3）"套餐式"教材，电子教案请专业人士制作。现代化的手段可以帮助丰富和发展传统的教材，PPT 可以使学生的注意力更加集中，书本的附加内容可以使书本内容形象生动，适量的配套练习、详细的参考答案可以培养学生自学自测的能力……特别是，本套教材的这些"套餐式"杜绝流于形式，那些不能用、不适用的课件做了还不如不做。

（4）模块式的编写思路。以大模块嵌套小模块的方式来编写。实践证明，这种模块式的教材更能吸引学生产生学习兴趣。

"职业院校饭店服务与管理专业系列教材"符合职业教育的教学理念和发展趋势，能够成为广大教师和学生教与学的优秀教材，同时也可以作为饭店管理人员、相关从业人员的自学读物。

前　言

随着我国旅游业、饭店业和餐饮业的发展，商务餐饮和休闲餐饮的销售量不断增加。我国酒水销售额近年亦呈两位数增长，来自世界各地的葡萄酒、烈性酒、利口酒和非酒精饮料不断进入我国。酒吧成为现代社会交往的重要场所，也成为现代城市中一道亮丽独特的文化景观。调酒师在这里调出百般滋味，用绚丽多彩的鸡尾酒来装扮都市生活，这一切都已经成为人们生活的重要组成部分。2012 年，酒吧业全年的消费额为 231.5 亿元，占全国餐饮服务业消费额 5000 亿元的 4.63%，发展速度比同业高出3.63 个百分点。按这个速度，在未来的五年内，中国的酒吧服务业市场份额将达到500 亿元，酒吧产业市场将呈现出巨大的发展潜力。

在这种新的市场形式下，人们越来越感到了解更多酒水知识和酒文化的必要性，对于我国饭店业和餐饮业来说也迫切需要大批懂得酒水知识和酒水经营的管理人才。

《酒吧服务与管理》一书是根据社会需要以及现代饭店和餐饮管理对酒水知识的需求，结合我国酒水经营实践，融合国内外名酒和饮料的历史、文化、种类及特点，在总结多年教学与实践经验的基础上编写而成。编写过程中严格按照教育部关于职业教育教学改革"加强职业教育，突出实践能力培养"及 21 世纪高等学校旅游管理类实用规划教材的要求，结合实际岗位情况，注重全面介绍酒吧、酒水等基础知识，注重服务操作、实践技能与实战能力的系统化培训，且全书采取新颖、统一的版式设计，以工作目标为导向，将学习内容设计为模块，用项目教学来引导学生，让学生带着任务学习，从而能够与生产实际零距离结合。全书共分为两篇，第一篇主要是酒水及调酒知识的内容，第二篇主要是酒吧服务与管理的内容。该教材的主要内容包括：酒水知识、鸡尾酒调制、咖啡等无酒精饮料知识、酒吧服务、酒吧管理、酒吧设立与布局、酒单策划与设计、酒吧员工培训与考核以及花式鸡尾酒欣赏等，内容涉及全面，并附带大量经典鸡尾酒的酒方和行业相关标准等。适应各级旅游或酒店管理类院校关于酒水部分应知、应会知识的学习需要。

为保证本书的实用效果，在组织编者时采取了教学骨干教师和业内专家相结合的方式，编著者中不仅有从事多年酒水教学和酒吧、鸡尾酒培训的专业教师，还有行业中实践经验丰富、多次获奖的业内精英。本书不仅可以作为专业院校酒水教学的教材，也可以作为饭店业和餐饮业有关酒水经营管理的专业实用图书，还可作为对酒水知识、酒吧文化以及酒水经营、酒吧管理感兴趣的人士的阅读材料。

本书由单铭磊主编，刘文彬任副主编，马天翼、何静、秦炳贞参编，其中山东青年政治学院旅游学院的单铭磊老师负责第一至第八章及第十章的编写，中华女子学院的刘文彬老师负责第九章、第十一章及第十二章的编写，济南斯玛特调酒师学校的马添翼老师、济南技师学院的何静老师、山东青年政治学院旅游学院的秦炳贞老师参与了图片设计及制作，并与主编共同对全书进行了统稿和最后的修订。

在编写过程中得到多家院校和酒店、酒吧的帮助与支持，山东青年政治学院旅游学院的李克凡、李大阳等同学积极参与了资料收集及调酒图片的拍摄工作，在此一并表示感谢。由于时间仓促，编者水平有限，对书中存在的不足恳请读者指正。

编者

2014 年 1 月

目 录

第一篇 酒水基础知识与鸡尾酒制作

第二篇　酒吧服务与酒吧管理

第一篇 酒水基础知识与鸡尾酒制作

项目一 酒水概述

学习目标

知识目标

了解酒的起源与发展，了解酒水、酒的基本知识以及酒水的基本分类，学习酿酒的生产工艺。

技能目标

掌握酒水的分类，了解酿酒的生产工艺。

案例导入

古代中国人的酿酒过程

早在3000多年前，古代中国人就做出了一种叫酒曲的原料，用它酿出来的酒甘甜芳香，回味绵长。几千年来，酒曲一直是中国酒酿造的秘诀。现今，并没有多少人真正了解我们的祖先究竟是怎样酿造出美酒的。

1999年3月，水井坊的考古发掘让人们第一次清晰地看到了古代中国人酿酒的全过程。

蒸煮粮食是中国人酿酒的第一道程序。粮食拌入酒曲，经过蒸煮后，更有利于发酵。在传统工艺中，半熟的粮食出锅后，要铺撒在地面上，这是酿酒的第二道程序，也就是搅拌、配料、堆积和前期发酵的过程。晾晒粮食的地面有一个专门的名字，叫晾堂。水井坊遗址一共发掘了3座晾堂，依次重叠。晾堂旁边的土坑是酒窖遗址，就像一个个陷在地里的巨大酒缸。水井坊发掘出了8口酒窖，内壁和底部都用纯净的黄泥土涂抹，窖泥厚度8厘米到25厘米不等。

酒窖里进行的是酿酒的第三道程序，对原料进行后期发酵。

经过窖池发酵老熟的酒母，酒精浓度还很低，需要经过进一步的蒸馏和冷凝，才能得到较高酒精浓度的白酒，传统工艺采用俗称天锅的蒸馏器来完成。

人们在清代层面上发现了一个奇怪的圆形遗存，乍一看有点像水井。考古学家最后定论，这是目前可以确定的中国最早的生产蒸馏酒的实物。当年在基座上架着巨大的天锅，天锅分上下两层，下面的锅里装酒母，上面的锅里装冷水，基座上柴火旺盛，蒸煮酒母，含有酒精的气体被上面的冷水冷却，凝成液体，从管道流出，这就是蒸馏酒。

人们以此推断，在清代，这里生产的就是蒸馏酒，而且技术已经和现代酿酒技术十分接近。专家对水井坊几口老窖池的微生物进行了检测，分离到红曲和根霉。水井坊考古证实，中国最晚在元末明初，就已经有了非常成熟的蒸馏酒酿造技术。

中国的蒸馏酒分为浓香型、清香型和酱香型等，水井坊酿造的酒属于浓香型白酒，是中国蒸馏酒中分布最广泛的一种，它在酿造技术上最大的特点是用泥窖酿酒，成为中国酿酒工艺中一个特殊的门类。

由于目前发掘的面积有限，第三层以下还没有深挖，因此，在遗址的下面很可能还埋藏着更早年代的文物和遗址，不同历史层面的废弃、启用的真相也许会在未来的进一步发掘中给我们一个答案。

任务一　酒的起源与发展

关于酒的来源，历来众说纷纭。中国是世界上最早酿造酒的国家之一。我国自古就有猿猴造酒的传说，说生活在山林中的猿猴将吃剩下的果子集中堆放起来，成熟的果子由于酵母菌等微生物的作用自然发酵，就酿成原始的酒。类似"猿猴造酒"的传说不仅局限于中国，法国也有鸟类衔食造酒的传说，说鸟将各种果实衔集在鸟巢里，久而久之便发酵成了酒。

人类是受到大自然的启发开始酿酒的。比较有依据的说法有两种，一是酿酒始于周代"杜康造酒"；二是始于夏朝"仪狄造酒"。

人类用粮食酿酒大概是在新石器时代。粮食的过剩，制陶业的发展，为大规模酿酒奠定了基础。人们还做了精细的陶瓷器具，用以盛载各种酒品并使酒能够长期保存。

人类经过长期的摸索和实践，酿酒技术越来越成熟，特别是 17 世纪，蒸馏技术应用在酿酒业上，使大批多种类、高质量的酒品得以酿制并长期保存。

李渡镇有 800 多年的酿酒历史，是中国烧酒发源地之一。2002 年的考古发现将中国烧酒酿造历史往前推移了 200 多年。

图1-1　中国酒的储存

图1-2　李渡无形堂元代烧酒窖遗址

任务二　酒水的分类

所谓酒水（Beverage）就是人们日常生活中常说的饮料，是人们用餐、休闲及交流活动中不可缺少的饮品。酒水按其是否含有酒精成分可分为两类：一是酒，即酒精饮料；二是水，即无酒精饮料。

一、酒精饮料

人们日常生活中常说的酒，就是酒精饮料（Akcoholic Drink），是指酒精浓度在0.5%（V/V）~75.5%（V/V）的饮料。它是一种比较特殊的饮料，是以含淀粉或糖质的谷物、水果为原料，经过发酵、蒸馏等工艺酿制而成的。

酒是多种化学成分的混合物，其中乙醇是主要成分。除此之外，还有水和多种化学物质。这些化学物质包括酸、醛、醇等，尽管这些物质含量很低，但是决定了酒的质量和特色，因此这些物质在酒中的含量非常重要。酒精饮料因含有酒精成分，所以带有一定的刺激性，能够使神经兴奋，麻醉大脑，是人类日常生活中，尤其是节日、聚会时重要的饮品。

图 1-3　利口酒

图 1-4　葡萄酒

二、无酒精饮料

水是餐饮业的专业术语，指所有不含酒精的饮料或饮品，即无酒精饮料（Non - Alcoholic Drink）又称软饮料（Soft Drink），特指酒精浓度不超过 0.5%（V/V）的提神解渴饮料。绝大多数无酒精饮料不含酒精成分，但也有极少数含有微量酒精成分，其作用仅仅是调制饮品的口味或改善饮品的风味。无酒精饮料是补充人体水分的重要来源之一，其中的碳酸饮料或非碳酸饮料，如茶、咖啡、果汁和矿泉水等不仅能解渴，而且在饮用时还能产生愉快的感觉。

图 1-5　无酒精饮料

图 1-6　大红袍茶

图1-7 克里曼扎罗咖啡   图1-8 素婉妮果汁

任务三 酿酒的生产工艺

一、发酵工艺（Fermention）

任何酒的生产都必须经过发酵，这是酿酒过程中最重要的一步。简单地说，此工艺的关键就是将酿酒原料中的淀粉糖化，继而酒化的过程。

二、蒸馏工艺（Distilling）

蒸馏是酿酒的重要过程，蒸馏的原理很简单，即根据酒精的理化性质：酒精的汽化温度为78.3℃，只要将发酵过的原料加热到78.3℃以上，就能获得酒精气体，冷却之后即为液体酒精。采用蒸馏方法来提高酒度，酒精含量一次可提高3倍，即把酒精含量为15°的酒液进行一次蒸馏，可得到45°的酒液。原则上，通过这种方法永远也得不到100%的纯酒精。

三、陈化工艺（Maturling）

陈化工艺对于最终酒品质的形成非常关键。通常需要将酒液储存在木桶或窖池中，放置一段时间以促进酒液的成熟，从而形成完美的香气和良好的品质。但有少数酒不须陈化，如金酒、伏特加等。

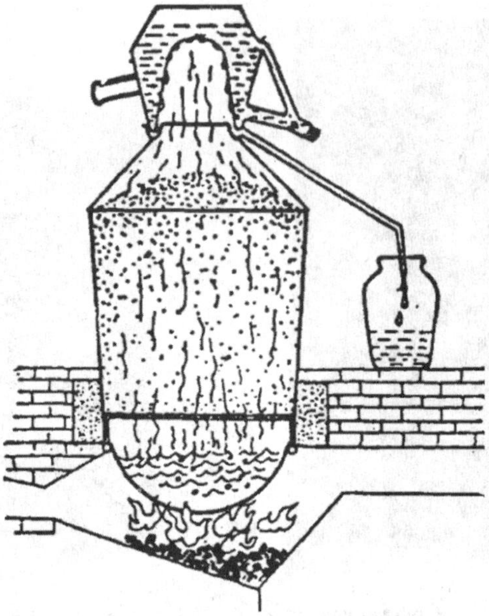

图1-9　古代蒸馏设备

图1-10　现代酿酒企业中的蒸馏设备

图1-11　陈化工艺

四、勾兑工艺（Nendlng）

勾兑工艺，就是将不同酒龄、不同品质特点的酒在装瓶前进行混兑以达到统一的良好出品品质。勾兑工艺是酒类生产过程中重要的一步，酒的最终风格的形成有赖于勾兑工艺的好坏。

图 1-12　古代勾兑工艺

☕ 任务检测

简答题

1. 什么是酒？酒中含有哪些成分？
2. 什么是酒度？如何表示酒度？
3. 什么是酒水？酒水是如何分类的？
4. 酒的酿造需要哪些必要条件？
5. 酒的生产工艺有哪些？

项目二　酒吧常用酒水综述

学习目标

知识目标

了解发酵酒的基本知识，了解蒸馏酒、配制酒的基本知识。

技能目标

掌握发酵酒的种类，掌握蒸馏酒、配制酒的种类。

案例导入

考古发现了金代的蒸馏器

20 世纪 70 年代，考古工作者在河北青龙县发现了被认为是金世宗时期的铜制蒸馏烧锅。专家认为："宋代已有蒸馏酒应是没有问题。"从所发现的这一蒸馏器的结构来看，与元代朱德润在轧赖机酒赋中所描述的蒸馏器结构相同。器内液体经加热后，蒸汽垂直上升，被上部盛冷水的容器内壁所冷却，从内壁冷凝，沿壁流下被收集。而《元代居家必用事类（全集）》中所记载的南番烧酒所用的蒸馏器尚未采用此法，南番的蒸馏器与阿拉伯式的蒸馏器则相同，器内酒的蒸汽是左右斜行走向，流酒管较长。从器形结构来考察，我国的蒸馏器具有鲜明的民族传统特色。

任务一　发酵酒的基本知识

一、葡萄酒

1. 法国葡萄酒

法国拥有适合葡萄生长的肥沃土壤和宜人的气候，培养出了无数优秀的葡萄品种，为酿造上等葡萄酒提供了可能。法国葡萄酒有十大著名产区，其中波尔多和勃艮第是最重要也是最知名的两大静止葡萄酒产区，香槟产区是著名的香槟酒产区。

（1）法国葡萄酒十大产区

法国葡萄酒十大产区是：香槟产区（Champagne），阿尔萨斯产区（Alsace），卢瓦尔河谷产区（Loire Valley），勃艮第产区（Bourgogne），汝拉和萨瓦产区（Jura et Savoir），隆河谷产区（Rhone Valley），波尔多产区（Bordeaux），西南产区（Southwest），朗格多克—鲁西雍产区（Languedoc – Roussillon），普罗旺斯—科西嘉产区（Provence et Corse）。有些专家将香槟产区、勃艮第产区和波尔多产区列为法同三大代表性产区。

香槟产区主要生产起泡葡萄酒，波尔多产区主要生产调配葡萄酒，勃艮第产区主要生产单一葡萄品种的葡萄酒。

（2）波尔多与勃艮第

在国际市场上，波尔多酒比勃艮第酒要常见得多，因此大多数人都知道波尔多，知道勃艮第的人就要少得多，但并不是说勃艮第酒的质量就差于波尔多酒。相对于波尔多酒而言，法国人更喜欢勃艮第酒区的葡萄酒。波尔多酒口感柔顺似"酒后"，而勃艮第酒由单一葡萄品种酿制，口感刚劲，被喻为"酒王"，法国路易十四国王及拿破仑都喜欢勃艮第酒。在国际上，波尔多酒的名气之所以大于勃艮第酒，主要是以下原因：首先，波尔多曾被英国统治，其葡萄酒也最早被英国人所了解，并随大英帝国的殖民统治传播到世界各地；其次，波尔多是港口城市，便于运输出口葡萄酒，因此波尔多葡萄酒逐渐被称为世界上最有名的葡萄酒。另外，也有勃艮第酒本身的原因，一方面，勃艮第酒等级复杂；另一方面，该产区产量小，在法国内部已供不应求，酒商也就不会积极开拓海外市场了。

2. 意大利葡萄酒

意大利是世界上最大的葡萄酒生产国，其出口量与法国同列世界前茅，产地面积仅次于西班牙。意大利属地中海型干热气候，适合葡萄生长，这一条件使意大利在葡萄酒产量方面可与法国一争高低。但由于历史文化上的原因，意大利葡萄酒的知名度远不及法国，甚至在相当长的一段时间内，被认为是低档的葡萄酒。20世纪60年代，意大利对产区也运用了类似法国的法定产区管理法，引进大量的酿酒师及外国葡萄品种，大量减产，并以法国小橡木桶替换大型旧木槽来酿酒，显著提高了葡萄酒的质量，再加上较好的宣传和促销，意大利葡萄酒开始名声大噪。

意大利是世界上葡萄品种最多的国家之一，葡萄品种达几百种，较著名的品种有桑娇维塞、内比奥罗、巴贝拉（Barbera）、白麝香、铁比亚诺（Trebbiano）等。

意大利葡萄产区广布在全国各省，通常将意大利分成北意大利、中意大利和南意

PRODUCT OF FRANCE

酒名

CHATEAU
HAUT-VEYRAC
SAINT-ÉMILION
APPELLATION SAINT-ÉMILION CONTRÔLÉE

产区

AOC，原产地
产区管制证明

葡萄生产年份 —— 1 9 9 7

酒精成度 —— 12.5% vol.
SCEA DU CHATEAU HAUT-VEYRAC
PROPRIÉTAIRE A SAINT-ÉTIENNE DE LISSE
GIRONDE FRANCE
75 cl —— 容量

装瓶者名称 —— MIS EN BOUTEILLE AU CHATEAU
PAR G.V.O. A F 31430

图 2-1　法国葡萄酒酒标

图 2-2　桑娇维塞葡萄酒

大利。大致来说，在地图上用直线将地处西岸的海港城市热那业（Genoa）和东侧的水城威尼斯连上后，连线以北就是北意大利产区；"连线"以南至罗马和那不勒斯的"中点"即是中意大利产区；再下面的区域就属南意大利。

（1）北意大利产区

在北意大利产区有六个省，葡萄酒产量为整个意大利的40%，且最高级别葡萄酒占全国的 2/3。在北意大利诸多的葡萄酒产地中，以地处西北部的皮埃蒙特省（Piedmont）最为有名。皮埃蒙特与波尔多纬度相似，北纬 45°线穿越省境。皮埃蒙特有 7 个最高级别产区，其出产的葡萄酒中 84% 属最高级别。这里的葡萄品种除极为有名的内比奥罗外，其他主要红葡萄品种有巴贝拉和多尔塞扎（Dolcetto），这里的葡萄酒基本部是由单品种葡萄酿制的。境内的巴罗洛（Barolo）和巴巴瑞斯科（Barbaresco）两产区以出产顶级内比奥罗葡萄酒而享誉世界。由内比奥罗酿成的葡萄酒，颜色深黑、单宁浓重、芳香复合、风味富有层次、耐存放、陈酿后口感圆润，是公认的佳酿。境内的阿斯蒂（Asti）产区则以气泡酒名扬世界，是除香槟外出产最好气泡酒的产区之一。这里的气泡酒是由白麝香酿制的，完全不同于香槟地区的葡萄品种。

（2）中意大利产区

中意大利是典利的地中海型气候。这里种植最多的葡萄品种是铁比亚诺和桑娇维塞，前者被配制成果香清淡、酸度高的白酒，后者则酿成色淡、单宁重的红酒。中意大利产区有六个省，葡萄酒产量占整个意大利的 20%，其中最高级别的葡萄酒也占全国总产量的 20% 左右。中意大利的各葡萄酒产地中，托斯卡纳（Toscana）是最具国际知名度的，可以说是意大利的葡萄酒之都。托斯卡纳现有六个 DOCG 产区，50% 的酒属 DOCG 或 DOC 级，托斯卡纳的红酒主要以桑娇维塞为主，时常也混合其他葡萄品种，甚至白葡萄品种。境内的奇安蒂（Chianti）产区是最佳产区，其知名度远在北意大利的巴罗洛和巴巴瑞斯科之上，成为意大利葡萄酒的象征。奇安蒂红酒的特点是，口感清淡、容易入口，适合趁新鲜时饮用。此酒与博若莱的佳美新酒有几分相似。不过，产于传统奇安蒂区域的酒有所不同，那里的酒颜色较深，单宁也强劲，香气丰富雅致，口感厚重，能被陈酿。

蒙塔契奴（Montalcino）是托斯卡纳中的另一著名产区，以纯桑娇维塞酿制的红酒因酒质浓郁、耐久存而与巴罗洛的酒齐名。

（3）南意大利产区

阳光灿烂的气候使南意大利的葡萄酒要比其他两个产区的葡萄酒显得更加浓烈，酒精度数也较高。南部意大利产区有六个省，葡萄酒产量占全国的 40%，但 DOCG 和 DOC 级的葡萄酒仅占全国产量的13% ～14%。总体来说，南意大利的葡萄酒比较普通，没什么知名度。不过从历史角度来讲，南意大利的葡萄种植史要比中意大利和北意大利悠久，是意大利葡萄酒的发祥地。

3. 德国葡萄酒

在德国，葡萄种植已有上千年历史，德国葡萄酒的产量不是很大，大约是法国的

1/10，约占全世界生产量的3%。在如今人们普遍转向饮用红葡萄酒的时代，德国是少有的仍以出产白葡萄酒为主的国家。德国生产的葡萄酒大约有85%是白葡萄酒，类型非常丰富，从一般半甜型的清淡甜白葡萄酒到浓厚圆润的贵腐甜酒都有，另外还有制法独特的冰酒；其余的15%是玫瑰红酒、红酒及气泡酒。德国白葡萄酒有芬芳的果香及清爽的甜味，酒度低，特别适合不太能喝酒的人及刚开始喝酒者。其特有的气候条件和土壤培养了许多名贵的葡萄品种，精心与完美的酿制方法以及严格的质量检验标准使德国葡萄酒独树一帜，在欧洲乃至世界上享有盛誉。德国是唯一以瓶中盛装的成品酒作为质量检测标准的国家。通常的做法是：所有成品酒装瓶后，生产者必须持样品和有关材料前往官方主管机构进行全面理化分析和感官测定；每种酒按照检查后所获评分得到相应可使用的酒标，同时官方颁发检测编号，贴上编号的瓶装葡萄酒才算得到进入市场的许可证，且所有的检测标准和程序都有案可查。德国的葡萄酒产区分布在北纬47°~52°，是全世界葡萄酒产区的最北限，虽然种植环境不佳，但凭着当地特有的风土和日耳曼人卓越的酿造技术，也酿造出了媲美法国的顶级葡萄酒，成为寒冷地区的葡萄酒典范。德国葡萄酒有两大特色：第一，与其他国家的葡萄酒的显著区别是德国葡萄酒保持了天然的果味，因为所采收的葡萄通常保留1/10不予发酵，直接做成葡萄汁存放在高压槽内，待装瓶时再掺入这些汁液。如此做出来的葡萄酒带有一股天然优雅的果香味。酒精含量低而酒味清醇，酸甜均衡适度，极适合初尝葡萄酒的人饮用。第二，由于气候寒冷，为了让葡萄充分成熟，一般采收时间较晚，此葡萄酿成的葡萄酒具有一种新鲜活泼的酸味，有时还进行补糖工作。德国葡萄酒不论用作餐前醒胃还是佐以各款佳肴都堪称上品，因此成为本国及世界各地葡萄酒爱好者喜爱的佳酿。德国葡萄酒之所以被誉为酒中上品，得益于出产名种葡萄。在众多的德国葡萄品种中雷司令是最有特色的，也最为驰名。德国是莱茵雷司令葡萄的故乡，它可以被配制成干白、半甜等葡萄酒以及冰酒。用雷司令酿成的葡萄酒，酒香馥郁，果香扑鼻，口感清爽，有桃子的果香，酒质经过蕴藏后更能充分发挥。雷司令今天已经成为有着丰富特性的高雅葡萄酒的代名向。另一个重要的并被大量种植的是米勒—杜高（Muller – Thurgau），是人工嫁接的葡萄品种，有一半雷司令的血统，但是在个性上不如雷司令。雷司令和米勒—杜高这两个白葡萄品种的种植面积占了全德国葡萄种植面积的45%。德国红葡萄种植区较少，主要红葡萄品种是黑品乐、托林格（Trollinger）和莫尼

图2-3　德国黑品乐葡萄酒

14

艾品乐。德国的葡萄酒著名产区主要为莱茵地区（Rhein）及其支流摩塞尔河地区（Mosel – Saar – Rubr）。摩塞尔酒的酒瓶是绿色的，而莱茵酒的酒瓶是茶色的。从口味上来讲，莱茵酒的口味更浓郁。德国葡萄酒主要集中在西南部，在法兰克福和波恩以南，纽伦堡以西。主要的葡萄酒产地有 11 个：阿尔（Ahr）、中部莱茵（Mittelrhein）、摩塞尔—萨尔—鲁尔（Mosel – Saar – Ruwer）、纳赫（Nahe）、莱茵（Rhein）［莱茵又分为莱茵高（Rheingau）、莱茵黑森（Rheinhessen）和莱茵法尔兹（Rheinpfalz）三个产区］、海西榭—贝格斯塔塞（Hessische – Bergstrasse）、巴顿（Baden）、乌腾堡（Wurttemberg）和法兰肯（Franken），另外在莱比锡附近还有两块小葡萄产地。在这些产地中以摩塞尔河两侧的摩塞尔—萨尔—鲁尔和莱茵高两个产地最为有名。

二、啤酒

啤酒是一种古老的酒精饮料，已有几千年的酿造历史。如今啤酒已成为世界上产量最多、分布最广的饮料酒。纵观当今啤酒消费的情况，可以称得上啤酒消费大国的国家有很多，其中，最引人注目的是比利时、德国、荷兰、捷克、斯洛伐克、英国、丹麦、爱尔兰、法国、瑞士、奥地利、美国、加拿大、墨西哥、古巴、日本、中国等。

1. 啤酒的特点

啤酒是一种营养丰富的低酒精浓度的饮料酒，享有"液体面包"、"液体维生素"和"液体蛋糕"的美称。啤酒具有较高的热量，1 升啤酒的热量相当于 20 克面包、5 个鸡蛋或 200 克牛奶产生的热量。啤酒含有多种维生素，尤以 B 族维生素最突出。另外，啤酒中含有蛋白质、17 种氨基酸和矿物质。1972 年 7 月在墨西哥召开的第九次世界营养食品会议上，啤酒被推荐为营养食品。啤酒的酒精含量是按重量计的，通常不超过 2%（V/V）~5%（V/V）。啤酒度不是指酒精含量，而是指酒液中原麦汁浓度的百分比。例如：青岛啤酒 12°，意思是指含原麦汁浓度为 12°，它的酒精含量只有 3.5°左右。

2. 啤酒的分类

（1）按照啤酒的颜色可以分为淡色啤酒、浓色啤酒和黑色啤酒。

淡色啤酒俗称黄啤酒，根据其颜色的深浅不同，又将淡色啤酒分为三类：

①淡黄色啤酒。酒液呈淡黄色，香气突出，口味清淡，清亮透明；

②金黄色啤酒。呈金黄色，口味清爽，香气突出；

③棕黄色啤酒。酒液大多是褐黄、草黄，口味稍苦。

表 2-1　　　　　　　　　　　　　　　淡色啤酒分类

类别	色泽	口感
淡黄色啤酒	此种啤酒大多采用色泽极浅，溶解度不高的麦芽为原料，糖化周期短，因此啤酒色泽浅	其口味多属淡爽型，酒花香味浓郁
金黄色啤酒	此种啤酒所采用的麦芽，溶解度较淡黄色啤酒略高，因此色泽呈金黄色	口味醇和，酒花香味突出
棕黄色啤酒	此类酒采用溶解度高的麦芽，烘烤麦芽温度较高，因此麦芽色泽深，酒液黄中带棕色，实际上已接近浓色啤酒	其口味较粗重、浓稠

浓色啤酒色泽呈棕红或红褐色，原料为特殊麦芽，口味醇厚，苦味较少。

黑色啤酒酒液呈深棕红色，大多数红里透黑，故称黑色啤酒。

（2）按麦汁的浓度可以分为低浓度啤酒、中浓度啤酒和高浓度啤酒。

低浓度啤酒原麦汁浓度为 7%（m/m）～ 8%（m/m），酒精含量在 2%（V/V）左右。

中浓度啤酒原麦汁浓度为 11%（m/m）～ 12%（m/m），酒精含量在 3.1%（V/V）～ 3.8%（V/V），是各大型啤酒厂的主要产品。

高浓度啤酒原麦汁浓度为 14%（m/m）～ 20%（m/m），酒精含量在 4.9%（V/V）～ 5.6%（V/V），属于高级啤酒。

3. 世界著名啤酒及品牌

（1）美国百威啤酒：诞生于 1876 年的美国百威啤酒，百年发展中一直以其纯正的口感，过硬的质量赢得了全世界消费者的青睐，成为世界最畅销的啤酒，长久以来被誉为"啤酒之王"。百威啤酒已经成为在中国知名度最高、销售量最大的洋品牌啤酒。

（2）荷兰喜力啤酒：喜力啤酒总部位于荷兰，凭借着出色的品牌战略和过硬的品质保证，成为全球顶级的啤酒品牌。口感平顺甘醇，不含苦涩刺激味道的啤酒。喜力啤酒形象年轻化、国际化的特点，成为酒吧和各娱乐场所最受欢迎的饮品。

（3）德国贝克啤酒：拥有四百年历史的贝克啤酒是德国啤酒的代表，也是全世界最受欢迎的德国啤酒。贝克啤酒风行全球 140 多个国家，高居德国啤酒出口量第一位。它不断的在全球各地报纸、杂志、新闻媒介上宣传"BECK'S"和其特有的钥匙图形，使"BECK'S"商标和钥匙图形在世界各地都能见到。如图 2-6 所示：

（4）中国青岛啤酒：青岛啤酒是中国在世界上唯一的知名啤酒品牌。青啤的品牌一向走高中档的市场，但高中档市场仅占全中国市场的 15% 左右。增长快速及潜力巨大的是占有 85% 市场份额的大众市场。因此从 1993 年开始，青啤借着收购当地啤酒品牌来打入不同省市的大众市场。

图 2-4　美国百威啤酒标识

图 2-5　荷兰喜力啤酒标识

图 2-6　德国贝克啤酒标识

17

图 2-7　中国青岛啤酒标识

任务二　蒸馏酒基本知识

一、金酒

1. 金酒的概述

金酒（Gin），也译为"琴酒"、"毡酒"或"杜松子酒"等，是蒸馏发酵谷物（主要有去皮的玉米和裸麦以及燕麦）而得的烈酒，用杜松子（金酒的主要香味来源）以及桂皮、甘草、当归、橘子或柠檬皮等多种香料，采取浸泡或串香工艺调香制成的酒精饮料。

金酒起源于荷兰。17 世纪 60 年代，荷兰来顿（Keyden）大学的医学教授西尔维斯医生发现杜松子油里含有一种成分可以利尿，于是加上纯酒精一起蒸馏，以便得到较便宜的利尿药品。后来，人们发现这种药剂具合香气和谐、口味协调、酒体洁净的特点，体现出净爽的自然风格。慢慢地就将其作为一种正式的酒精饮料开始饮用，这就是金酒。17 世纪末，金酒传入英国，得到了极大的推广，逐渐成为世界第一大类烈酒。

金酒的特点表现为：无色透明，口味甘洌，杜松子香味浓郁，酒体风格独特。金酒的酒精含量为 34%（V/V）～ 47%（V/V），但实际上酒度超过 45°的金酒是比较少的。金酒的主要生产国有英国、荷兰、加拿大、美国、巴西、日本和印度。

2. 金酒的生产工序

金酒的主要生产工序有六道：

（1）浆化，将谷物捣碎，在热水中浸泡和加压蒸煮，并加入大麦芽。

（2）发酵，加入人工培养酵母。

（3）蒸馏，采用专利蒸馏器蒸馏，获得一个高质量的中性烈酒（酒精含量 96%（V/V））。

（4）精馏和加味，精馏是指蒸馏后仍然遗留在酒精中的杂质的工序过程。加味有两种方式：一是将杜松子和其他植物性药材连同被精馏烈酒一并蒸馏一次或几次；二是蒸馏植物性药材，然后将馏出物加入到被精馏的烈酒中。

（5）加水，加入软水来降低其酒精成分，以达到人们所需要的浓度。

（6）过滤和装瓶。

3. 伦敦干金酒

伦敦干金酒也称为英式干金酒。伦敦干金酒口味较干，与偏甜的荷兰金酒有很大差别。

（1）伦敦干金酒是英国的国酒。金酒以裸麦、玉米等为原料，经过糖化、发酵后，放入蒸馏酒器中，蒸馏出酒度很高的玉米、裸麦酒精，加入杜松子和其他香料，重新放入蒸馏酒器中蒸馏，得到合酒。

伦敦干金酒无色透明，气味清香，口味甘冽爽适，无甜味，略带辣味，酒度为43°。伦敦干金酒口味较清淡，易于被人们接受，它是金酒中的主要品种。

（2）伦敦干金酒中口味独特的品牌是哥顿金酒。哥顿金酒在 1925 年获得皇家颁发的代表着至高荣誉的特许状，后来又以庞大的出口量位列英国各类金酒之首，也是世界上销售量第一的金酒。

此外，伦敦干金酒还有英王卫兵（Beefeater，也译为必发达）、老汤姆（Old Tom）、怀瑟斯（Wiser's）、上议院（House of Lords）、伊丽莎白女王（Queen Eliza beth）、仙蕾（Schcdly）、沃克斯（Walker's）、伯内特（Burnett's）、健尼路（Greenall's）、水晶宫（Crystal Palace）、吉尔贝斯（Gilbey's）等。

图 2-8 英王卫兵

图 2-9 哥顿金酒

二、朗姆酒

1. 朗姆酒概述

朗姆酒（Rum）也被称为"兰姆酒"、"罗姆酒"或"海盗之酒"，因为据说过去横行在加勒比海地区的海盗都喜欢喝朗姆酒。朗姆酒是以甘蔗汁、蔗糖或废糖蜜为原料，经发酵蒸馏过滤等生产工艺制成的酒精饮料。朗姆酒属于天然产品，由制糖甘蔗加工而成。整个生产过程从对原料的精心挑选起，到随后生产中酒精的蒸馏，甘蔗烧酒的陈酿，把关都极其严格。

朗姆酒是世界上消费量最大的酒品之一。此酒在 17 世纪初就已经出现了，但是它的起源却众说纷坛。比较普遍的说法是，17 世纪时，到达加勒比海西印度群岛上的欧洲移民利用当地盛产的甘蔗为原料，结合蒸馏技术酿造出了一种廉价的烈性酒。这种烈性酒被当时生活在岛上的人称为"Rumbullion"，词首的"Rum"有"兴奋、骚动"之意。这种酒就是现今朗姆酒的雏形。当时这种酒的酿造方法非常简单，因此酒质不好，所以这种酒只有种植园的奴隶们喝，而奴隶主们喝葡萄酒。后来蒸馏技术得到改进，再把酒放在木桶里储存一段时间，就成为现今爽口的朗姆酒了。18 世纪朗姆酒开始在世界各地流行开来。

朗姆酒的原产地在古巴。它在生产中保留的传统工艺，经过代代相传，保留至今。古巴朗姆酒在国际消费市场的影响越来越大，在欧洲和拉美市场占据了重要的份额。1966 年和 1967 年，古巴朗姆酒酿造业开始实行产地名称管理制度，从那时起，古巴所有出口的朗姆酒都贴有原产地质量保证标记，以表明朗姆酒的高质量。这种朗姆酒共有九个品牌，如温血姑娘、桑坦洛等。朗姆酒的原料主要为甘蔗，世界上种植甘蔗的国家大多都酿造朗姆酒，主要生产国集中在加勒比海地区。主要产地有西半球的西印度群岛以及英国、墨西哥、古巴、牙买加、海地、多米尼亚、特立尼达、多巴哥、圭亚那和巴西等国。此外，非洲岛国马达加斯加也出产朗姆酒。

朗姆酒是微黄、褐色的液体，甜润的口感，芬芳馥郁的酒精香味，最为突出的特征就是具有一种甘蔗的浓郁香甜气息。朗姆酒的度数多为 43°，少数酒品超过 45°。朗姆酒是蒸馏酒中最具香味的酒，在制作过程中，可对酒液调香，制成系列香味的成品酒。朗姆酒的颜色多种多样，它可以放在旧橡木桶中陈酿，尤需用新橡木桶陈酿。朗姆酒的质量由陈酿时间决定，市面上销售的通常为 3 年和 7 年陈酿的，它们的酒度分别为 38°和 40°。

2. 朗姆酒的酿制

（1）原料

生产朗姆酒的原料为甘蔗汁、糖汁或糖蜜。甘蔗汁原料适合于生产清香型朗姆酒。如果甘蔗汁经真空浓缩被蒸发掉水分，可得到一种较厚的带有黏性液态的糖浆，适宜于制备丰满型朗姆酒。

（2）预处理

在原料发酵之前，要对原料预处理。糖蜜的预处理可分成几个不同的阶段：

要通过澄清去除肢体物质，尤其是硫酸钙，若不去除，则在蒸馏时会结成块状物质。糠蜜预处理的最后阶段是用水稀释，经冲稀后的低浓度溶液中，总糖含量为10～12g/100mL，是适宜的发酵浓度。

（3）发酵

朗姆酒的发酵过程中会加入一些重要的物质，这使每款朗姆酒都具有独特的口味与吸引力。纯净水和营养物质也一起被加入到糖浆中形成"糊状物"。然后这种糊状物在严密控制的条件下发酵30～35小时。

（4）蒸馏和提纯

在蒸馏过程中把发酵的糊状物增温，流过不锈钢和铜的蒸馏室。这一步骤把水、酒精和最小的杂质分离出来。有的厂家还用木炭完美地从朗姆酒中过滤出最微小的杂质，使朗姆酒产生一种独特的平滑口感。朗姆酒的蒸馏酒度不得低于40°，而且必须保持原有的风味。

（5）装桶和成熟

将蒸馏后的酒液放入内部炙烤过的橡木桶中，生产出复杂，有吸引力的口感丰富的朗姆酒。成熟是一个复杂的反应。空气渗透木桶，慢慢地使朗姆酒自己成熟。酒精吸取了木头的味道，产生丰富芳香和平滑的口感。

（6）混合和装瓶

储存后，要对每个产品进行最终的混合，使其成为气味芳香、口感出众和色泽鲜明的杰作。混合后较为优质的朗姆酒还需要经过过滤，滤掉最小的杂质粒子以形成极为醇厚的口感。在混合和过滤之后，就可以装瓶了。

3. 朗姆酒的分类

（1）根据风味特征分类

①清淡型朗姆酒（Light－bodied Rums）

清淡型朗姆酒以糖蜜或甘蔗原汁为原料，在发酵过程中只加酵母，发酵时间较短，一般发酵1～1.5天后，用塔式蒸馏法连续蒸馏，得到酒度在95°以上的原酒，再将原酒在橡木桶中储存半年至1年以后，即可取出勾兑，酒度为45°～50°。成品酒酒体无色或金黄色。清淡型朗姆酒以古巴朗姆酒为代表，酒体轻盈，口味清香淡雅，是多种著名鸡尾酒的基酒。

②丰满型朗姆酒（Full－bodied Rums）

丰满型朗姆酒的生产，首先是将甘蔗糖蜜经过澄清处理，再加入能产生丁酸的细菌和能产生酒精的酵母菌，把原料缓慢发酵10～12天，再用间断式蒸馏法制成无色的朗姆酒，得到酒度约为86°的无色原朗姆酒，然后将原酒放入炭化橡木桶中储存至少5

年，再进行勾兑，有时用焦糖调色，配制成金黄色或深棕色的朗姆酒。丰满型朗姆酒口味厚重，香味浓郁，酒质醇厚，糖蜜香和酒香浓郁，以牙买加朗姆酒为代表。

（2）根据制作工艺分类

①白朗姆酒（White Rum）

如果朗姆酒在未经烧烤炭化的橡木桶中储存 1 年，就会成为酒体轻盈透明的酒，称为白朗姆酒。白朗姆酒是一种新鲜酒，酒体清澈透明，香味清新细腻，口味甘润醇厚，酒度为55°左右。这类酒以古巴朗姆酒和波多黎各朗姆酒为代表。

②淡朗姆酒（Light Rum）

淡朗姆酒是在配制过程中尽可能提取非酒精物质的朗姆酒，陈酿 1 年，呈淡黄棕色，香气淡雅圆正，酒度为40°～43°，多作混合酒的基酒。

③老朗姆酒（Old Rum）

老朗姆酒也称为金色朗姆酒（Golden Rum），需要在经过炭化的橡木桶中陈酿 3 年以上，酒液呈橡木色，酒味醇浓优雅，口味较甜，香味较浓，酒度为40°～43°。古巴出产此类朗姆酒。

④传统朗姆酒（Traditional Rum）

传统朗姆酒陈年 8～12 年，呈琥珀色，在酿制过程中加焦糖调色，甘蔗香味突出，口味醇厚圆润，有时称为黑朗姆，也用来作鸡尾酒的基酒。

⑤浓香朗姆酒（Great Aroma Rum）

浓香朗姆酒也称为强香朗姆酒，是用各种水果和香料串香而成的朗姆酒，其风格和干型利口酒相似，此酒香气浓郁，酒度为54°。

4. 著名的朗姆酒产地

（1）古巴朗姆酒

古巴朗姆酒是以甘蔗蜜糖制得的甘蔗烧酒，装进白色的橡木桶之后经过多年的精心酿制，使其产生一股独特的、无与伦比的口味，从而在国际市场上获得了广泛的欢

图 2-10　百家得朗姆酒（Bacardi Rum）

迎。古巴朗姆酒酿造厂主要分布在哈瓦那、卡尔得纳斯、西恩富戈斯和圣地亚哥。著名的品牌有百家得（Bacardi）和混血姑娘（Mulata）。

（2）牙买加朗姆酒

朗姆酒是牙买加名产。在离牙买加北部著名旅游城市蒙特哥贝约 1 小时车程的艾普莱顿庄园，自 1749 年就开始生产朗姆酒。牙买加以深色、辛辣的朗姆酒出名。

著名的品牌有摩根船长（Captain Morgan）、雷蒙·哈德（Lemon Hart）和美雅士（Myer's）。

（3）波多黎各朗姆酒

波多黎各朗姆酒（Puerto Rico Rum）以其酒质轻盈而著称，酒味淡而香，酒度为 40°左右。著名的品牌有唐 Q（Don Q）和朗利可（Ronrico）。

唐 Q 产于波多黎各。此酒由塞拉内公司生产，商标中对香味和口味均有描述，此酒属浅色品种。此酒除金色外还有水晶色。

朗利可产于波多黎各。1860 年创立，酒名是由"朗姆"和"丰富"两个词合并而成的。

（4）其他朗姆酒名品

①拉姆斯（Lambs）

拉姆斯是马铃薯朗姆酒。此酒的酒名是由海军士兵们起的，1655—1970 年，英国海军每一天都要发放朗姆酒。此酒属浅色品种。

②考克斯巴（Cockspum）

考克斯巴由巴录巴特出产。此酒是将制糖后的剩余材料作为朗姆酒的原材料生产，经过两次蒸馏，用两年的时间熟成。酒名也可直译为雄鸡爪。

③帕萨姿（Pusser's）

帕萨姿以前一直是英国海军的特供品。由帕萨姿公司生产，产品分为浅色和蓝色。

此外，朗姆酒还有：巴朋库（Barbancourt，海地）、卡沙可（Cachaca，巴西）、丹达（Tanduay，菲律宾）、巴达维亚（Batavia Arrack，印尼）等。

图 2-11 奇峰朗姆酒

三、特基拉

1. 特基拉概述

特基拉酒（Tequila）以仙人掌科的龙舌兰为原料制成，因此也被称为龙舌兰酒。

此酒原产于墨西哥，是墨西哥地区最具世界知名度的一种特产，被称为墨西哥的灵魂。16世纪初，西班牙人入侵墨西哥，西班牙人模仿当地土著人用龙舌兰制酒，并使用蒸馏方式提高酒度。后来发现用蓝龙舌兰所制成的酒质量最好，并把这种酒命名为麦斯科。由于蓝龙舌兰主要生产于墨西哥西部的"特基拉"小镇，因此这种酒又被冠以特基拉的名字。特基拉城有两家世界知名度最高的酿酒厂：索查和奎尔沃。世界上第一瓶特基拉就是奎尔沃生产的。

特基拉酒与法国的白兰地一样，采取了名称属地管理办法。墨西哥法律规定，只有采用蓝龙舌兰酿造的酒才可以称为特基拉，只有在墨西哥境内的几个指定地区，包括加利斯科（Jalisco）、米却肯（Michoacan）、瓜纳华托（Guanajuato）、纳亚瑞持（Nayarit）和塔毛利普（Tamaulips），采用蓝龙舌兰酿造的酒才可以称为特基拉。法律对特基拉中龙舌兰的含量也进行了规定，含有蓝龙舌兰蒸馏酒（Mazcal Wine）60%以上的蒸馏酒才可以称为特基拉。标为"100%龙舌兰"的特基拉酒就表示其含有100%的蓝龙舌兰蒸馏酒，但须经过墨西哥政府指定的特级拉酒管理协会的认证。虽然多个州被允许生产特基拉，但到目前为止，大多数的特基拉生产商都在加利斯科境内。

蒸馏后的特基拉酒为完全透明无色，金色的特基拉是因为新酒酿成后放在橡木桶中陈年储存过，或者是添加了适量的酒用焦糖。在橡木桶中储存15年以上的特基拉，被称为"老特基拉酒"。特基拉的酒度大多在40°~50°，与伏特加一样，特基拉具有口味凶烈的显著特点，并带有植物的独特香气及微弱的酸味。

2. 特基拉的生产

（1）原料

特基拉的原料为墨西哥的蓝龙舌兰。在龙舌兰长满叶子的根部，经过10年左右的栽培后，会形成巨大的茎块，一般重45千克左右，将新鲜的龙舌兰割下后，切除全部叶子，就会露出菠萝形状的茎块，即龙舌兰果芯，该果芯被称为龙舌兰菠萝。

（2）发酵

将龙舌兰菠萝切成两半或四块后放进封闭的泥砖炉里蒸24小时以上，将龙舌兰里的淀粉转化为糖分。龙舌兰菠萝蒸熟后就可以冷却榨成汁，再加入酵母和上一次的部分发酵汁，放在特殊的容器里发酵2~2.5天。有时为了补充糖分，还加入适量的糖。

（3）蒸馏

发酵结束后，发酵汁要留下一部分做下一次发酵的配料，其余的就在单式蒸馏器中蒸馏两次。第一次蒸馏后，会获得一种酒度约25°的液体；而第二次蒸馏，在经过去除首馏和尾馏的工序之后，会获得一种酒度约为55°的可直接饮用的烈性酒。此时的酒香气突出，口味凶烈。虽然经过了两次蒸馏，但最后获得的酒液酒精含量仍然比较低，其中就含有很多原材料及发酵过程中所具备的许多特殊成分，这些特殊成分就使特基拉风味在特基拉酒中发挥得淋漓尽致。

（4）过滤

特基拉酒在完成了蒸馏工序之后，酒液要经过活性炭过滤以去除杂质，然后放入橡木桶中陈酿，装瓶时酒度一般为40°~50°。

3. 特基拉的分类

根据特基拉酒的颜色以及酒液的储存年份可分为以下几类：

（1）白色特基拉（Blanco White Tequila）

白色特基拉是把经过两次蒸馏后制成的特基拉储存在瓷制的酒缸中，一直保持无色，此酒是完全未经陈年的透明新酒，通常蒸馏后就直接装瓶。但大部分的酒厂都会在装瓶前，以软化的纯水将产品稀释到所需的酒度（大部分都是37°~40°，少数酒度超过50°），并且经过最后的活性炭或植物性纤维过滤，将杂质完全去除。其酒液外观清亮透明，非常纯净，具有龙舌兰酒原有的芳香。

图2-12 白色特基拉

（2）淡色特基拉（Reposado Tequila）

淡色特基拉酒至少要在橡木桶中储存2个月以上。带有一定橡木桶的味道和颜色，口感比白色特基拉柔和顺滑，是销量最大的特基拉酒。

（3）金色特基拉（Gold Tequila）

金色特基拉也被称为安乔特基拉（Anejo Tequila），属陈年特基拉酒，此酒至少要在橡木桶中储存 1 年，但多数达 3 年甚至更长的时间。金色特基拉很多时候使用的是储存过威士忌的橡木桶，因而有来自橡木桶的金黄琥珀色，它的颜色比淡色特基拉深，橡木味道更突出。酒质柔顺醇厚。酒香较浓，口感较圆润。

（4）香醇特基拉（Aromn Tequila）

香醇特基拉在橡木桶中的储存期为 2～4 年，具有独特的色泽和香气。

（5）陈年特基拉（Old Tequila）

陈年特基拉在木桶中陈年 1～15 年，虽然陈年，但口味却不失柔和。另外还有一种很特别的龙舌兰酒，称

图 2-13　陈年特基拉

为带虫龙舌兰酒。所谓带虫龙舌兰酒是指在酒中加入生长在龙舌兰上的小虫（Gusano Rojo），不同的品牌常可见到瓶内有一只甚至五只的虫在里面。

任务三　配制酒基本知识

一、开胃酒

1. 味美思

（1）味美思概述

味美思（Vermouth）又译为曾艾酒，是以葡萄酒为基酒，配入苦艾等几十种植物后经蒸馏而成，有强烈的草本植物味道，酒度为 17°～20°。

味美思分特干（Extra Dry）、干（Dry）、甜（Sweet）三种，主要是由酒中含糖量的多少来区分。从颜色上分有白（Bianco）和红（Rosso）两种。通常干味美思的颜色是无色透明或浅色的，甜味美思是红色的或玫瑰红色的。最好的味美思产自法国和意大利，目前几乎所有酒吧用的味美思也都来自这两个国家。意大利以生产甜型红、白味美思著称，而法国则以生产干型味美思为主。

味美思的主要成分是葡萄酒，占 80% 左右。味美思以白葡萄酒为基酒，个性不突出，中性干性的最佳。味美思酒的其他成分是各种各样的香料。出于各个味美思生产商对于自己的味美思酒的配方都是保密的，因此无法知道每个味美思的确切香料种类和用量。但大体上有这样一些品种，如：篙属植物、金鸡纳树皮、木炭精、茸尾草、小茴香、豆蔻、龙胆、安息香、可可豆、生姜、芦荟、桂皮、白芷、春白菊、丁香、

苦菊皮、风轮菜、鼠尾草、接骨木、百里香、香草、陈橘皮、玫瑰花、杜松子、苦艾、海索草等。

（2）常见的味美思种类

①干味美思（Vermouth Dry 或 Secco）

干味美思中的含糖量不超过 4%，酒度在 18°左右。意大利干味美思酒呈淡白、淡黄色，法国干味美思酒呈草黄、棕黄色。

②白味美思（Vermouth blanc 或 Bianco）

白味美思的含糖量在 10% ~ 15%，酒度为 18°，色泽金黄，香气柔美，口味鲜嫩。

图 2 - 14　干味美思

③红味美思（Vermouth rouge、Rosso 或 Sweet）

红味美思的含糖量为 15%，酒度为 18°，色泽琥珀黄，香气浓郁，口味独特。

④都灵味美思（Vermouth de Turin 或 Torino）

都灵味美思的酒度为 15.5° ~ 16°，调香用量较大，香气浓烈扑鼻，有桂香味美思（桂皮）、金香味美思（金鸡纳）、苦香味美思（苦味草）等。

（3）主要的味美思品牌

世界上较为有名的味美思主要集中在意大利和法国。

①意大利的味美思品牌

以上介绍的四种味美思酒意大利都有生产，但其出产的白味美思，红味美思和都灵味美思三种甜型酒较为出名。意大利著名的味美思酒有仙山露和马提尼。

仙山露（Cinzano）（干、白、红）。仙山露干威末，爽口、清淡的干白葡萄酒，用一种特别芳香的香草调料，口味独持；仙山露酸威末，清淡的果味白葡萄酒，有香草味，麦黄色，口感滑润，略带甜味；仙山露桃色威末，呈浓郁的红褐色，甜香草味。

马提尼（Martini）（干、白、红）是目前最为流行的味美思品牌。19 世纪中期，意大利都灵市马提尼家族创制出了这种调制酒，并以自己的家族姓氏作为酒的名称。此外，还有干霞（Gancia）（干、白、红）、卡帕诺（Carpano）（都灵）、利开多纳（Riccadonna）（白、红）等品牌和种类。

②法国的味美思品牌

法国生产除都灵味美思以外的三种类型的味美思，以干

图 2 - 15　仙山露味美思

味美思最著名，法国味美思的名牌产品有香百丽（Chambery）、杜法尔（Duval）、诺瓦丽·普拉（Noilly Part）等。

表2-2 味美思的分类

类别	产地	特点
马提尼（Martini）	意大利都灵市	有极强的干白葡萄酒香味，味道香醇，酒香浓郁
仙山露（Cinzano）	意大利都灵市	有葡萄酒气，味略酸
卡帕诺（Carpaon）	意大利米兰	以甜型味美思为代表
干霞（Cancia）	意大利都灵市	颜色呈现淡琥珀色与汤力水、苏打水搭配饮用效果甚佳

2. 比特酒

（1）比特酒概述

比特酒（Bitters）也译为必打士，意为苦味酒，以葡萄酒或食用酒精为酒基，较多使用的是食用酒精，加入具有苦味的植物根茎和药材配制而成。比特酒是从古药酒转变来的，类似于中国的药酒，有药用和滋补的功效。比特酒味道苦涩，药香和酒香突出。酒度为16°~45°。

比特酒的种类比较多，从香型上分，台湾香型比特酒，浓香型比特酒；从颜色上分，有淡色比特酒，深色比特酒；从酒精含量上分，有含酒精成分的比特酒，不含酒精成分的比特酒。所有的比特酒都有一个共同点，就是有苦味和药味。比特酒的主要生产国为法国和意大利，此外英国、德国和匈牙利等国也有生产。

图2-16 比特苦精

用于配制比特酒的调料和药材主要是带苦味的草卉和植物的茎根、皮表，如阿尔卑斯草、龙胆皮、苦橘皮、柠檬皮等。

（2）常见的比特酒品牌

①产于法国的比特酒品牌有杜本内、艾玛·皮孔和苏滋。

杜本内（Dubonnet）主要用金鸡纳皮浸于白葡萄酒中，再配以其他原料草药。酒色深红，药香突出，苦味中带有甜味，酒度为16°，风格独特。有红、黄、干三种类型，以红杜本内最为有名。美国也有生产。

艾玛·皮孔（Amer Picon）的配制原料主要有金鸡纳霜、橘皮和其他多种草药；药液浓稠，酷似糖浆，以苦著称，既苦又甜，酒度为21°。饮用时只用少许，再掺兑其他饮料。

苏滋（Suze）的配制原料是龙胆草的根块。酒液呈橘黄色，口味微苦、甘润，糖分含量为20%，酒度为16°。

②产于意大利的比特酒品牌有金巴利、西娜尔和菲奈特·布兰卡。

金巴利（Campari）产于意大利米兰。酒液颜色鲜红，酒度为26°，药味浓郁，口感微苦而舒适。配制原料中有橘皮及草药，苦味来自金鸡纳霜，适于制作混合酒。

西娜尔（Cynar），又译为菊芋酒。是出蓟和其他草药浸泡酒中配制而成，酒中的蓟味很浓，微苦，酒度为18°。

菲奈特·布兰卡（Fernet Eranca）是意大利最有名的比特酒，产于意大利米兰。此酒以多种草木根茎为调制原料，味甚苦，药用功效显著，酒度为40°，号称"苦酒之王"。尤其适用于醒酒和健胃及制作混合酒。

③产于其他国家的比特酒

安哥斯特拉（Angostura）。此酒产于中美洲的特立尼达，是世界最著名的比特酒之一。该酒以朗姆酒为基酒，以苦树皮、龙胆草为主要原料调制而成，药香悦人，味道微苦但十分爽适，有微量毒性，酒液褐红色，酒度为44°，140毫升小瓶包装，调酒中常用，刺激性很强。

3. 茴香酒

（1）茴香酒概述

茴香酒（Anise）以纯食用酒精或烈酒为基酒，加入茴香油或甜型大茴香子制成。一般用从八角茴香和青茴香中提炼得到的茴香油配制，45°的酒可以溶解茴香油。八角茴香提炼的茴香油多用于开胃酒的制作，而青茴香提炼的茴香油多用于利口酒的制作。主要生产国集中在地中海沿岸国家，其中以法国波尔多地区茴香酒较为有名。

茴香酒的口味香浓刺激，有无色和染色之分，酒液的颜色比较多，视品种不同而呈现不同色泽，酒度在25°左右，含糖量较高。

（2）主要的茴香酒品牌

①潘诺（Pernod）。法国著名的茴香开胃酒品牌，较浓的茴香味，加水后略显混浊。

②皮尔（Byrrh）。为具有法国专利权的一种开胃酒，酒度为18°，香气舒缓柔和，余味绵长。

③圣—拉斐尔（Saint – Raphael）。产于法国，酒度为16°，是将金鸡纳树皮、可可、橙子、八角茴香及其他香料预先浸泡在酒中串香而成的茴香酒。有红色和白色（呈淡金色）。可略微冰镇或加冰饮用。

④巴士蒂斯51（Pastis 51）。产于法国，酒度为45°。将用甘草和焦糖串香的茴香浸入酒中而得。

此外，还有里卡德（Ricard，法国），白羊倌（Berger B1anc，法国），安尼索内（Anesone，意大利），辛（Cin，意大利），奥索（Ouzo，希腊）等。

4. 开胃酒的饮用方法

开胃酒的标准用量为42毫升（1.5oz），具体而言，味美思的标准用量为50毫升，比特酒为20～50毫升，茴香酒为20～30毫升。

（1）净饮

杯具：鸡尾酒杯，白葡萄酒杯等。

图2-17　奥索茴香酒

以白葡萄酒为基酒的开胃酒在净饮时可事先冰镇，或是用滤冰法将酒冰镇，加柠檬片或橘皮，以增加香味。

（2）加冰使用

杯具：平底杯，高脚水杯等。

在平底杯中加入半杯冰块，再量入1.5毫升开胃酒，加柠檬片或橘皮。

（3）混合使用

杯具：平底高身杯。

喝开胃酒时也经常兑水或掺入其他饮料混合饮用，尤其是比特酒和茴香酒，兑水量为所用酒量的5倍左右，或依个人口味适当增减。开胃酒与汽水、果汁等混合饮用，经常作为餐前饮料。如金巴利酒加苏打水，金巴利酒加橙汁。

二、甜食酒

强化葡萄酒如雪莉、波特、马德拉、马萨拉等，常作为甜食的配饮，因此强化葡萄酒常被称为甜食酒。强化葡萄酒在发酵的过程中要加入白兰地，酒精含量比一般的葡萄酒要高出许多，又因加入的白兰地终止了发酵作用，所以这种酒的含糖量也比较高。甜食酒陈年后的质量会更好，且能适应各种气温，由于酒度较高，开瓶后仍可保存。

1. 雪莉酒

（1）雪莉酒概述

雪莉酒（Sherry）的法文为"Xeres"，也泽为"些厘酒"等，是西班牙的国酒。

雪莉酒产于西班牙的加地兹（Cadiz）省的赫雷斯（Jerez）市，阿拉伯名为

"Sherish"（711—1264 年，赫雷斯被阿拉伯人占领并统治），人们认为雪莉酒的名字就是来自这个城市的阿拉伯语名字。雪莉酒 14 世纪时开始出口到英国，受到英国人的喜爱，并称之为"Sherries Sack"（雪莉白葡萄酒）。如今，英国仍是雪莉酒的最大市场（其次是挪威和德国）。

西班牙法律规定，赫雷斯一德·拉·弗隆持拉、圣玛丽亚港、桑卢卡尔一德·巴拉梅达这三座城市以及沿海地区在内的三角形区域被指定为雪莉酒的法定产区。1967年，英国颁布法令，规定只有西班牙赫雷斯区的葡萄酒有权称为"雪莉"，所有其他风格类似，并且带含"雪莉"一词的葡萄酒必须清楚说明其原产地，如塞浦路斯雪莉（Cyprus Sherry）。

（2）雪莉酒的种类

雪莉酒的种类主要有：菲奴、奥罗露索和阿蒙提拉多三种。

①菲奴（Fino）

菌花形成较多的将被制成菲奴。通常菲奴仅被强化到 15°~15.5°，使酒精含量还不至于杀死形成泡沫的酒花酵母菌。这样酒仍可在桶中继续培养泡沫。菲奴在木桶中储存的时间较短，为 3~7 年。菲奴酒色较淡，清亮透明，香味细致，有青苹果或梨的风味口感，甘冽清淡、可口爽快；酒呈干性，酒度相对较低。质量显尚的菲奴称为帕尔（Pdma）。

②奥罗露索（Oloroso）

菌花形成较少的将被制成奥罗露索。奥罗露索的酿造分两种方法：一种是在葡萄汁完成酒精发酵后立即将酒度强化到 18°，没有酒花发酵这一环节；另一种是酒花泡沫形成不理想时，通过将酒液强化到 18°杀死酵母，结束泡沫，制成奥罗露索。奥罗露索在木桶中陈酿时间较长，通常在 10 年以上。其酒色较深，从金黄色到深金黄色，香气浓郁；口味偏干果味，口感丰厚圆润，越陈越佳；酒度相对较高，一般为 18°~20°。

③阿蒙提拉多（Amontillado）

阿蒙提拉多是琥珀色、带有干性坚果味道的陈年菲奴。当菲奴在酒桶中储存 8 年以上后，酒花泡沫因酵母死去而逐渐消失，酒也将失去新鲜的果味和清新感，不再适合制作菲奴酒。酿制阿蒙提拉多酒时，首先要将酒强化到 18°（原酒度为 15°~15.5°），之后的储存处理类似奥罗露索。由于桶中依然留有空气，酒会由于被氧化而变成深金黄色，甚至茶色，并产生坚果的风味，口感变得丰富浓厚。这类酒在桶中的陈

图 2-18　阿蒙提拉多

酿时间都在 10 年以上。阿蒙提拉多雪莉酒味道柔和浓厚，酒度为 16°～18°。廉价的阿蒙提拉多是经过短暂的泡沫培养阶段后，通过杀死酵母并以加速成熟的方式得到的，这类阿蒙提拉多的酒标上会标示 India（印度）或 East India（东印度）。

2. 波特酒

（1）波特酒概述

波特酒（Porto）是葡萄牙的国酒，产自葡萄牙北部，距离波特市东 150 千米的杜罗（Douro）河流域，因为历史上出口英国的波特酒都是在波特港陈酿和装运而得此名。波特酒酒气香醇，酒质浓厚，口感圆润，甜而不腻，有红枣的味道。

（2）波特酒的种类

①白波特酒

一般来说，白波特酒（White Porto）发酵的时间比红波特酒的发酵时间长。白波特酒比较干涩，略微冷藏后是极佳的开胃酒。在葡萄牙和法国销量较大，其他地方非常少见。白波特酒有干和甜两类，干酒要发酵结束后再强化。

②红宝石波特酒

红宝石波特酒（Ruby Porto）是最普通的波特酒，从传统意义上讲，这种酒是最"年轻"的波特酒，它的名字来自它的红宝石颜色。根据法律规定，红宝石波特需保存 3 年以上，并且需在它还保持着深红的颜色、味道上还保留着醋味的时候便装入瓶中，装瓶后即可饮用，不必保存。这是一种新鲜、口感简单、颜色较深的波特酒。

③茶色（陈年）波特酒

茶色（陈年）波特酒（Tawny Porto）的名字来自它类似于红茶的颜色。茶色波特酒在发酵中长期培养和陈酿失去了部分红颜色，润色逐渐变浅而成茶色。茶色波特酒比红宝石波特酒柔滑得多，由于通常在桶中储存至少 6～8 年，使酒产生滑顺的质感和香甜的味道。一些茶色波特酒还具有坚果的味道。

这类酒又分两种：普通茶色（陈年），酒标上仅标明"Tawny"，混合不同年份的基酒在木桶中再培养 2～3 年后装瓶，装瓶后即可饮用；多年茶色（陈年），混合不同年份基酒，并在木桶中培养和陈酿多年后才装瓶，其在桶中的平均时间又可分为 10 年陈（10 years old）、20 年陈、30 年陈和 40 年陈。陈年时间越长，酒的颜色越浅，酸涩的口感越弱，酒也越醇，价格也越贵。这种酒装瓶后无须再存放就可饮用。

④酒垢波特

酒垢波特（Crusted Porto）是一种掺配波特酒。原酒经桶中储存 4 年左右装瓶，装瓶后放在酒窖中直到出现沉淀物。酒质上乘，接近于年份波特，但价格相对较低。

⑤晚装瓶年份波特酒 （Late Bottled Vintage Porto，LBV）

一般来说，晚装瓶年份波特酒是由非陈酿的葡萄酒配制的。这是有年份的波特酒，但为了能较早饮用，在木桶中培养、陈酿 4～6 年才装瓶（故称为"迟装瓶"）；长期的木桶陈酿加速了酒的成熟，使酒色变浅，口感变醇：这种酒在酒标上除了标出年份外，还要标出"LBV"。装瓶后不久就适宜饮用。

⑥年份波特酒

年份波特酒（Vinlage Porto）是波特酒中的精品，数量不足波特酒总产量的 1%，这种酒只在被宣称为最好的年份，也就是葡萄收成特别好的年份里（一般 10 年里只有 3 个或 4 个葡萄收获年）才酿制。这类酒在木桶中培养 2 年后装瓶，但装瓶后不能马上饮用，至少还得在瓶中再陈酿 5 年后才可饮用。储存年份短时，因气味辛辣而难以饮用，颜色也几乎是黑色。储存 15～20 年后方能成为极佳的波特酒。这类酒能存放几十年，酒标上除"Vintage Port"或"Vintage Porto"字样外，还标有具体的年份数字。

⑦陈年年份波特酒

陈年年份波特酒（Colheita）也是年份波特酒，在桶中至少要陈酿 7 年以上，通常会储存 20～30 年，期间每 5 年过滤一次，直到出运前才装瓶。装瓶后的酒可以即时饮用。

⑧单酒厂年份波特酒

波特酒通常是混合不同年份的基酒而成的，即使是年份酒也会混合不同酒厂葡萄园中的葡萄酒。单酒厂年份波特酒是指仅用某酒厂葡萄园中的葡萄酿制而成的年份波特酒，不混合不同酒厂葡萄园中的葡萄。酒标上有"Quinla"字样，其他一切与年份波特酒相似。单酒厂年份波特酒的等级通常是介于年份波特酒和迟装瓶年份波特酒间。

3. 玛德拉酒

玛德拉是处于大西洋中的一个岛，是葡萄牙属地，其生产的玛德拉酒（Madeira）是葡萄牙的另一著名酒品。玛德拉强化葡萄酒酒度为 16°～18°干型酒是优质开胃酒，甜型酒是著名的甜食酒。玛德拉酒是世界上寿命最长的酒之一，酒龄可长达 100 年，有些甚至可达 200 年。

（1）玛德拉酒有 4 种类型，从最干的到最甜的依次为以下几种

①舍西亚尔

舍西亚尔（Sereial）是最干的玛德拉酒，色泽艳丽，为金黄色或淡黄色，它有点像菲奴雪莉酒，但味道稍甜一些。气味芬芳，人称"香魂"，在西餐中常用作料酒。

②弗戴罗

弗戴罗（Verdelho）是干型酒，颜色类似于白葡萄酒，为金黄色，味道清香优雅，口味甘冽醇厚，并有温和柔滑的气味，是最精美的玛德拉酒。弗戴罗也是最适合用于烹饪

的玛德拉酒，因为它能赋于菜肴足够的香味，同时，它也是配汤类菜肴的传统葡萄酒。

③布阿尔

布阿尔（Bual）为半干型酒，颜色通常为棕黄色或栗黄色，有黄油的香味，还有独特的甜味，口味甘润浓醇，可以和许多甜食搭配。

④玛尔姆赛

玛尔姆赛（Malmsey）是白葡萄酒，该酒是一种气味香甜醇厚的酒，颜色很深，褐黄或棕黄色，口味极佳，甜润爽适，醇厚远超同类酒，个性明显。

图 2 - 19　玛德拉酒

（2）玛德拉酒的名品酒

玛德拉酒的名品酒主要有甘霖、南部、索里来。这三种酒的平均酒龄都在 80 年以上。其中，索里来为此类酒中的精品。另外，还有玛德拉、鲍尔日、巴贝都王冠、法兰加、马拉加等。

另外，其他国家生产的玛德拉名品酒有法国产的原甜葡萄酒、阿尔及利亚产的米斯苔尔、葡萄牙产的莫斯卡苔尔等。

表 2 - 3　　　　　　　　　　　　　　　马德拉酒的划分

类别	含糖量	特点
舍西亚尔（Sereial）	绝干型	颜色呈现金黄色，一般作为西餐烹调中的料酒使用
弗戴罗（Verdelho）	干型	略带甜味，香气浓郁、味道甘冽颜色呈现淡琥珀黄色
布阿尔（Baul）	半干型	颜色呈现棕褐色，适合作为甜食酒饮用
玛尔姆赛（Malmsey）	甜型	颜色呈现黄褐色，是玛德拉家族中最优秀的品种。口感纯正、香气宜人、甜腻爽口

4. 马萨拉酒

马萨拉酒（Marsala）取自地名，产于意大利西西里北部的马萨拉一带，首次配制于18世纪60年代，由葡萄酒和葡萄蒸馏酒勾兑而成，与波特、雪莉酒齐名。酒液呈金黄带棕色，香气芬芳，口味舒爽、甘润。

根据1969年颁布的意大利酒法，马萨拉酒分为4种基本类型。

（1）特精酿马萨拉酒（Marasala Vergine）

此酒陈酿时间为5年、酒度不低于18°，通常做开胃酒。

（2）优酿马萨拉酒（Marasala Superiore）

此酒陈酿时间为2年，酒度不低于18°，甜型或半干型，有爽口的苦味和焦糖风味。

图2-20 加香马萨拉酒

（3）精酿马萨拉酒（Marasala Fine）

此酒陈酿时间为4个月，酒度不低于17°，常标以"I. P."，是 Italia Particolare 的缩写，风格从干型到甜型都有。

（4）加香马萨拉酒（Marsala Speiale）

此酒是指加入香料的马萨拉酒；较为有名的马萨拉酒有厨师长（Gran chef）、佛岁里欧（Florio）、拉罗（Rallo）、佩助克利诺（Peliegrino）等。

三、利口酒

利口酒（Liqueur），"Liqueur"在欧洲较通用，在美国一般被称为"Cordials"，两个名称均来源于拉丁文，又译为利乔酒、力娇酒、香甜酒等，常在餐后饮用，所以被称为"餐后甜酒"。利口酒是以食用酒精或蒸馏酒为基本烈酒，通过浸泡或勾兑等方法加入各种香料并经过甜化处理的浓甜饮料酒。利口酒颜色艳丽丰富，口味香甜，被人们誉为"液体宝石'。

中世纪掌握酒精蒸馏法的教会僧侣们为了寻求不同的医疗效果，在酒中加入了草根、树皮、植物花叶、果皮、香料、果汁、金粉和咖啡等做实验。这些实验改善了酒的味道，丰富了酒的颜色，并因此创制了上百种的利口酒。很多利口酒都与修道院有一定的关系，一些有名的利口酒就是来自修道院僧侣们研究的配方。

1. 原料

（1）基酒

白兰地、威士忌、朗姆酒、金调和米酒等都可以作为利口酒的基酒。但是大多数的利口酒是用中性或谷物烈性酒作为基酒。为了生产精美的利口酒，使用的酒精越纯净越好。

（2）香料

香料主要来源于植物，也有来源于动物、矿物的。利口酒的配方差异很大，有的是用一种香味明显突出的香料制成，有的是用几十种香料制成。

（3）甜化剂

甜化剂主要是甜浆和蜂蜜。

2. 利口酒的种类

利口酒根据加入的辅料不同，可以分为果料利口酒、草料利口酒和种料利口酒。

（1）果料利口酒

果料利口酒（Liqueurs de Fruits）由三大主要成分构成：果料（果实、果皮）、糖料和基酒（食用酒精、白兰地或其他蒸馏酒）。酿制果料利口酒一般采用浸泡法。浸泡制成的利口酒具有口味清爽新鲜的特点，宜新鲜时饮用。其名品有：橙皮利口酒、金万利、君度香橙、马士坚奴等。

（2）草料利口酒

草料利口酒（Liqueurs de Plants）的配制原料由草本植物构成，工艺复杂，往往带有浓厚的神秘色彩，要想全部弄清楚草料利口酒的原料构成和生产方法是很困难的，因为生产者往往对此严加保密，人们只能了解其中的大概情况。其名品有：修道院酒（Chartreuse）、修士酒（Benedictine）、杜林标酒（Druambuie）、薄荷乳酒（Creme de Menthe）等。

（3）种料利口酒

种料利口酒（Liqueurs de Grains）是用植物的种子作为基本原料配制的利口酒。可以用来做配料的植物种子很多，制酒者往往选用那些香味较强，含油较多的坚果种子进行配制加工。其名品有：茴香利口酒（Anisette）、可可乳酒（Creme de Cacao）、咖啡甜酒（Kaulua）、太玛丽（Tia Maria）、阿玛莱托（Amaretto）等。

表 2－4 利口酒植物类中的代表

类别	代表
叶片类	竹叶、茶叶、薄荷叶、月桂、香草叶等
根茎类	白芷、鸢尾草、甘草根、生姜等
树皮类	肉桂、苦树皮等
种子类	丁香、小茴香、胡荽等
花朵类	橘子花、小叶菊、夜来香、紫罗兰、玫瑰花、蔷薇等
果实类	咖啡豆、可可豆、香蕉、梨、苹果、荔枝、杏、柠檬、柑橘、樱桃、杏仁、椰子、蜜瓜、黑加仑等

表2-5 利口酒按添加物及制作工艺划分

类别	品名	产地	特点
柑橘类	库拉索（Curacao）	荷属库拉索群岛	苦橘皮、丁香、肉桂浸泡在白兰地中制成
	君度（Cointreau）	法国巴黎	用橙皮在烈性酒中浸泡一段时间后在进行蒸馏制得。鸡尾酒中加入数滴便可使风味产生变化
	金万利（Grand Marnier）	法国科涅克地区	使用科涅克白兰地加入橙皮蒸馏而成，分为黄色、红色两种
	白橘皮（Triple Ses）	荷兰	用小橘皮浸泡一段时间后再进行蒸馏制得
奶油类	百利甜（Baileys）	爱尔兰	用爱尔兰威士忌混合动物奶油制得
	安摩纳多·迪·撒柔娜（Amaretto Di Sarnno）	意大利	酒瓶成扁方形，黑色正方形瓶盖，宛如一个大号的香水瓶，具有浓郁的杏仁香味
	草莓奶油酒（Creme Frais）	荷兰	具有典型的草莓香味，味道甜腻、入口柔滑
	杏仁露酒（Creme Di Abricot）	荷兰	具有小杏仁及核桃仁香，酒香绵软浓郁
	蛋黄白兰地（Advocaat）	荷兰	以蛋黄与白兰地混合酿制而成
咖啡可可类	卡鲁瓦（Kahlua）	墨西哥	以烈性酒为酒基，添加墨西哥咖啡为辅料制得。常用于调配鸡尾酒与制作冰激凌
	太玛丽（Tia Maria）	牙买加	以朗姆酒为酒基添加蓝山咖啡、可可制得，混以牛奶饮用最佳
	黑可可（Black Cacao）	荷兰	有很浓郁的黑巧克力风味
	白可可（White Cacao）	荷兰	除了具有巧克力香味外还具有浓郁的奶油味道

类别	品名	产地	特点
香草类	加力安奴（Galliano）	意大利	据说其中添加有三十几种香草制成。酒瓶看起来很像一只"棒球棒"，是调酒师做花式调酒表演常用的道具瓶
	修士酒（Benedictine）	法国诺曼底	天主教徒们利用葡萄酒、香草、金粉等酿制而成
	薄荷酒（Pipper Mint）	法国	因其酒瓶看起来像是一个"葫芦"加之根据颜色又分为绿色、黄色、白色，所以又称"葫芦绿""葫芦白"等
蜂蜜类	杜林标（Druambuie）	英国	是世界著名的以威士忌添加蜂蜜制成的利口酒种类，用作餐后甜酒饮用，保健功效甚佳
	沙特勒兹（Chartreuse）	法国	以葡萄酒作为酒基添加香草、勾兑蜂蜜制成。一般需陈酿3年，品质优良的可以陈酿长达12年
水果类	桃子利口酒（Peach）	荷兰	
	蜜瓜利口酒（Melon）		
	香蕉利口酒（Banana）		
	樱桃白兰地（Cherry Brandy）		
	南方安逸酒（Southe Rn Comfort）		以波本威士忌为酒基，添加桃子、柑橘、香草等浸制而成
	黑加仑利口酒（Cassis）		
	荔枝酒（De Lychee）		

四、中国配制酒

中国的配制酒是用发酵原酒（黄酒、葡萄酒、果酒）、蒸馏酒或食用酒精为基酒，加入香草、香料、果皮、中药或动植物，用浸泡、掺兑、煮沸、复蒸等不同工艺加工配制而成的饮料酒。中国的配制酒主要分为药酒和露酒两大类。两者并无本质上的区别，但药酒主要以治疗疾病为主，有特定的医疗作用；露酒以滋补养生健体为主，有保健强身作用。

1. 药酒

（1）中国药酒概述

药酒是以白酒、黄酒或果酒为基酒，加入中药材（如人参、枸杞、五加皮、五味子等）经酿制或泡制而成的具有药用价值的酒。酒度随基酒而定，药用功能各有不同。

药酒在我国有悠久的历史。李时珍在《本草纲目》中就收集了大量的药酒配方，据统计共有200多种。这些配方大多数是便方，具有用药少、简便易行的特点。

酒商"通血脉，行药势，温肠胃，御风寒"等作用，酒可以使药效发挥最佳，使理气行血药物的作用得到更好的发挥。既可治疗疾病和预防疾病，又可用于病后的辅助治疗；而且酒是一种良好的有机溶媒，有助于药物有效成分的析出。中药的多种成分都易于溶解于酒精。

（2）药酒的种类

①根据药酒的使用方法，可分为内服药酒、外用药酒和既可内服又可外用的药酒三大类。

②根据药酒的功效，可分为药性药酒和补性药酒（滋补酒）两大类。前者以治疗疾病为主，有特定的医疗作用，如史国公酒、茸参虎骨酒等；后者以辅助性治疗为主，可预防疾病，或用于病后的辅助治疗，如蜂王浆补酒、雪蛤大补酒，其中的一部分可作为日常饮料酒使用。

（3）常见的中国药酒

药酒常见的种类和品牌有人参酒、参茸酒、首乌酒、五加皮酒、三蛇胆汁酒、虎骨酒、史国公酒、十全大补酒、龟龄酒、蜂王浆补酒、雪蛤大补酒等。广西梧州市的三蛇酒、蛤蚧酒、毛鸡酒等动物药酒，驰名粤港澳，远销20多个国家和地区。

图 2-21 中国药酒

2. 露酒

（1）露酒概述

露酒又叫香花药酒，是以蒸馏酒、发酵酒或食用酒精为基酒，加入食用动植物，及香料筋料、色素等食品添加剂，按一定生产工艺加工制成的具有水果风味的饮料酒。露酒改变了原基酒的风格，具有营养丰富、品种繁多、风格各异的特点。

（2）制作露酒的辅料

制作露酒的辅料品种繁多（枸杞、人参、蛇、当归、动物的骨骼等），凡是中医能够入药的品种，基本能够用于浸泡露酒。近几年，随着科技的发展，原料的应用范围不断扩大，野生资源类如红景天、沙棘、绞股蓝、刺梨等野生果；花卉类如玫瑰、茉莉、菊花、桂花、红花等；含有丰富的营养成分并有特殊的医疗价值的昆虫类的肌肉、皮质等；新资源有超氧化物歧化酶（SOD）等。

（3）中国著名的露酒品牌

山西竹叶青酒、广东五加皮酒、北京莲花白酒、天津玫瑰露酒。

任务检测

一、选择题

1. 下列属于蒸馏酒的是（　　）。

A. 威士忌　　　　B. 味美思　　　　C. 啤酒　　　　D. 黄酒

2. 我国最负盛名的八大名酒，都和（　　）有着十分亲近的血缘。

A. 五粮液　　　　B. 茅台　　　　C. 汾酒　　　　D. 古井贡酒

3. 一般人只要一提到白兰地，立即会联想到（　　）白兰地。

A. 美国　　　　B. 法国　　　　C. 英国　　　　D. 德国

4. 最著名七大蒸馏酒有 Brandy、Whisky、Gin、Rum、Vodka、（　　）和中国白酒。

A. Tequila　　　　B. 清酒　　　　C. Liquor　　　　D. Bose

5. 贮藏在橡木桶内的白兰地酒，酒质更醇，芳香更浓，而且还有晶莹的（　　）。

A. 金色　　　　B. 咖啡色　　　　C. 淡绿色　　　　D. 琥珀色

二、简答题

1. 白兰地的特点是什么？有哪些种类？请列举世界著名的白兰地品牌和产地。

2. 中国白酒有哪些特点？通常是如何分类的？

项目三　鸡尾酒知识与调酒技艺

学习目标

知识目标

通过对鸡尾酒知识与调酒技艺的认识，掌握鸡尾酒的概述、调酒用具及载杯、鸡尾酒调制要求、鸡尾酒装饰物的专业知识。

技能目标

掌握调酒的调制方法和基本手法，掌握世界著名25款鸡尾酒的调制方法。

案例导入

鸡尾酒的由来

鸡尾酒的起源已经无从考证，但有一点是可以肯定的——它诞生于美国，时间大约是18世纪末或19世纪初期。如何调配和饮用这类色、香、味俱佳的混合饮料，以及"鸡尾酒"名称的由来，众说纷纭。有人说由于构成鸡尾酒的原料种类很多，而且颜色绚丽，丰富多彩，如同公鸡尾部的羽毛一样美丽，因此人们将这种不知名的饮品称为鸡尾酒；有人说鸡尾酒一词（Cocktail）源于法语单词"Coquetel"，据说这是一种产于法国波尔多地区，过去经常被用来调制混合饮料的蒸馏酒；有人说这个词是悄悄出现在19世纪的斗鸡比赛中，因为当时每逢斗鸡比赛一定是盛况空前，获得最后胜利的公鸡的主人会被组织者授予奖品或者更确切地说是战利品——被打败的公鸡的尾毛。当人们向胜利者敬酒时，贺词往往会说："On the Cock's Tail！"。

"鸡尾酒"最先出现在哪里呢？如果就此问题做一个调查，我们可能会得到许多不同的答案。有人说鸡尾酒一词最先出现在美国独立战争时期的一个小客栈；有人说鸡尾酒最先出现在18世纪美国水手的航行生涯中。

"鸡尾酒"一词首次出现在大众媒体上，是在1806年5月13日美国发行的一本杂志上，当时它是这样描述鸡尾酒的：鸡尾酒是一种由任意种类的烈酒、糖、水和苦酒构成的具有刺激作用的酒类。

经过近2个世纪的演变，今天，鸡尾酒不仅渗透到世界的每个角落，而且其新的内涵也得到了大家的共识。

鸡尾酒是由任何种类的烈酒、果汁、奶油等混合而成的，含有较多或较少酒精成分的，具有滋补、提神功能，并能使人感到清爽愉快的浪漫饮品。

调制一款鸡尾酒如同演奏一首乐曲，各种材料的组合如同曲子里的音符，有它们特殊的位置和功能，只有遵循这个规律，才能产生和谐与共鸣，达到最理想的效果。

鸡尾酒之所以长盛不衰，在于其本身的魅力。100多年来，由于人们对它的不断改良和发展，使其成为一个拥有数千个品种的庞大家族。它的变幻万千的色彩和口味，使人耳目一新的饮法，绚丽的装饰，各异的载杯，无不吸引着人们在这个神秘的世界里猎奇、留恋和探索。

任务一　鸡尾酒概述

关于鸡尾酒的起源有很多种传说，有人认为起源于英国。有人认为起源于美国，还有人认为起源于法国，但这些都无法考证。不过第一次有关"鸡尾酒"的文字记载是1806年，出自美国的《平衡》杂志，记载了鸡尾酒是用酒精、糖、水（或冰）或苦味酒混合的饮料。

1862年，由托马斯（Jerry Thomas）出版了第一本关于鸡尾酒的专著，他是鸡尾酒发展过程中的一个关键人物，他走遍欧洲大小城市，收集配酒秘方，并用较大的玻璃杯配制混合饮料。从那时起，鸡尾酒就开始成为人们野餐和狩猎旅行的必备品。托马斯先生使鸡尾酒变成当时最流行的酒吧饮料。因在调酒方面的研究成果和丰富经验，他被称为这方面的专家和教授。1882年，哈利·约翰逊（Hally Johnson）著有《调酒师手册》（Bartender's Manual）一书，该书记载了当时最流行的鸡尾酒的调配方法，如"曼哈顿"等，至今还深受欢迎。1920年，由于美国禁酒法规的施行，使鸡尾酒在美国很快流行起来，后被带到英国和世界各地。1920年至1937年被称为"鸡尾酒时代"。第二次世界大战期间，鸡尾酒的消费在西方军人、青年男女中已成为一种风气。第二次世界大战后，鸡尾酒已成为人们休闲、社交的一种媒介。鸡尾酒之所以流行，一是因为它所具有的色、香、冰能吸引众多的消费者，二是稀释淡化后的酒被大多数人尤其是女士所喜爱。

如今，鸡尾酒已成为所有混合饮料的通称。到 20 世纪七八十年代，传统的混合饮料广受欢迎，而且消费者口味的淡化也有效地促进了鸡尾酒的发展。

任务二　调酒用具及载杯

一、鸡尾酒的调酒用具

1. 盎司器（Jigger）

主要是用来量取酒料以保证口味的纯正。一般为 1.5oz 与 1oz 组合，还有 0.5oz 与 1oz 组合。使用时应将酒料注满至盎司器边缘。如图 3-1 所示：

图 3-1　盎司器

2. 调酒杯（Mixing Glass）

玻璃容器上面标有刻度，便于量取酒料。是制作调和法饮品常使用的工具。如图 3-2 所示：

图 3-2　调酒杯

43

3. 酒嘴（Pourer）

安装在酒瓶口上，用来控制酒水流量的工具。一般分为快速阔口型、匀速中口型和慢速窄口型三种。材质分为不锈钢制和塑料制。如图3-3、图3-4所示：

图3-3　塑料酒嘴

图3-4　金属酒嘴

4. 调酒壶（Shaker）

是调酒鸡尾酒的常用工具。常见的有英式三段式传统摇酒壶及花式波士顿摇酒壶两种。按照型号分为大号、中号、小号三类。如图3-5所示：

图3-5　波士顿摇酒壶

5. 滤冰器（Strainer）

是配合波士顿摇酒壶使用的滤冰工具。圆形工具分为单耳及双耳两种，是用来固定位置的。上边附有弹簧钢圈用来与摇酒壶内壁贴合。如图3-6所示：

6. 吧匙（Bar Spoon）

调酒用不锈钢制品。一端为匙状，柄长中间带有螺旋状；另一端为叉子。用途广泛可以量取少量酒料、叉取装饰用水果。也是调和法搅拌工具及调制彩虹酒的缓冲工具。

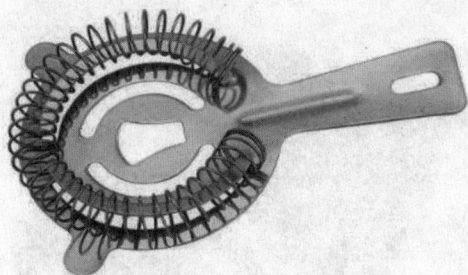

图 3-6 滤冰器

7. 酒吧刀（Bar Knife）

一般用来切制水果及制作鸡尾酒装饰物。一般选用不锈钢制的刀具，不易生锈，要求刀口锋利。如图 3-7 所示：

图 3-7 酒吧刀

8. 水果叉（Petit Fork）

一般是配合果盘使用的叉取工具。如图 3-8 所示：

9. 柠檬削皮刀（Zester）

是用来削切柠檬皮的，不会削去柠檬皮的白色部分。如图 3-9 所示：

10. 鸡尾酒签（Cocktail Picks）

是鸡尾酒装饰中经常使用的一种塑料制果签。如图 3-10 所示：

图 3 - 8　水果叉

图 3 - 9　柠檬削皮刀

图 3 - 10　鸡尾酒签

11. 吸管（Straw）

是鸡尾酒服务时的必备品。如图 3 - 11 所示：

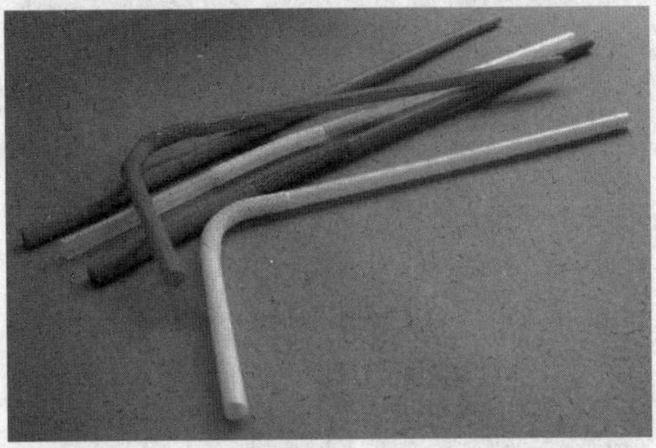

图 3 - 11 吸管

12. 砧板（Cutting Board）

切制水果和制作装饰物的案板，一般分为塑料制和木制两种。如图 3 - 12 所示：

图 3 - 12 砧板

13. 冰桶（Ice Bucket）

用来盛放冰块或冰镇葡萄酒使用。如图 3 - 13 所示：

14. 冰夹（Ice Tongs）

是配合冰桶一起使用的夹取冰块的工具。有时也可以使用它来夹取装饰用水果。如图 3 - 14 所示：

15. 冰铲（Ice Scoop）

铲取冰块使用的工具。一般在制冰机中配备。如图 3 - 15 所示：

图 3 – 13 冰桶

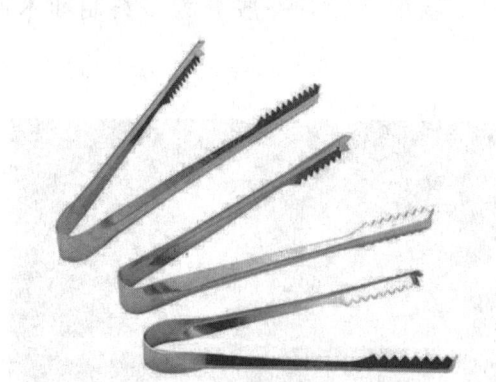

图 3 – 14 冰夹

图 3 – 15 冰铲

16. 调酒棒（Muddler）

是长饮类鸡尾酒的装饰品，兼有实用功能，可以供客人自行搅拌饮品。如图 3 – 16 所示：

图 3 – 16 调酒棒

17. 打蛋器（Egg Beater）

用来把鸡蛋打散。如图 3 – 17 所示：

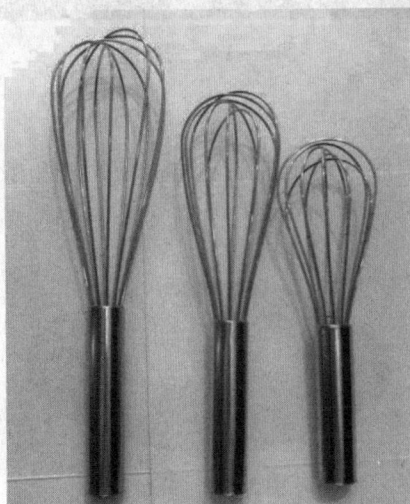

图 3 – 17 打蛋器

18. 宾治盆（Punch Bowl）

是制作宾治酒的容器，一般为玻璃制品。如图 3 – 18 所示：

19. 调料瓶（Condimene Bottle）

盛装调料用的小瓶子。如图 3 – 19 所示：

图 3 - 18 宾治盆

图 3 - 19 调料瓶

20. 托盘（Service Trays）

用来进行鸡尾酒服务和服务员传递酒水物品使用。一般为塑料制品。如图 3 - 20 所示：

图 3 - 20 托盘

21. 碾棒（Mudding Stick）

木制工具，一端圆形用来碾碎冰块，一端略大成平底形用来捣碎柠檬等。如图 3 - 21 所示：

22. 杯垫（Glass Holder）

为了防止酒杯滑动而置于酒杯下面的圆形或其他形状的小垫子。一般酒水品牌还用它来做广告宣传。如图 3 - 22 所示：

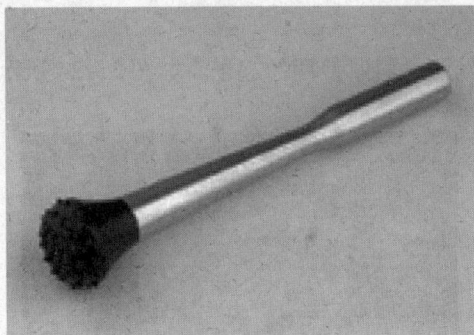

图 3 - 21　碾棒

图 3 - 22　杯垫

23. 结账册（Tip Trays）

传递账单、现金、信用卡使用的皮质小夹子。如图 3 - 23 所示：

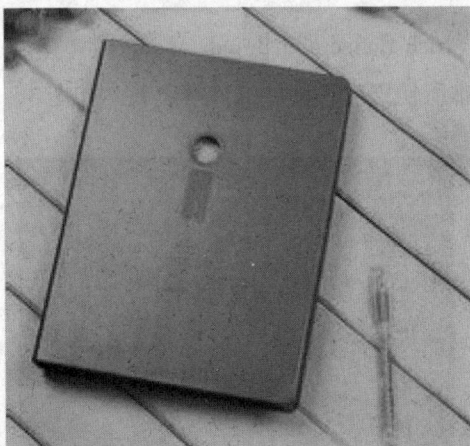

图 3 - 23　结账册

24. 开瓶器 (Bottle Opener)

是用来开启啤酒、红酒饮料时使用的起子。如图 3 - 24 所示：

图 3 - 24　开瓶器

25. 雪茄刀 (Clgar Knife)

用来切割雪茄使用。如图 3 - 25 所示：

图 3 - 25　雪茄刀

26. 爱尔兰烤杯架 (Irish Coffee and Brandy Warmer)

用来制作爱尔兰咖啡所使用的一种特殊烤杯设备。如图 3 - 26 所示：

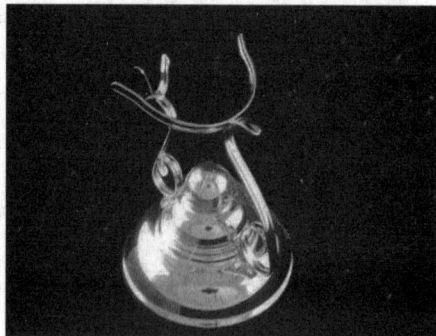

图 3 - 26　爱尔兰烤杯架

27. 烟灰缸（Ashtray）

主要盛装烟灰、烟蒂。如图 3 – 27 所示：

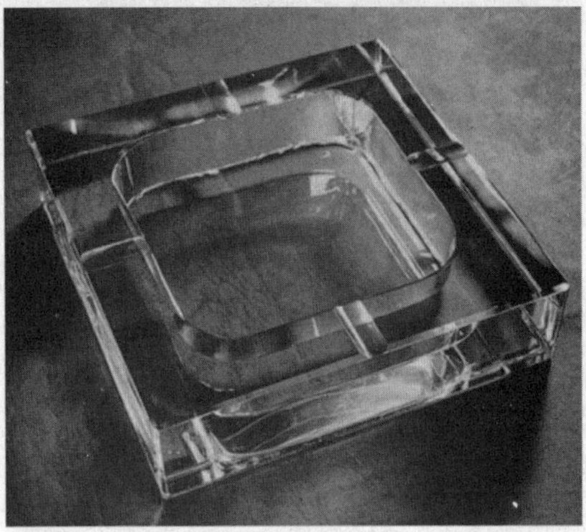

图 3 – 27 烟灰缸

28. 雪糕匙（Cream Dipper）

制作冰激凌所使用的挖球工具。

29. 糖（盐）盅（Sugar Bowl）

用来盛装糖粉、盐粉的器皿。如图 3 – 28 所示：

图 3 – 28 糖（盐）盅

30. 牙签筒（Tooth Pick Holder）

用来盛装制作水果盘使用的牙签或鸡尾酒果签。如图 3 – 29 所示：

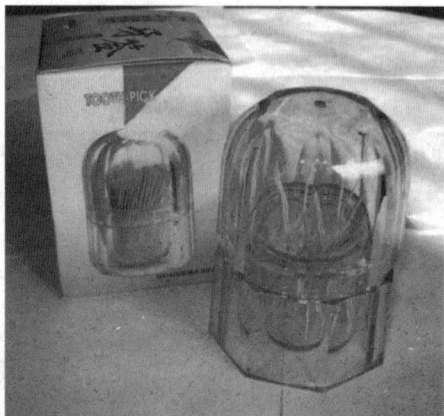

图 3 - 29　牙签筒

二、鸡尾酒的载杯

美酒配美杯会令鸡尾酒大放光彩，同时酒与杯、与光的交错会给人以美的视觉享受。世界上美酒各具特色，酒性各不相同，饮法各异，由此产生了若干个品种、数百种型号、各式各样的酒杯，质地也从一般的普通玻璃杯到价格昂贵、做工精细的水晶玻璃杯、花色式样应有尽有。水晶玻璃杯是酒杯中的极品，它高雅清纯，质重稳定，花色多为古朴的图案，是王公贵族和富商巨贾经常使用的酒具。普通玻璃杯品种多、款式全、用途广、价格廉，是酒吧常使用的酒具。

一般酒吧常用的载杯有：

1. 古典杯（Old - Fashioned Glass）

又称"老式杯""石头杯"等。一般容量在 200 毫升。

2. 鸡尾酒杯（Cocktail Glass）

鸡尾酒专用杯。是一种倒三角的杯具。一般容量在 110 毫升。

3. 柯林杯（Collins Glass）

长饮酒杯呈直筒状。一般容量在 300 毫升。

4. 雪莉酒杯（Sherry Glass）

饮用雪莉酒的专用杯。一般容量在 60 毫升。

5. 香槟酒杯（Champagne Glass）

香槟酒饮用的专用杯，有时也用来盛装鸡尾酒。分为浅碟形和郁金香形两大类，一般容量在 120 ~ 250 毫升。

6. 酸酒杯（Sour Glass）

是用来饮用酸酒的一种载杯，如"酸威士忌"，一般容量在 140 毫升。

7. 利口酒杯（Liqueur Glass）

盛装利口酒使用，有时也用来盛装鸡尾酒使用。如"天使之吻"，一般容量在45~60毫升。

8. 白兰地酒杯（Brandy Glass）

白兰地酒饮用的专用酒杯。又称为"嗅杯"，有时也用来盛装鸡尾酒。一般容量在170~450毫升。

9. 啤酒杯（Beer Glass）

用来盛装扎啤使用。一些趣味鸡尾酒，如"深水炸弹"也用啤酒杯盛装。一般容量在1000毫升。

10. 子弹杯（Shot Glass）

又称"小杯""舒特杯"。一般饮用开胃酒使用。像鸡尾酒"B-52"也用它来盛装。一般容量在45毫升。

11. 葡萄酒杯（Wine Glass）

葡萄酒饮用时的专用载杯。分为红葡萄酒杯和白葡萄酒杯。一般容量在300~360毫升。

12. 彩虹酒杯（Pousse Glass）

调制彩虹酒所使用的载杯。一般为细长的直筒杯。一般容量在90毫升。

13. 爱尔兰咖啡杯（Irish Coffee Glass）

专门用来制作爱尔兰咖啡使用。一般容量在240毫升。如图3-30所示：

图3-30 爱尔兰咖啡杯

14. 高脚杯（Goblet）

这类杯具用途比较广泛，可以搭配除特殊要求的酒水。一般容量在120~330毫升。

15. 海波杯（High Ball Glass）

又称"高球杯"，也是一种直筒长饮杯，相比柯林杯直径稍大高度略低。一般容量在 200～250 毫升。

16. 果冻杯（Sherbet Glass）

一般用来盛装果冻及冰激凌。像很多用搅和法制作的沙冰类鸡尾酒也用它来盛装。一般容量在 450 毫升。

17. 比尔森啤酒杯（Pilsner Beer Glass）

是盛装比尔森啤酒的专用杯。一般容量在 330～600 毫升。

18. 波特酒杯（Porto Glass）

饮用波特酒的专用载杯。一般容量在 60 毫升。

19. 咖啡杯（Coffee Cup）

盛装现磨咖啡使用。一般容量在 110 毫升。

20. 费斯酒杯（Fizz Glass）

调制费斯类鸡尾酒使用的载杯。一般容量在 200 毫升。

21. 飓风杯（Meteorology Glass）

调制热带鸡尾酒使用的酒杯。一般容量在 450～600 毫升。

22. 果汁杯（Fruit Glass）

用来盛装新鲜果汁。一般容量在 300 毫升。

23. 玛格丽特酒杯（Margarita Glass）

用来盛装鸡尾酒"玛格丽特"或用来盛装冰沙类鸡尾酒。一般容量在 150 毫升。

24. 醒（滗）酒瓶（Decanter）

主要用于陈年红酒的醒酒和过滤沉淀物。一般容量在 1000～2000 毫升。如图 3－31 所示：

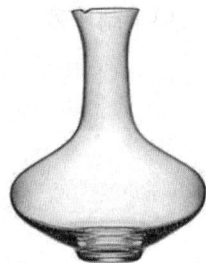

图 3－31　醒酒器（滗酒瓶）

25. 威士忌酒杯（Whisky Glass）

是一种变形的古典杯，分为四角方杯、八角杯等。一般容量在 150 毫升。

26. 扎杯（Jug Glass）

一般用来混合饮用酒水或盛水等。一般容量在 1000～2000 毫升。

27. 调酒杯（Mixing Glass）

上面标有刻度便于量取酒料。一般用来制作调和法饮品。一般容量在 500 毫升。

图3-32 各种酒杯I

小水杯　中水杯　大水杯　柯林斯杯　士林杯　老式杯

红葡萄酒杯　白葡萄酒杯　比尔森啤酒杯　大郁金香啤酒杯

甜葡萄酒杯　郁金香杯　笛形香槟杯　阔口香槟杯

V形杯　新型白兰地杯　大白兰地杯　小白兰地杯

雪莉杯　餐后甜酒杯　阔口香槟杯　鸡尾酒杯

鸡尾酒杯　水杯　汽水杯　爱尔兰咖啡杯　烈酒杯

利口酒杯　庞氏咖啡杯　苦艾酒杯　灯笼裤形杯　宾治杯

敞口V形杯　广口V形杯　龟壳杯

图 3-33　各种酒杯 II

图 3-34 普通啤酒杯

任务三 鸡尾酒调制要求

一、鸡尾酒调制的基本要求

一款调制精美、色彩绚丽、口味香醇、装饰靓丽的鸡尾酒堪称是一件艺术佳品，鸡尾酒调制也可称为一门艺术创造。所以，调制鸡尾酒时与之相配的载杯、装饰物、酒料的选择、辅料的选配都需与之相得益彰，这样才能更加凸显鸡尾酒艺术酒品的特性与价值。

调制鸡尾酒时添加的果汁及其他辅料都不应该遮掩其酒精的刺激口感，其中的各种配料要和谐共存，混合均匀，口感上保持刺激感，又可以从中回味其他风味。否则就失去了鸡尾酒本身的文化含义而与酒文化背道而驰。

鸡尾酒具有开胃提神、缓解疲劳、在社交场合创造热烈气氛的功效。亲朋好友相聚酒吧，或商务洽谈，或休闲娱乐，在享受酒吧带给我们的视觉感官享受外，也使酒文化焕发出新的活力。恋人们酒吧饮用一杯"红粉佳人"，带来的是爱情的甜蜜；商人们在酒吧饮用一杯"马提尼"，彰显的是一种品位和信心；白领们工作之余在酒吧饮用一杯"长岛冰茶"，带来的是缓解压力的惬意；年轻人在酒吧饮用的"B-52"是一种青春活力展现。

鸡尾酒特别注重口味的调配。色、香、味、形都不可过之。过之则掩盖了酒水本身的特性和口感。

绝大多数鸡尾酒以冷饮居多。所以，充分的冰镇和选择高脚载杯显得极其重要。镇凉的目的是改善入口舒适度，高脚杯装载则是为了防止手持玻璃杯手温导热改变鸡尾酒的风味。

二、鸡尾酒调制的标准要求

①鸡尾酒调制需要快速，一般要求为 1 分钟完成一杯酒的操作和 5 分钟 3 款鸡尾酒的标准。

②在调酒师仪表上过去是按英式标准设定的，男调酒师需着白色衬衣系黑色领结和穿黑色马甲，比较符合英国绅士的形象。现今对调酒师的着装要求有所放松和改变，但也不能过于前卫。

③载杯的选择上必须注意，用错杯具是一种失礼的表现。

④在调制过程中要遵循严格的操作标准和用料标准，初入此道的朋友建议使用"量杯"或"酒嘴"以保证酒品的口味纯正。

⑤调制鸡尾酒所使用的基酒及配料应选择物美价廉和容易购得的。

⑥在调制摇和饮品时要选择质地坚硬的冰块，这样的冰块不容易快速融化从而冲淡酒液。

⑦鸡尾酒调制一般要求现调现喝，不可放置太长时间。

⑧奶油、牛奶、果汁、蛋清、蛋黄等配料要选择新鲜的。

⑨鸡尾酒配方中的蛋清、蛋黄指的是生鸡蛋。

⑩调制热饮酒品须把温度控制在 78.3℃ 以下，因为酒精的蒸发点是 78.3℃。

⑪始终需要保持一双干净的手，因为在许多情况下是需要用手来接触酒料和载杯的，这一点也是客人关注的要点。

⑫调制用器具（如摇酒壶之类）要保证清洁，以便在繁忙时不至于影响连续操作。

⑬调制结束后要养成将酒瓶盖盖上并归于原处的好习惯。

⑭调制鸡尾酒需要遵循先主料后辅料的基本原则，这样可以保证在出现差错时把损失降到最低。

⑮调制鸡尾酒之前需要把载杯、酒料、装饰物等备好待用。

⑯在室温较高的情况下，为防止玻璃杯因骤冷骤热而发生炸裂，可以选择"溜杯"和"镇凉"方法使其冷却。溜杯适合容量较小的载杯，操作方法是将 1～2 块冰块放入杯中，手握杯柄顺时针水平摇晃，等载杯外壁出现霜或水时完成；镇凉则适合容量较大载杯，操作方法是将 5～8 块冰块置入载杯中待其载杯外壁出现霜或水时完成。注

意，参与溜杯或镇凉的冰块须弃之不用。

⑰"加满"一词需要灵活使用。一看载杯容量，二看配方实际要求。

⑱"追水"是为稀释高浓度的酒水而追加的饮用水。

⑲调制完成的鸡尾酒注入载杯时需要留有 1/8 的距离。是为了避免客人饮用困难和物有所值的服务理念。

⑳在用新鲜水果榨汁时可以事先将水果浸泡于水中，这样可以保证水果新鲜和多榨出一些果汁。像苹果等容易氧化的果品可以在切好后浸泡于柠檬水中，这样不容易氧化。

㉑配方中的蛋清是为了增加泡沫使用的，因其不容易与其他酒液混合，摇制的时间需要长一些。

㉒制作调酒用糖浆糖粉与水的比例为 3：1。

㉓调酒器中如有剩余酒料应尽快处理。

㉔在制作鸡尾酒装饰物中，选择的水果必须为新鲜的，罐装的需要用清水淘洗出去糖分黏液，用保鲜膜封好备用。如：车厘子、橄榄等。制作鸡尾酒装饰物需要本着和谐简单的原则，不可使其喧宾夺主。另外尽量避免用手接触装饰物。

㉕像苏打水、汤力水等碳酸饮料严禁放入调酒壶中摇荡，以免发生不测和危险。应在摇和完其他配料后再加入。

㉖载杯保证清洁明亮、一尘不染。服务过程或调制过程中要注意手持杯柄或底部，严禁靠近杯口或伸进杯内。

㉗调制鸡尾酒动作要规范轻盈，因手忙脚乱而产生的酒瓶碰撞声和掉落声会使客人留下失望和不信任的感觉。

㉘一名优秀的调酒师应该随身携带螺丝开瓶器、笔、打火机等用品。这被西方从业人员称为"侍者三宝"。

㉙在应对顾客提出的模棱两可的酒水品种时，可以选择让客人扮演老师角色用心请教、细心倾听，一方面可以了解新知识；另一方面也可以满足客人的需求，提高酒吧酒水销量和声誉。

㉚在创新和制作酒吧特饮上要把握实用、简单，口味当然要以客人接受喜欢为第一标准。

㉛在调制一杯以上的相同鸡尾酒时需要严格按照平均分配的方式注入。具体做法为将酒杯依次直线排开，杯边相接从左至右，再从右至左注入。这样保证了几杯酒的口味是大致相同的。

㉜尽量避免用手接触酒杯边缘、装饰物、冰块。

㉝酒吧棉织品分为毛巾和镜布两种。前者用作清理抹台，后者用于擦拭酒杯等玻

璃制品。两者不可混用。

㉞调制鸡尾酒过程动作规范、时间快速、协调美观。

三、鸡尾酒的调制原理

鸡尾酒是由烈性酒（威士忌、白兰地、金酒、朗姆酒、伏特加酒、特基拉酒、中国白酒等）作为基酒，添加其他酒水（利口酒、开胃酒、葡萄酒、啤酒等）以及果汁、饮料、调料等作为辅料，通过摇和、兑和、调和、搅和等方法制成的混合含酒精饮料。在调制时一般遵循以下原理：

①烈性酒一般可以与任何酒水及饮料混合搭配调制成鸡尾酒。像伏特加因为其制作工艺的特点，无色无香，与任何饮料混合都不会改变其味道。

②味道相互融合的酒水可以搭配调制鸡尾酒。诸如椰子酒与菠萝汁其本身的味道都不是很强烈，清淡的香气可以达到最好的融合。

③味道特点有明显差异的酒水及饮料一般不应该混合调制鸡尾酒。这样做出的作品要么味道苦涩，要么入口刺激不利于饮用。像刺激性的开胃酒、药酒与水果酒就不能混合调制鸡尾酒。

④含气的碳酸饮料不能在摇酒壶中摇和，一般使用兑和法或调和法。

⑤运用摇和法的基本原则是在将调酒主料、辅料准备齐全的情况下，首先加入冰块、再添加辅料、主料进行操作。

⑥添加牛奶、奶油、蛋类等配料的鸡尾酒需要摇制剧烈，时间上需要相对久一点。

四、鸡尾酒的调制方法

鸡尾酒的调制方法大致可以归为四大类：摇和法、兑和法、调和法和搅和法。鸡尾酒调制按照传统继承和创新发展以及起源地，可以分为"英式调酒"和"美式调酒"，也就是我们所讲的传统和创新。

1. 英式调酒

（1）兑和法（Build）

兑和法是相对简单的一种鸡尾酒调制方法。是按照配方中的要求按标准分量逐一倒入杯中，不做搅拌混合或轻微搅拌来调制鸡尾酒的一种方法。像"螺丝刀""朗姆可乐"等。兑和法中有一种特殊调制方法是"漂浮法"，需要利用吧匙紧贴杯壁缓缓注入，例如"彩虹酒"的调制。彩虹酒色彩绚丽、美轮美奂，极具欣赏价值，也是检验调酒师技术是否熟练的一个标尺。调制成功的"彩虹酒"色彩分明，形如刀切状，要做到泾渭分明，每层之间要做到无混色、污染。

彩虹酒的操作要领：

①首先明确各种酒料的密度（比重）然后再决定添加顺序。密度大的先加入，密度小的后加入，这样就可以使密度小的浮在上面形成分层。

②确定密度可以运用酒精度数对比法确定。一般酒精含量高的密度相对较小，酒精含量低的密度较大。碰到酒精含量相差无几的酒水时可以采用对比黏稠度的方式决定加入顺序。方法是将需要对比的酒料首先将瓶倒置，然后再一起正立观察瓶内壁酒液的流速和挂杯度，流速慢、挂杯度好的说明黏稠度也好，可以先加入。

（2）调和法（Stir）

是运用吧匙与调酒杯来完成的。像"干马提尼"等。

调和法的操作要领：

首先在调酒杯中添加适量冰块（一般为5～8块），酒水按先辅料、后主料的顺序添加到调酒杯中，左手拇指和食指捏住调酒杯底部，小指自然弯曲垫于杯底使调酒杯形成倾斜30°，右手将吧匙沿虎口与中指、无名指之间穿过，虚握成拳状依靠手腕的力量紧贴杯壁沿顺时针方向搅拌8～10圈，左手感到冰凉、调酒杯外壁有水或霜析出时加盖滤冰器滤入载杯即可。这一方法的要点是虚握吧匙标准的操作动作，要领是在搅拌过程中吧匙是随着酒液旋转的。

图3-35 兑和法

图3-36 调和法

（3）摇和法（Shake）

摇和法也称为"摇荡法"，是运用调酒壶进行鸡尾酒调制的一种方法。是调酒过程中使用最为广泛的方法之一。因其对动作要领的要求极其严格，所以很具有美感和观赏性。使用这种方法调制的鸡尾酒大多一般都含有牛奶、果汁、蛋清等不易混合辅料。像"红粉佳人""青草蜢"等。

63

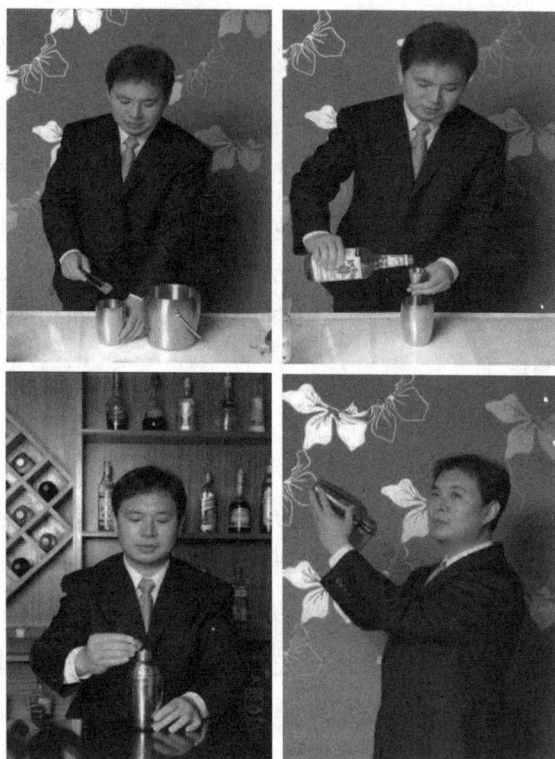

图 3－37　摇和法

摇和法要注意的要领：

①摇制时要快速、剧烈以防冰块快速融化冲淡酒液。

②一般调制的量不要太多，要使调酒壶留有足够的空间。

③摇动的是摇酒壶而不是身体，所以要保持动作潇洒、美观。可以单手摇也可以双手摇。

④摇酒壶外壁起霜或手感到冰凉时滤入载杯即可。注意含蛋清、牛奶等辅料的鸡尾酒摇制的时间要久一点。

⑤含气碳酸饮料要杜绝在摇酒壶中摇荡。

单手摇的方法和动作要领：

适用于小号摇酒壶或女性调酒师从业者。首先将冰块置于调酒壶中，按配方中酒水分辅料、主料添加到摇酒壶中，扣好滤冰器（壶腰）及壶盖。摇荡时右手食指按住壶盖，其余四指紧抓滤冰器及壶身，依靠手腕的力量左右摇荡，同时大臂带动小臂可以在胸前沿斜上方向做伸展运动。注意手掌切不可紧贴摇酒壶壶身，以免手温传递使冰块快速融化，冲淡酒液。等手感到冰凉或摇酒壶起霜后滤入载杯即可。

双手摇的方法和动作要领：

适用于大号摇酒壶。首先将冰块置于调酒壶中，按配方中酒水分辅料、主料添加到摇酒壶中，扣好滤冰器（壶腰）及壶盖。摇荡时左手中指扣住摇酒壶壶底，拇指压住滤冰器，其余手指夹住壶身；右手拇指紧按壶盖，其余手指夹住壶身。壶盖向着调酒师，壶底朝外，沿左斜上方或右斜上方有规律地摇动十余次，等手感到冰凉或摇酒壶起霜后滤入载杯即可。

（4）电动搅和法（Blend）

搅和法是利用电动搅拌机调制鸡尾酒的方法。一般配料中都含有新鲜水果等，适合制作冰沙类鸡尾酒。像"香蕉戴克瑞"、"热带梦"等。

首先将碎冰及其他酒料、新鲜水果等放入搅拌机中，扣好盖子将搅拌容器放置于底座上扣紧，右手压住容器，启动搅拌机一般运转 10～20 秒后，连冰带酒一同注入载杯即可。这种雪融状冰沙鸡尾酒在夏季极受欢迎。

图 3－38　电动搅和法

2. 美式调酒

美式调酒又称花式调酒，起源于 20 世纪的美国"Friday"（星期五餐厅），20 世纪 80 年代开始盛行于欧美各国，现风靡于世界各地。其特点是在以前传统绅士的英式调酒过程中加入一些音乐、舞蹈、杂技等花样的调酒动作以及魔幻般的互动游戏，起到活跃酒吧气氛、提高娱乐性的作用，同时拉近了调酒师与客人的关系，增加酒吧饮品销量。调酒师不仅是一种职业的选择，更是一种时尚前卫的追求。

1988 年由美国好莱坞出品，罗杰·多纳德导演，汤姆克·鲁斯主演的电影《鸡尾酒》可以说是描写刻画花式调酒师的一部优秀影片。

影片以一位酒吧调酒师的工作和成长过程为主线，讲述了主人公布莱恩特的工作、爱情和事业发展。布莱恩特在服完兵役后，开始走上寻找工作的道路，但是因为学历及专业技能的原因，始终不能尽如人意。一次偶然的机会，他走进一家酒吧应聘酒吧侍者，被准许边学习边工作，从此开始了他的调酒师生涯。在酒吧老板达格的教授下布莱恩特进展迅猛，他们两人之间的搭档表演成了酒吧独一无二的招牌。精湛的技术以及花哨的表演使客人流连忘返，为之倾倒，同时也被这两名潇洒帅气的男子所吸引。他们之间因为在事业上的共同语言，俨然成了一对志同道合的朋友。后来因为同时爱上一名女孩不欢而散。

布莱恩特一直以来也想拥有自己的一家酒吧，在辗转来到牙买加后开始了他的创业生涯，并在其中收获了自己的真爱。两人共同开设了一家名为"鸡尾酒与梦想"的酒吧，实现了自己的人生抱负。在店名中我们可以看出布莱恩特的人生回忆和对未来的美好憧憬，以及那美轮美奂的鸡尾酒。在整部的影片中总共出现了近30余种鸡尾酒。

影片中的汤姆·克鲁斯不系领结，打扮随意甚至有点桀骜不驯，随意地将酒瓶在空中抛洒，像演杂技那样调制鸡尾酒。这种调制鸡尾酒的方法高效、随意、调动气氛、极具观赏性的效果就是花式调酒的精髓。

花式调酒训练方法及练习要点：

（1）体能、乐感、手感的练习：在整个训练过程中安排体能训练（主要是上臂及手腕部与腿部的体能训练），通过音乐节拍训练步伐的协调程度，达到表演的要求。从简单的持瓶、抛接开始练习，熟悉酒瓶与手部接触的方位及感觉。

（2）分解动作要领及练习：通过基本的切酒（量酒）停瓶、起瓶、接瓶、滚瓶、打瓶、入听等逐渐磨合掌握基本要领，然后就可以进行套路练习科目进行强化训练。

（3）套路动作串联及配合：按照一瓶、一瓶一壶、两瓶、两瓶一壶、三瓶、异型瓶（加力安奴瓶）等进行动作强化练习。这一科目主要要求动作流畅及较高的成功率。

（4）音乐配合排练：要求动作能够根据音乐旋律、节拍做出停顿、卡点、亮相等要求。动作与音乐融合为一个整体。

（5）舞台表演心理素质培养：采取多练习、多表演的方式培养舞台经验和局面掌控能力。可以在人员相对集中的广场户外进行练习、排练。

五、鸡尾酒调制的步骤及注意事项

1. 英式调酒的操作步骤

鸡尾酒在调制过程中要特别注意先后顺序。在调制前准备好酒料、载杯、装饰物和调酒器具等，不可在调酒过程中再另行寻找遗忘的酒水工具等。

（1）首先将所调制酒水使用的酒料放置于工作台前。

（2）将鸡尾酒专用载杯、装饰物配齐。

（3）调制鸡尾酒一般在取瓶过程中用右手拿瓶颈部，左手推瓶底部，将酒标面向客人呈45°示酒。在开瓶量酒时需要注意左手逆时针方向旋转瓶盖，要求一次开满。瓶盖置于手掌心中，利用拇指、食指及中指交叉定位夹住盎司器（量杯），靠近摇酒壶等调酒器具上方3~4厘米处，同时右手将所用酒水倒入盎司器中完成量酒过程。把酒料倒入摇酒壶后，顺时针盖紧瓶盖。要求不洒、不滴。

（4）根据不同鸡尾酒的调制方法制作酒水。调制完毕后附杯垫奉客。

（5）将酒水归回原位，清洁台面及冲洗调酒工具，以便下次使用。

2. 花式调酒步骤流程

（1）酒水摆台

首先将所需要酒水（酒瓶）按使用的先后顺序摆放到便于取用的位置。杯具、辅料等也应摆放于规定位置。同类型酒水（酒瓶）至少要准备两个，这样不至于失误时影响连续操作。这也是为了保证整个表演过程的连贯性、流畅性和美观效果。充分的准备工作是保证表演成功的先决条件。

（2）背景音乐及助手

一首好的背景音乐会使整个表演过程增色不少。一场完美的花式调酒秀（flair Bartender Show）是需要表演者（调酒师）伴随音乐的旋律完成的一场美妙的舞蹈。所使用的配乐是否能与观众达到心灵的共鸣是很关键的。

助手是起到保证表演完整进行直至完美结束的幕后工作人员。主要是拾遗补阙，帮助表演者拣拾酒瓶等工作。另外包括整个酒吧的音响师、灯光师等都可以起到调动气氛的作用。

调酒表演又称花式调酒起源于美国，现风靡于世界各地，其特点是在调酒过程中加入一些花样的调酒动作以及魔幻般的互动游戏，起到活跃酒吧气氛、提高娱乐性、与客人拉近关系的作用。随着酒吧的兴起，花式调酒被融入到酒吧的表演中，影响日益扩大。

图 3 - 39　起听

图 3 - 40　抛听

图 3 – 41　平衡倒酒　　　　　　　　图 3 – 42　抛瓶

图 3 – 43　喷火

图 3 – 44　火焰

任务四　鸡尾酒装饰物

一杯美好的鸡尾酒，应具备三个条件：即基酒与配料的正确选用，装饰物的恰当使用，使用正确的杯皿。尤其在鸡尾酒的外观与造型方面，用杯和装饰物是不可或缺的重要因素。通常鸡尾酒的装饰材料多以水果为主，例如樱桃、菠萝、橙子、柠檬等。不同的水果原材料，可以构成不同形状与色泽的装饰物，但在使用时要注意其颜色和口味应与酒质保持和谐一致，并力求其外观色彩缤纷，同时应伴以多样化的创作，为来宾提供赏心悦目的美酒艺术享受。使用装饰物时，可尽情发挥想象力，将各种原材料灵活组合变化。装饰对创造饮品的整体风格、外在魅力有着重要作用。只有通过调酒师精心制作、装饰才能使一款鸡尾酒成为一杯色、香、味俱佳的特殊饮品。

一、装饰物的品种

可以用来装饰鸡尾酒的原料很多，无论是水果、花草，还是一些饰品、杯具都可以用来作为鸡尾酒的装饰物。目前流行的鸡尾酒的装饰物有以下类型：

水果类：柠檬、樱桃、香蕉、草莓、橙子、菠萝、苹果、西瓜、哈密瓜等。

蔬菜类：小洋葱、青瓜、芹菜等。

图 3－45　苹果

图 3－46　小洋葱

花草类：玫瑰、热带兰花、蔷薇、菊花等。

饰品类：花色酒签、花色吸管、调酒棒等。

酒杯类：各种异型酒杯。

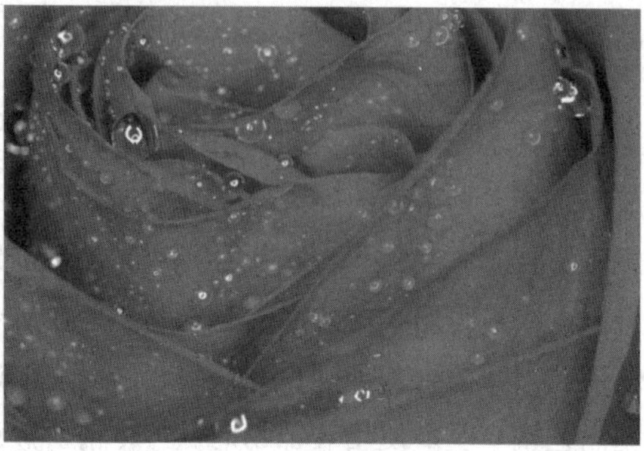

图 3 – 47 玫瑰

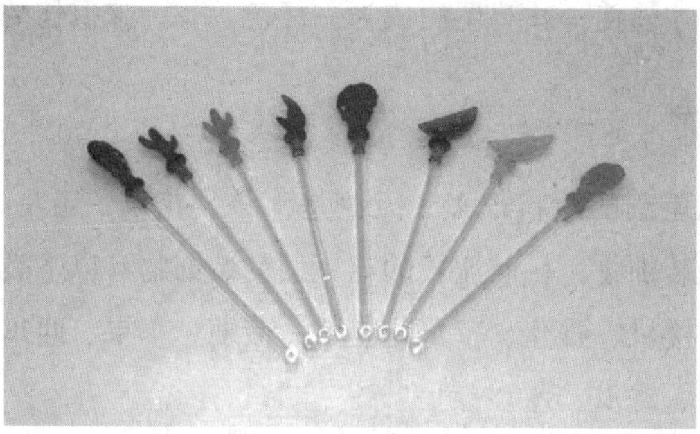

图 3 – 48 花色酒签

图 3 – 49 异型酒杯

其他类：糖粉、盐、豆蔻粉、肉桂棒等。

酒吧常用的标准装饰物：挤汁用柠檬皮（Lemon Peels for Twisting）、青柠檬圈（Lemon Whells）、樱桃（Cherries）、橄榄（Olives）、杏片（Apricot Slice）、蜜桃片（Peach Slice）、橙片（Orange Slice）、珍珠洋葱（Pearl Onion）、芹菜秆（Celery Stalk）、菠萝片（Pineapple Wedge）、香蕉片（Banana Slice）、柠檬角（Lemon Wedge）、新鲜薄荷叶（Mint Julep）、刨碎的巧克力或刨碎的椰子丝、香料（Spices）、泡状鲜奶（Whipped Cream）、肉桂棒（Cinnamon Stick）。

图 3 - 50　肉桂棒

图 3 - 51　薄荷叶

二、鸡尾酒的装饰规律

鸡尾酒种类繁多，千差万别。每种鸡尾酒的装饰物也不尽相同，但还是有规律可循的。

1. 呼应鸡尾酒口味

如"特基拉日出"因其酒料中含有橙汁，一般都会采用橙片进行装饰。我们可以按照鸡尾酒中含有什么口味的果汁或利口酒，就用相同的水果来制作装饰物。在没有任何果汁等配料的情况下可以采用"柠檬角"或"车厘子"这种"万能装饰物"。

2. 保证原著的统一性

很多享誉世界的著名鸡尾酒，其装饰物是约定俗成的，不能随意更改。像

"血腥玛丽"是用"芹菜秆"作为装饰的，不能按照自己的意愿随意更改为其他装饰。

3. 注意色彩搭配及色彩对比

一般色彩比较亮丽的鸡尾酒像"红粉佳人"，可以选用色彩相近的"红色车厘子"装饰；"青草蜢"可以选用"绿色车厘子"装饰，因为其酒液是淡绿色。这保证了色彩上的协调和统一。再比如"长岛冰茶"酒液呈棕褐色，就不能用色彩相近的水果做装饰物，那样就会显得很沉闷，通常会选择"柠檬片"，利用柠檬本身的亮黄色与棕褐色对比，这样保证了色彩的对比和差异性。

4. 注重作品本身的含义和象征性

每一款著名鸡尾酒都会有一个它诞生的美丽故事和寓意。所以，其装饰物也应与之呼应成趣。像"天蝎座"，利用"柠檬卷"作为装饰物，会让人联想到蝎子的尾巴。

5. 与载杯的和谐统一

装饰物形状与载杯型号要做到和谐统一，不然会让人觉得有累赘之感。像艺术吸管一般都是运用在容量较大"柯林杯"或"果汁杯"等长饮酒杯中，如果放入"古典杯"就显得不伦不类了。

6. 注重各种酒料、调料的突出性和协调性

各种酒料之间也存在一种像食品、蔬菜的相生相克规律，搭配合适可以起到突出酒品的作用，搭配不当则会从根本上更改鸡尾酒的口味。像"亚历山大"在浓浓的泡沫上撒上少许"豆蔻粉"可以起到提香调味的作用，随便乱加则会适得其反。

7. 雪糖杯装饰物及无装饰物特殊性，切忌乱加揣摩画蛇添足

有很多鸡尾酒是利用糖、盐等配合柠檬汁在杯口"挂霜"后形成"雪糖杯"装饰的。一方面起到装饰作用；另一方面还兼有调味功能。像"玛格丽特"是配合所使用基酒"特基拉"饮用习惯添加了"盐圈"，"盐狗"是为了与鸡尾酒本身口味相搭配添加了"盐圈"。

彩虹酒是无装饰物鸡尾酒。因为彩虹酒本身就已经色彩绚烂、美轮美奂，充分体现了其独特的美感，再添加其他装饰物只能是画蛇添足。

三、装饰物的制作

每种鸡尾酒的装饰物都不尽相同，一般情况下鸡尾酒装饰物是现用现制的。当然也可以预先制得一些装饰物备用（如车厘子与柠檬的组合）。注意不可准备太多，因为装饰物要求干净、新鲜，隔夜装饰物不可再用。

1. 制作装饰物的安全性

（1）制作装饰物常会利用水果刀进行操作。操作时务必保证精力集中，以免发生不测和危险。

（2）保证刀具锋利。

（3）确保砧板放置平稳。

（4）手指向内弯曲特别是中指指节作为与刀面的贴合部位形成水平，其余手指按压水果，由身体内侧向外刀切水果。

2. 制作装饰物的方法

（1）制作柠檬（橙子）切片（角）的方法

①去掉柠檬（橙子）两端，按照相隔1/3厘米依次切片，形成圈形柠檬切片。

②去掉柠檬（橙子）两端，横切中心一分为二，再依次按照相隔1/3厘米依次切片，形成半月形柠檬切片。

③圆形柠檬（橙）片挂杯口操作方法为寻找柠檬白色果肉隔膜，由中间切口挂于杯口即可；半月形柠檬（橙）片挂杯口操作方法为在半月中间纵切2厘米左右切口挂于杯口即可。

④将半月形柠檬（橙）片再进行1/2切片就可以得到柠檬（橙）角。

⑤特殊柠檬（橙）角是将整个柠檬（橙子）1/4切开后，再从中间进行一次1/2切割所形成。

图3-52　橙片

（2）制作柠檬（橙子）条、卷的方法

①去掉柠檬（橙子）两端，切割成1/2然后用吧匙把果肉挖掉。

②将柠檬（橙子）皮，按平均1/2厘米切成条状。

③将现成的条状柠檬（橙子）条，紧紧缠绕在搅棒或吧匙柄上，30秒　　　下自然可以得到弹簧状柠檬（橙子）卷。

④特殊柠檬（橙子）卷，是利用柠檬削皮器制作的。

图 3-53　柠檬

（3）制作菠萝块（角）的方法

①选择成熟的菠萝将前端的带刺绿叶去掉，根据需要决定是否去皮，在去皮时需特别注意其凹窝处需清理干净。

②将整个菠萝分切成 1/4 后横向切割成菠萝角。

③也可在分割成 1/4 后将中心果心去掉，然后再横向切割成弧形菠萝块。

④菠萝可以与车厘子利用牙签串接在一起运用。

图 3-54　菠萝块

（4）芹菜秆的制作方法

①选择品质优良的西芹，将根部去掉、洗净根据酒杯高度确定切割长短。

②对于粗大的西芹可采用分层剥离的方法，注意叶子需要保留。

③制作好的芹菜秆应泡置于冰水中或用保鲜膜封好，以防变黄、变蔫。

（5）鸡尾酒果签与水果的组合

①鸡尾酒装饰用水果既可以单独使用也可以组合使用。如柠檬（橙子）片（角）与红（绿）车厘子，柠檬（橙子）条（卷）与车厘子等都可以利用鸡尾酒果签或牙签进行组合创新。

②将鸡尾酒果签从柠檬片一端穿过再将车厘子穿过，最后穿过柠檬片另一端，这样的装饰物可以横置与载杯杯口。

③首先将柠檬（橙）片由中间切开一个小口，正反方向分开后用牙签分别穿起红、绿两枚车厘子形成横"S"形装饰物。

④车厘子可以穿鸡尾酒果签横置于载杯杯口装饰，把穿好的车厘子放入酒液中也可以起到装饰及调味的作用。

⑤以鸡尾酒果签穿起两枚左右鸡尾洋葱或青橄榄放置于酒液中，是装饰兼调味的鸡尾酒装饰形式。

⑥车厘子挂杯口用牙签连接柠檬（橙子）卷，可以形成不错的组合形式。

⑦酒吧中有常备的装饰用"小纸伞"和"小酒旗"都可以与水果组合形成独特的装饰物。

⑧有些特殊鸡尾酒在酒液表面有喷射一层奶油，可以将车厘子置于奶油之上作为装饰。

图 3-55　小纸伞

任务五　中外时尚鸡尾酒配方选例

鸡尾酒种类数以万计，有相当数量的鸡尾酒是经过时间考验的，因此形成了在世界范围内都拥有广大"粉丝"的经典鸡尾酒。例如"红粉佳人"、"青草蜢"、"新加坡司令"、"长岛冰茶"、"黑俄罗斯"、"玛格丽特"等。本书以传承经典，改革创新为原则，选取时下58款流行的鸡尾酒配方进行讲解和示范。为方便大家归类记忆，所选鸡尾酒按照使用的基酒进行分类。

（1）白兰地型

名称	斯汀格（Stinger）	名称	奥林匹克（Olympic）
配方酒料	白兰地酒 1.5oz（Brandy 1.5oz） 白薄荷酒 1oz（White Menthe 1oz）	配方酒料	白兰地酒 1oz（Brandy 1oz） 君度酒 0.5oz（Cointreau 0.5oz） 橙汁 1.5oz（Orange Juice 1.5oz）
方法	摇和法	方法	摇和法
载杯	鸡尾酒杯	载杯	鸡尾酒杯
装饰物	薄荷叶	装饰物	橙片
鸡尾酒逸闻	斯汀格意为动物身上的刺，比喻针刺的感觉。薄荷口味的清凉感觉是这款酒的魅力。 是 20 世纪纽约一位调酒师发明的。有显著的助消化功效，适合饭后饮用	鸡尾酒逸闻	起源于 1900 年的法国，为祝贺巴黎奥运会所创，历史悠久。表达了人们对这一世界性运动盛会的期盼和对取得优异成绩的运动员的衷心祝福

图 3-56　斯汀格

图 3-57　奥林匹克

名称	克里斯（Chris）	名称	马颈（Horses Neck）
配方酒料	白兰地酒 1.5oz（Brandy 1.5oz） 马提尼酒 1/3oz（Martini 1/3oz） 杏仁酒 1/3oz（Amaretto Di Sarnno 1/3oz） 柠檬汁 1/3oz（Lemon Juice 1/3oz） 糖浆 1/3oz（Syrup 1/3oz） 汤力水适量（Tonic Water）	配方酒料	白兰地酒 1.5oz（Brandy 1.5oz） 姜汁啤酒适量（Gingre Beer）
方法	兑和法	方法	兑和法
载杯	柯林杯	载杯	海波杯
装饰物	柠檬片、红色车厘子	装饰物	柠檬皮（卷）
鸡尾酒逸闻	克里斯有圣诞老人之意，在皑皑白雪的圣诞冬日饮用这样一款鸡尾酒，会使圣诞夜更加浪漫	鸡尾酒逸闻	美国前总统罗斯福有骑马爱好，并且非常喜欢抚摸爱马的脖子，同时又是赛马爱好者。其后很多赛马迷为了获得好运气使这款鸡尾酒迅速传播开来

图 3-58 克里斯

图 3-59 马颈

名称	边车 (Side Car)	名称	亚历山大白兰地 (Brandy Alexander)
配方酒料	白兰地酒 1.5oz（Brandy 1.5oz） 白柑桂酒 0.5oz（Triple Ses 0.5oz） 青柠汁 0.5oz（Lime Juice 0.5oz）	配方酒料	白兰地酒 2/3oz（Brandy 2/3oz） 黑可可利口酒 2/3oz（Black Creme De Cacao 2/3oz） 淡奶油 2/3oz（Creme 2/3oz）
方法	摇和法	方法	摇和法
载杯	鸡尾酒杯	载杯	鸡尾酒杯
装饰物	红色车厘子	装饰物	豆蔻粉
鸡尾酒逸闻	边车其实就是"三轮摩托"，那种在第二次世界大战时期德国纳粹士兵乘骑的机械化部队。想必在《虎口脱险》这部影片中这样的摩托车会给你留下很深的印象。现在一般都是摩托车爱好者的工具，在北京摩托车发烧友都管这种摩托车叫做"挎子"	鸡尾酒逸闻	亚历山大大帝是古罗马帝国的统治者，是一位武功建树伟大的君主，鼎盛时期的版图横跨欧、亚大陆。但是一味的穷兵黩武也注定了国运的短暂

图 3-60　边车

图 3-61　亚历山大白兰地

（2）金酒型

名称	红粉佳人（Pink Lady）	名称	金汤力（Gin Tonic）
配方酒料	金酒 1oz（Gin 1oz） 石榴糖浆 0.5oz（Measure Grenadine 0.5oz） 蛋清 1/2 个（Egg White 1/2Pc）	配方酒料	金酒 1.5oz（Gin 1.5oz） 汤力水适量（Tonic Water）
方法	摇和法	方法	兑和法
载杯	鸡尾酒杯	载杯	柯林杯
装饰物	红色车厘子	装饰物	青柠角
鸡尾酒逸闻	酒名得于美国百老汇著名的同名歌剧《红粉佳人》，剧中的女主角登台时手中的鸡尾酒即是这杯享誉世界的"红粉佳人"。这款酒色彩艳丽，口味酸甜可口，极受女士欢迎，可以说女性到酒吧饮用的第一杯鸡尾酒必定是"红粉佳人"；男士请女士饮用的第一杯鸡尾酒也必然是"红粉佳人"	鸡尾酒逸闻	汤力水也称为"奎宁水"是一种利尿的饮料，起初是为了治疗男性的尿道疾病而产生的，这与金酒的功效是一致的，所以这款鸡尾酒可以说是集大成之作

图 3-62　红粉佳人

图 3-63　金汤力

名称	金菲斯（Gin Fizz）	名称	新加坡司令（Singaproe Sling）
配方酒料	金酒 1oz（Gin 1oz） 甜酸柠檬汁 3oz（Sweetened Lemon Juice 3oz） 苏打水适量（Soda Water）	配方酒料	金酒 1oz（Gin 1oz） 甜酸柠檬汁 0.5oz（Sweetened Lemon Juice 0.5oz） 石榴糖浆 0.5oz（Measure Grenadine 0.5oz） 苏打水适量（Soda Water） 樱桃白兰地 1/3oz（Cherry Brandy 1/3oz）
方法	兑和法	方法	摇和法、调和法、兑和法
载杯	柯林杯	载杯	柯林杯
装饰物	红色车厘子、柠檬片组合	装饰物	红色车厘子、柠檬片组合
鸡尾酒逸闻	金菲斯是"菲斯类"鸡尾酒的典型代表。这一类别是鸡尾酒原始的形态。可以说是鸡尾酒的雏形制作形式，正是在这种形式的发展下，才有了今天更加丰富的鸡尾酒类别	鸡尾酒逸闻	这款鸡尾酒的特别之处是使用的金酒必须是"必富达牌"金酒。这是全世界调酒师王国中固定的模式和"法律"，如果使用其他牌子的金酒是不能称为"新加坡司令"的。如同法国香槟地区产的发泡葡萄酒称为"香槟"，其他产地只能成为发泡葡萄酒一样严格

图 3-64　金菲斯

图 3-65　新加坡司令

名称	蓝色朱丽娜（Juliana Blue）	名称	蓝宝石马提尼（Sapphire Martini）
配方酒料	金酒 1oz（Gin 1oz） 君度酒 0.5oz（Cointreau 0.5oz） 蓝橙酒 1oz（Cointreau Blue 1oz） 菠萝汁 2oz（Pineapple Juice 2oz） 椰子乳 1oz（Cream of Coconut 1oz）	配方酒料	金酒 2oz（Gin 2oz） 蓝橙酒 1oz（Cointreau Blue 1oz）
方法	搅和法	方法	摇和法
载杯	玛格丽特杯	载杯	鸡尾酒杯
装饰物	菠萝角、红色车厘子	装饰物	红色车厘子
鸡尾酒逸闻	在炎炎夏季饮用这种沙冰状饮品是非常享受的一件事情。这款鸡尾酒是古巴的酒吧调酒师所创造，据说海明威经常光顾那里	鸡尾酒逸闻	马提尼在鸡尾酒世界里是一个庞大的家族，据不完全统计有 2000 余种。像"伏特加马提尼""超干马提尼"等。这一款适合女性饮用

图 3-66　蓝色朱丽娜

图 3-67　蓝宝石马提尼

名称	卢吉（Luigi）	名称	蓝色珊瑚礁（The Blue Lagoon）
配方酒料	金酒 1oz（Gin 1oz） 橙汁 1.5oz（Orange Juice 1.5oz） 马提尼酒 0.5oz（Martini 0.5oz） 君度酒 0.5oz（Cointreau 0.5oz） 石榴糖浆 1/3oz（Measure Grenadine 1/3oz）	配方酒料	金酒 1.5oz（Gin 1.5oz） 绿薄荷酒 1oz（Menthe 1oz） 柠檬汁 1/3oz（Lemon Juice 1/3oz）
方法	摇和法	方法	摇和法
载杯	鸡尾酒杯	载杯	鸡尾酒杯
装饰物	橙子角	装饰物	红色车厘子
鸡尾酒逸闻	这款鸡尾酒配方中的石榴糖浆是最后注入的，因其比重较大会沉于杯底，呈现出颜色渐变的美感	鸡尾酒逸闻	这款鸡尾酒是 1950 年在名古屋举办的饮品大赛中的获奖作品，后经过改革又焕发出新的光彩。特别注意红色车厘子是投入到杯中酒液中的

图 3-68 卢吉

图 3-69 蓝色珊瑚礁

（3）威士忌型

名称	爱尔兰玫瑰（Irish Rose）	名称	生锈钉（Lusty Nail）
配方酒料	爱尔兰威士忌 1.5oz（Irish Whisky 1.5oz） 石榴糖浆 1/3oz（Measure Grenadine 1/3oz） 柠檬汁 0.5oz（Lemon Juice 0.5oz）	配方酒料	威士忌 1oz（Whisky 1oz） 杜林标酒 1oz（Drambuie 1oz）
方法	摇和法	方法	调和法
载杯	鸡尾酒杯	载杯	古典杯
装饰物	柠檬片	装饰物	鸡尾酒签穿红樱桃
鸡尾酒逸闻	因同名电影《爱尔兰玫瑰》而得名。故事讲述的是一位爱尔兰姑娘励志和曲折的爱情故事	鸡尾酒逸闻	这款鸡尾酒的创意来自慢慢老去的人生历程，同时还寓意了做事的专一精神和持之以恒的人生态度

图 3-70 爱尔兰玫瑰

图 3-71 生锈钉

83

名称	教父（God Father）	名称	地狱911（Hell - 911）
配方酒料	威士忌 1.5oz（Whisky 1.5oz） 杏仁酒 1oz（Creme Di Abricot 1oz）	配方酒料	美国威士忌 2oz（Whiskey 2oz） 柠檬汁 0.5oz（Lemon Juice 0.5oz） 石榴糖浆 1/3oz（Measure Grenadine 1/3oz） 番茄汁 4oz（Tomato Juice 4oz）
方法	调和法	方法	兑和法
载杯	古典杯	载杯	利口酒杯、白兰地杯、美式柯林杯
装饰物		装饰物	
鸡尾酒逸闻	因好莱坞同名电影《教父》中的男主角的饮酒习惯和电影的广泛关注而闻名	鸡尾酒逸闻	震惊世界的"9·11"恐怖袭击是全世界爱好和平人士所共同谴责的。它是美国自第二次世界大战以来本土遭受的最大恐怖主义袭击，造成了重大的人员伤亡和经济损失

图 3-72　教父

图 3-73　地狱 911

名称	甜曼哈顿（Mahattan）	名称	酸威士忌（Whisky Sour）
配方酒料	威士忌 1.5oz（Whisky 1.5oz） 甜味美思 0.5oz（Sweet Vermouth 0.5oz） 苦精 1 滴（Dash of Bitter）	配方酒料	威士忌 1.5oz（Whisky 1.5oz） 柠檬汁 0.5oz（Lemon Juice 0.5oz） 糖浆 1/3oz（Syrup 1/3oz）
方法	调和法	方法	摇和法
载杯	鸡尾酒杯	载杯	酸酒杯
装饰物	红色车厘子	装饰物	鸡尾酒签穿红樱桃
鸡尾酒逸闻	曼哈顿是世界金融中心，世界各国的金融机构都在此设立办事处。可以说这是一个满地都是金币的城市。这款酒正适应了大佬们的口味，高贵上流	鸡尾酒逸闻	酸酒类中的翘楚。同样是鸡尾酒原始类型的代表作品之一。具有强烈的酸味口感，适合在饭后饮用，用以缓解口中酸碱度，有助消化。酸性物质有助于缓解酒精刺激，喝上几杯威士忌酸酒，很难有头晕等酒醉的感觉

图 3-74 甜曼哈顿

图 3-75 酸威士忌

（4）伏特加型

名称	蜜瓜球（Melon Ball）	名称	神风敢死队（Kami Kaze）
配方酒料	伏特加酒 1oz（Vodka 1oz） 蜜瓜酒 2oz（Melon 2oz） 橙汁 1.5oz（Orange Juice 1.5oz）	配方酒料	伏特加酒 1.5oz（Vodka 1.5oz） 白柑桂酒 0.5oz（Triple Ses 0.5oz） 青柠汁 0.5oz（Lime Juice 0.5oz）
方法	摇和法	方法	摇和法
载杯	白兰地杯	载杯	子弹杯
装饰物	吸管、红色车厘子	装饰物	
鸡尾酒逸闻	选用"嗅探器"作为载杯机器贴合了酒名。还有一款同类型的鸡尾酒是用小香瓜作为容器盛装酒水的。装饰时用吸管穿过车厘子投到杯中即可	鸡尾酒逸闻	"神风"是第二次世界大战时期日本的一种小型飞机。在日本所宣扬的武士道精神下，很多"神风"飞机驾驶员在偷袭珍珠港战役中，都是驾驶飞机直接冲到大型军舰的烟筒中再爆炸的自杀式袭击

图 3-76 蜜瓜球

图 3-77 神风敢死队

名称	金手指（Golden Finger）	名称	蜘蛛侠（Spider）
配方酒料	伏特加酒 1.5oz（Vodka 1.5oz） 加力安奴酒 0.5oz（Galliano 0.5oz） 菠萝汁 1oz（Pineapple Juice 1oz） 牛奶 1oz（Milk 1oz）	配方酒料	伏特加酒 1.5oz（Vodka 1.5oz） 白薄荷酒 0.5oz（White Menthe 0.5oz） 柠檬汁 0.5oz（Lemon Juice 0.5oz）
方法	搅和法	方法	摇和法
载杯	鸡尾酒杯	载杯	鸡尾酒杯
装饰物	菠萝条、红色车厘子	装饰物	绿色车厘子
鸡尾酒逸闻	"007"系列电影有很多的"铁杆粉丝"。影片中的邦德先生潇洒倜傥、高科技设备层出不穷。男主角也历经了肖恩、康纳利、皮尔斯、布鲁斯南、克雷格等诸多优秀男演员	鸡尾酒逸闻	千万不要以为这是来自好莱坞大片《蜘蛛侠》。这里指的是在摩天大楼做幕墙清洁的工作人员。澄清的酒液代表的就是他们劳动的成果和对城市美观作出的贡献

图 3-78　金手指

图 3-79　蜘蛛侠

名称	黑俄罗斯（Black Russian）	名称	螺丝刀（Screw Driver）
配方酒料	伏特加酒 1.5oz（Vodka 1.5oz） 咖啡蜜酒 0.5oz（Kahlua 0.5oz）	配方酒料	伏特加酒 1.5oz（Vodka 1.5oz） 橙汁适量（Orange Juice）
方法	调和法	方法	兑和法
载杯	古典杯	载杯	柯林杯
装饰物		装饰物	橙片
鸡尾酒逸闻	以"俄罗斯人"命名的鸡尾酒有采用可可利口酒的"俄罗斯人"、选用生奶油的"白俄"和使用咖啡利口酒的"黑俄"三种；每一款鸡尾酒都让伏特加这种烈酒变得口感温顺下来。这款"黑俄"鸡尾酒与"俄罗斯人"鸡尾酒酒精度相同	鸡尾酒逸闻	最初由一名在伊朗工作的美籍石油工人发明，起初他是用朗姆酒勾兑橙汁解暑止渴的，后来发现用伏特加酒味道更棒，随手的工具包中的螺丝刀变成了他的搅棒，故因此得名。 伏特加酒纯净的得犹如"钻石"，它还无色无嗅，与别的液体混合不会改变其味道

图 3-80 黑俄罗斯

图 3-81 螺丝刀

名称	琪琪（Chi Chi）	名称	环游世界（Around The World）
配方酒料	伏特加酒 1oz（Vodka 1oz） 马利宝椰子酒 2oz（Malibu 2oz） 菠萝汁 3oz（Pineapple Juice 3oz）	配方酒料	伏特加酒 0.5oz（Vodka 0.5oz） 朗姆酒 0.5oz（Rum 0.5oz） 威士忌 0.5oz（Whisky 0.5oz） 金酒 0.5oz（Gin 0.5oz） 白兰地酒 0.5oz（Brandy 0.5oz） 特基拉酒 0.5oz（Tequila 0.5oz） 绿薄荷酒 1oz（Menthe 1oz） 糖浆 1/3oz（Syrup 1/3oz） 菠萝汁 3oz（Pineapple Juice 3oz）
方法	搅和法	方法	摇和法
载杯	笛形香槟杯	载杯	柯林杯
装饰物	菠萝条、红色车厘子	装饰物	菠萝条、绿色车厘子
鸡尾酒逸闻	Chi Chi 是美国俚语，意为"漂亮的小妞"是一些小青年看到美女后的一种打招呼引起对方注意的口哨的发音	鸡尾酒逸闻	这是为了纪念在法国举行的一次非机械化环球飞行航展上配合展会所创作的一款鸡尾酒。这是最原始的一款配方。现在我们使用的都是以伏特加 1oz、绿薄荷 1oz、菠萝汁 1.5oz 摇和法鸡尾酒杯盛装的简单版本

图 3-82 琪琪

图 3-83 环游世界

（5）朗姆酒型

名称	绿眼睛（Green Eye）	名称	至尊（X. Y. Z）
配方酒料	朗姆酒 1oz（Rum 1oz） 蜜瓜酒 1oz（Melon 1oz） 菠萝汁 1.5oz（Pineapple Juice 1.5oz） 橙汁 0.5oz（Orange Juice 0.5oz） 椰子汁 0.5oz（Coconut Juice 0.5oz）	配方酒料	朗姆酒 1.5oz（Rum 1.5oz） 白柑桂酒 0.5oz（Triple Ses 0.5oz） 青柠汁 0.5oz（Lime Juice 0.5oz）
方法	摇和法	方法	摇和法
载杯	香槟酒杯	载杯	鸡尾酒杯
装饰物	柠檬片	装饰物	青柠片
鸡尾酒逸闻	名称来自波斯猫的绿色眼睛。生动地表现了动物器官的特点	鸡尾酒逸闻	X. Y. Z 是英语 26 个字母中的最后三个，代表了无限大、极致。所以说这款鸡尾酒□□了极致。日本动漫画家北条□《城市猎人》中的男主角"寒□客户们接头时使用的就是这三个字□

图 3-84　绿眼睛

图 3-85　至尊

90

名称	上海（Shang Hai）	名称	热带梦（Tropical Dream）
配方酒料	朗姆酒（黑）1oz（Black Rum 1oz） 柠檬汁 0.5oz（Lemon Juice 0.5oz） 茴香酒 1/3oz（Sambuca 1/3oz） 石榴糖浆 1/3oz（Measure Grenadine 1/3oz）	配方酒料	朗姆酒 1oz（Rum 1oz） 蜜瓜酒 1oz（Melon 1oz） 椰子乳 1/3oz（Cream of Coconut 1/3oz） 橙汁 1/3oz（Orange Juice 1/3oz） 菠萝汁 1/3oz（Pineapple Juice 1/3oz） 香蕉酒 0.5oz（Banana 0.5oz）
方法	摇和法	方法	搅和法
载杯	鸡尾酒杯	载杯	飓风杯
饰物	柠檬片、红色车厘子	装饰物	香蕉块
鸡尾酒逸闻	这是一位日本调酒师在游历过上海这个曾经在 20 世纪二三十年代与法国巴黎齐名的国际大都市后所创作的。2010 年在上海举行的世博会昭示了中国的强大和中华民族的伟大复兴	鸡尾酒逸闻	作品描绘了古巴哈瓦那美丽的海滩，和那里盛产的朗姆酒和雪茄。浪漫的哈瓦那是一个美丽的旅游胜地

图 3-86 上海

图 3-87 热带梦

名称	百家地（Bacardi）	名称	得其利（Daiquiri）
配方酒料	朗姆酒 1oz（Rum 1oz） 柠檬汁 0.5oz（Lemon Juice 0.5oz） 石榴糖浆 1/3oz（Measure Grenadine 1/3oz）	配方酒料	朗姆酒 1oz（Rum 1oz） 糖浆 1oz（Syrup 13oz） 柠檬汁 1oz（Lemon Juice 1oz）
方法	摇和法	方法	摇和法
载杯	鸡尾酒杯	载杯	鸡尾酒杯
装饰物	红色车厘子	装饰物	青柠片
鸡尾酒逸闻	这是一款以朗姆酒品牌命名的鸡尾酒。百家地牌朗姆酒是历史最为古老的朗姆酒之一，品牌系列产品被广泛运用到鸡尾酒调制、西式糕点制作中	鸡尾酒逸闻	又译为"戴克瑞"，是一款既古老又现代的鸡尾酒，说它古老是因为它是原始鸡尾酒调制中一款酒品，说它现代是因为以它的调制原理派生出很多鸡尾酒，如香蕉得其利、草莓得其利、蜜瓜得其利等

图 3－88　百家地

图 3－89　得其利

（6）特基拉酒型

名称	卡迪拉克（Cadillac）	名称	蓝色玛格丽特（Blue Margarita）
配方酒料	特基拉酒 1.5oz（Tequila 1.5oz） 君度酒 0.5oz（Cointreau 0.5oz） 青柠汁 1.5oz（Lime Juice 1.5oz） 橙汁 0.5oz（Orange Juice 0.5oz）	配方酒料	特基拉酒 1.5oz（Tequila 1.5oz） 蓝橙酒 1oz（Cointreau Blue 1oz） 青柠汁 0.5oz（Lime Juice 0.5oz） 西柚汁 0.5oz（Grapefruit Juice 0.5oz）
方法	摇和法	方法	摇和法
载杯	玛格丽特杯	载杯	玛格丽特杯
装饰物	盐圈	装饰物	盐圈、螺旋柠檬卷
鸡尾酒逸闻	卡迪拉克一直以来都是"豪车"的代名词，像很多"老爷车"更是价值不菲	鸡尾酒逸闻	玛格丽特的故事耐人寻味，人们总是希望完美的爱情故事。所以就诞生了这款"玛格丽特"的姐妹篇。人们希望玛格丽特的妹妹可以嫁给男主人公来延续姐姐的爱情故事

图 3-90 卡迪拉克

图 3-91 蓝色玛格丽特

名称	鹦鹉（Mockingbird）	名称	德克萨斯茶（Texas Tea）
配方酒料	特基拉酒 1.5oz（Tequila 1.5oz） 绿薄荷酒 1oz（Menthe 1oz） 青柠汁 0.5oz（Lime Juice 0.5oz）	配方酒料	特基拉酒 1oz（Tequila 1oz） 朗姆酒 0.5oz（Rum 0.5oz） 君度酒 0.5oz（Cointreau 0.5oz） 糖浆 1/3oz（Syrup 1/3oz） 柠檬汁 0.5oz（Lemon Juice 0.5oz） 橙汁 1oz（Orange Juice 1oz） 红茶 4oz（Red Tea 4oz）
方法	摇和法	方法	摇和法
载杯	鸡尾酒杯	载杯	柯林杯
装饰物	螺旋柠檬卷	装饰物	柠檬片
鸡尾酒逸闻	这是一种生活在美洲大陆的鸟类，善于鸣叫故而得名。据说这种鸟类可以根据不同的环境模仿出一些特定的叫声	鸡尾酒逸闻	美国西部的德克萨斯州是牛仔们的天下，牛仔们豪放不羁，演绎出一幅幅男子汉刚强的牛仔情仇。西部至今还保留原始的风貌地质公园，风景粗狂优美

图 3-92　鹦鹉

图 3-93　德克萨斯茶

名称	特基拉日出（Teguila Sunrise）	名称	玛格丽特（Margarita）
配方酒料	特基拉酒 1.5oz（Tequila 1.5oz） 橙汁 4oz（Orange Juice 4oz） 石榴糖浆 0.5oz（Measure Grenadine 0.5oz）	配方酒料	特基拉酒 1oz（Tequila 1oz） 君度酒 0.5oz（Cointreau 0.5oz） 青柠汁 0.5oz（Lime Juice 0.5oz）
方法	兑和法	方法	摇和法
载杯	笛形香槟杯	载杯	玛格丽特杯
装饰物	橙片、小花伞	装饰物	盐圈
鸡尾酒逸闻	生产特基拉酒的原料是一种名为"龙舌兰"的仙人掌类植物，很像芦荟，呈球茎状，直径可以达到 80～120cm，日出东方的寓意正好展现了龙舌兰种植者辛勤劳作的场景	鸡尾酒逸闻	女主人公在一次狩猎休假中不幸被流弹击中，躺在男主人公怀中去世。男主人公悲恸欲绝，整日混混沌沌，在其后的几年时间中都是如此。在参加一次饮料调制比赛中根据生前女友饮用习惯创作出来的一款鸡尾酒。原来他的女友不管喝什么饮料都喜欢加上一点盐，所以这款鸡尾酒是用盐圈装饰的，并且还用其女友的名字"玛格丽特"命名。不只是酒品优秀，更因为这感人的故事，得到了评委们的青睐，也成就了经久不衰的著名酒品

图 3-94 特基拉日出

图 3-95 玛格丽特

名称	特基拉碰（Tequila Pop）	名称	斗牛士（Matader）
配方酒料	特基拉酒 1.5oz（Tequila 1.5oz） 雪碧适量（Sprite）	配方酒料	特基拉酒 1.5oz（Tequila 1.5oz） 橙汁 2oz（Orange Juice 2oz） 菠萝汁 3oz（Pineapple Juice 3oz） 菠萝 1 块（Pineapple 1block） 糖浆 1/3oz（Syrup 1/3oz）
方法	兑和法	方法	搅和法
载杯	古典杯	载杯	柯林杯
装饰物	杯垫	装饰物	菠萝条
鸡尾酒逸闻	这款酒又称为"墨西哥炸弹"，是一款饮用趣味性很强的酒品。饮用时将杯垫扣在杯口稍微用力向下拍下，在与桌面的碰撞过程中雪碧中的二氧化碳激发出来，会产生嘭嘭的响声犹如炸弹爆炸一样，入口极为和顺。一般在影视剧中女主人公感情受挫，到酒吧买醉时饮用的就是这款酒水。其实这款酒水酒精含量并不高，是可以多饮几杯的。用二锅头兑雪碧来饮用，是这款酒的山寨版本	鸡尾酒逸闻	斗牛士一种男人的英雄运动，分为引斗、长矛穿刺、上花标、刺杀等环节，最高的荣誉是"执牛耳者"，就是要割下牛的耳朵。现今被很多动物保护主义组织所诟病，称其残忍无比。所以现在西班牙也减少了相应的比赛场次

图 3-96　特基拉碰

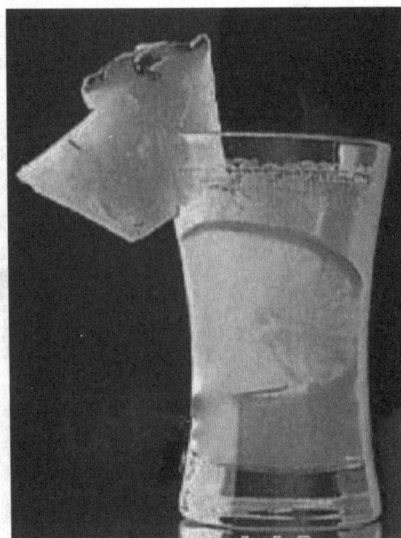

图 3-97　斗牛士

(7) 中国白酒型

名称	曹州牡丹（CaoZhou Roos）	名称	七夕（Double Seventh Festival）
配方酒料	中国白酒 1oz（Chinese Spirits 1oz） 橙汁 0.5oz（Orange Juice 0.5oz） 石榴糖浆 0.5oz（Measure Grenadine 0.5oz）	配方酒料	中国白酒 0.5oz（Chinese Spirits 0.5oz） 苹果汁 3oz（Apple Juice 3oz） 蓝橙酒 1.5oz（Cointreau Blue 1.5oz）
方法	摇和法	方法	摇和法
载杯	鸡尾酒杯	载杯	香槟杯
装饰物	牡丹花瓣	装饰物	柠檬片穿红（绿）车厘子
鸡尾酒逸闻	"菏泽牡丹甲天下，天下牡丹出菏泽"。山东菏泽，古称曹州，是驰名中外的牡丹之乡。菏泽因有国花牡丹而名扬四海。是现今世界最大的牡丹种植地。牡丹自古就是富贵、吉祥的象征。很多绘画作品也都是以牡丹为题材创作的，表达了人们对美好幸福生活的向往	鸡尾酒逸闻	每年农历七月初七这一天是我国汉族的传统节日——七夕。因为此日活动的主要参与者是少女，而节日活动的内容又是以乞巧为主，故而人们称这天为"乞巧节"或"少女节"、"女儿节"。七夕节是我国传统节日中最具浪漫色彩的一个节日，也是过去姑娘们最为重视的日子。 2006年5月20日，七夕节被国务院列入第一批国家非物质文化遗产名录。现又被认为是"中国情人节"。相传，每逢七月初七，人间的喜鹊就要飞上天去，在银河为牛郎织女搭鹊桥相会。此外，七夕夜深人静之时，人们还能在葡萄架或其他的瓜果架下听到牛郎织女在天上的脉脉情话

图3-98 曹州牡丹

图3-99 七夕

97

名称	粉黛荷尖（Fail Hermia, Pointed）	名称	变色龙（Chameleon）
配方酒料	中国白酒 1oz（Chinese Spirits 1oz） 石榴糖浆 0.5oz（Measure Grenadine 0.5oz） 淡奶油 0.5oz（Creme 0.5oz）	配方酒料	中国白酒 1oz（Chinese Spirits 1oz） 蓝橙酒 1oz（Cointreau Blue 1oz） 石榴糖浆 0.5oz（Measure Grenadine 0.5oz）
方法	摇和法	方法	兑和法
载杯	鸡尾酒杯	载杯	鸡尾酒杯
装饰物	青柠片	装饰物	绿色车厘子
鸡尾酒逸闻	宋朝诗人杨万里的诗作"小荷才露尖尖角，早有蜻蜓立上头"。人们都欣赏荷花"出淤泥而不染，濯清涟而不妖"。那种不施粉黛，分外娇娆感觉，常用来形容某人的独特气质	鸡尾酒逸闻	避役科（学名：Chamaeleonidae，英语：chameleon）俗称变色龙，是属于爬行纲的一种动物，与蜥蜴同属于蜥蜴亚目。主要分布于非洲东部与马达加斯加。变色龙可以根据周围环境来调整自身颜色，用来比喻反复无常的人。在调制时首先将基酒与蓝橙酒混合注入杯中，然后再滴入石榴糖浆，客人略作搅拌就可变成紫色，很有趣味性

图 3-100　粉黛荷尖

图 3-101　变色龙

（8）利口酒型

名称	B－57	名称	天使之吻（Angel's Kiss）
配方酒料	石榴糖浆 1/3oz（Measure Grenadine 1/3oz） 咖啡蜜酒 1/3oz（Kahlua 1/3oz） 百利甜酒 1/3oz（Bailey's 1/3oz） 君度酒 1/3oz（Cointreau 1/3oz）	配方酒料	咖啡蜜酒 1oz（Kahlua 1oz） 淡奶油 0.5oz（Creme 0.5oz）
方法	兑和法	方法	兑和法
载杯	子弹杯	载杯	利口酒杯
装饰物		装饰物	鸡尾酒签穿红色车厘子
鸡尾酒逸闻	想必对 B－52 都不会陌生，这是 B－52 的升级版同样是饮用刺激。趣味性强的一款鸡尾酒	鸡尾酒逸闻	作者本身不是专业人士，只想用咖啡蜜酒兑点牛奶来饮用，偶然想着加上一点装饰物，因为不小心把车厘子掉到了杯中，拿上后被身边的朋友惊呼非常像一个"唇印"，因其在偶然间诞生乃是天使的帮助故而得名

图 3－102　B－57

图 3－103　天使之吻

名称	吹箫者（Blow Job）	名称	吸血鬼（Vampire）
配方酒料	香蕉酒 1/3oz（Banana 1/3oz） 百利甜酒 1/3oz（Bailey's 1/3oz） 奶油 1/3oz（Creme 1/3oz）	配方酒料	黑啤酒 1/2 杯（Black Beer 1/2 Glass） 番茄汁 1/2 杯（Tomato Juice 1/2 Glass）
方法	兑和法	方法	兑和法
载杯	子弹杯	载杯	美式柯林杯
装饰物		装饰物	
鸡尾酒逸闻	这里不是指演奏琴箫合奏曲，而是指人们在吃香蕉时把香蕉放到口中来回舔食的表情动作	鸡尾酒逸闻	是嗜血、吸取血液的怪物的意思，是西方世界里著名的魔怪，之所以说是魔怪，是因为它处于一种尴尬的境地：既不是神，也不是魔鬼，更不是人。在西方有着大量的关于吸血鬼的文学作品和影视作品。现在，吸血鬼也用作比喻榨取他人血汗、劫取他人钱财、思想或者其他资源的人。诸如《吸血鬼女王》、《刀锋战士》《暮光之城》等都是同题材电影

图 3-104　吹箫者

图 3-105　吸血鬼

100

名称	青草蜢（Grashopper）	名称	彩虹（Rainbow）
配方酒料	绿薄荷酒 3/4oz（Menthe 3/4oz） 白可可酒 3/4oz（Creme De Cacao 3/4oz） 淡奶油 3/4oz（Creme 3/4oz）	配方酒料	石榴糖浆 1/9 杯（Measure Crenadine 1/9 Glass） 绿薄荷酒 1/9 杯（Menthe 1/9 Glass） 黑可可利口酒 1/9 杯（Black Creme De Cacao 1/9 Glass） 香蕉酒 1/9 杯（Banana 1/9 Glass） 蓝橙酒 1/9 杯（Cointreau Blue 1/9 Glass） 樱桃白兰地 1/9 杯（Cherry Brandy 1/9 Glass） 蜜瓜酒 1/9 杯（Melon 1/9 Glass） 君度酒 1/9 杯（Cointreau 1/9 Glass） 威士忌 1/9 杯（Whisky 1/9 Glass）
方法	摇和法	方法	兑和法
载杯	鸡尾酒杯	载杯	利口酒杯
装饰物	绿色车厘子	装饰物	
鸡尾酒逸闻	草蜢就是我们说的"蚂蚱"，是一种绿色的昆虫	鸡尾酒逸闻	彩虹是阳光射到空气中的水滴里发生的光学现象，雨后学 形状弯曲，色彩艳丽

图 3-106 青草蜢

图 3-107 彩虹

101

（9）啤酒型

名称	蛋啤（Egg Beer）	名称	仙迪（Shandy）
配方酒料	啤酒 1 杯（Beer 1 Glass） 鸡蛋黄 1 个（One Yolk）	配方酒料	啤酒 1/2 杯（Beer 1/2 Glass） 雪碧 1/2 杯（Sprite 1/2 Glass）
方法	兑和法	方法	兑和法
载杯	毕尔森式啤酒杯	载杯	柯林杯
装饰物		装饰物	柠檬片
鸡尾酒逸闻	是极富营养的一种饮用方式。当鸡蛋黄打开放入酒杯时，会呈现出一种"夕阳西下几时回"的浪漫意境	鸡尾酒逸闻	啤酒与雪碧同样富含"二氧化碳"气体，在注入时会冲起丰富的气泡，样子十分喜人。雪碧的柠檬清香，缓解了啤酒中的涩味，入口舒适。另外，因为是柠檬口味饮料还具有缓解酒精的作用

图 3-108　蛋啤

图 3-109　仙迪

（10）葡萄酒及无酒精鸡尾酒

名称	灰姑娘（Cinderella）	名称	小猫之脚（Push Cat）
配方酒料	橙汁 1/3oz（Orange Juice 1/3oz） 柠檬汁 1/3oz（Lemon Juice 1/3oz） 菠萝汁 1/3oz（Pineapple Juice 1/3oz）	配方酒料	橙汁 1oz（Orange Juice 1oz） 菠萝汁 2/3oz（Pineapple Juice 2/3oz） 西柚汁 0.5oz（Grapefruit Juice 0.5oz） 石榴糖浆 1/3oz（Measure Grenadine 1/3oz）
方法	摇和法	方法	摇和法
载杯	鸡尾酒杯	载杯	鸡尾酒杯
装饰物	红色车厘子	装饰物	菠萝角
鸡尾酒逸闻	美丽的童话故事总是会唤起人们童年的记忆。12点一到，衣服、马车就会变成树叶、南瓜，只有水晶鞋落到王子的手中，有情人终成眷属	鸡尾酒逸闻	直译过来是"潜行者"的意思。什么是潜行者呢？就是悄悄踮着脚尖走路的人。仔细观察猫就是这样行走的

图 3-110　灰姑娘

图 3-111　小猫之脚

103

名称	含羞草（Mimosa）	名称	扭秧歌（Yangko Opera）
配方酒料	橙汁 1/3 杯（Orange Juice 1/3 Glass） 菠萝汁 1/3 杯（Pineapple Juice 1/3 Glass） 苹果汁 1/3 杯（Apple Juice 1/3 Glass） 石榴糖浆 1/3oz（Measure Grenadine 1/3oz）	配方酒料	葡萄酒 1oz（Wine 1oz） 石榴糖浆 1/3oz（Measure Grenadine 1/3oz） 橙汁 3oz（Orange Juice 3oz）
方法	调和法	方法	兑和法
载杯	香槟杯	载杯	香槟杯
装饰物	橙片	装饰物	红色车厘子、小花伞
鸡尾酒逸闻	传说杨玉环初入宫时，因见不到君王而终日愁眉不展。有一次，她和宫女们一起到宫苑赏花，无意中碰着了含羞草，草的叶子立即卷了起来。宫女们都说这是杨玉环的美貌，使得花草自惭形秽，羞得抬不起头来。唐明皇听说宫中有个"羞花的美人"，立即召见，封为贵妃。从此以后，"羞花"也就成了杨贵妃的雅称了	鸡尾酒逸闻	秧歌舞，又称扭秧歌，历史悠久，是我国最具代表性的一种民间舞蹈形式，也是一种民间广场中独具一格的集体歌舞艺术。扭秧歌舞姿丰富多彩，在抗日战争及解放战争中广大人民群众都以扭秧歌欢迎英勇的解放军部队。 注意不要搅拌酒液，红色石榴糖浆与葡萄酒液会因为比重沉于载杯底部，当我们轻轻晃动酒杯时就会翩翩起舞，样子十分可人

图 3-112　含羞草

图 3-113　扭秧歌

任务检测

一、选择题

1. 按鸡尾酒的定义，不属于鸡尾酒的酒品有（　　）。

A. Rum　　　　　　B. Gin Fizz　　　　　C. Pink Lady　　　　　D. B

2. 按（　　）分类，鸡尾酒可分为白兰地类鸡尾酒、威士忌类鸡尾酒、金酒类鸡尾酒、伏特加类鸡尾酒、朗姆酒类鸡尾酒、特基拉酒类鸡尾酒、香槟酒类鸡尾酒、利口酒类鸡尾酒和葡萄酒类鸡尾酒。

A. 餐饮搭配　　　　　　　　　B. 饮用时间和场合

C. 鸡尾酒的容量和酒精含量　　D. 基酒的种类

3. "Blend" 的意思是（　　）。

A. 摇和法　　　B. 调和法　　　　C. 兑和法　　　　D. 搅和法

4. 鸡尾酒起源于（　　）。

A. 英国　　　　B. 法国　　　　　C. 美国　　　　　D. 德国

5. 根据鸡尾酒的装饰原则，（　　）的装饰可放在杯中。

A. 混浊的酒　　　　　　　　　B. 透明的酒

C. 长饮鸡尾酒　　　　　　　　D. 用高脚鸡尾酒杯做载杯的酒

6. 鸡尾酒的基本结构包括（　　）、辅料和装饰物。

A. 酒料　　　B. 烈酒　　　　C. 基酒　　　　D 提香料

7. Whisky Sour 的调制方法是（　　）。

A. 摇和法　　　B. 调和法　　　　C. 兑和法　　　　D. 搅和法

8. Brandy Alexander 的基酒是（　　）。

A. 白兰地　　　B. 威士忌　　　C. 伏特加　　　D. 特基拉

9. 调酒师的重要职责之一是（　　）。

A. 随意调配酒吧内的所有饮料

B. 按任意配方调配酒吧内的所有饮料

C. 按正确配方调配酒吧内所有饮料

D. 按自己的创造调配酒吧内的所有饮料

10. 酒吧用的调酒用具是（　　）。

A. 托盘　　　B. 摇酒壶　　　C. 杯垫　　　D. 樱桃

二、简答题

1. 搅和法时吧匙的使用技巧有哪些？
2. 挂霜的标准、规范、技巧有哪些？
3. 兑和法的操作技巧是什么？

项目四　无酒精饮料的基本知识与饮品制作

☕ 学习目标

了解茶、咖啡的起源、发展、分类、品种及特点；掌握茶、咖啡的冲泡及饮品制作方法；了解矿泉水、碳酸饮料、果汁饮料及其他软饮料的分类、特点、著名品牌及饮用服务方法；熟悉乳饮料、运动饮料及植物蛋白饮料的基本知识。

☕ 技能目标

掌握茶、咖啡的冲泡和饮品制作方法，掌握常用茶品的冲泡方法和注意事项。

☕ 案例导入

我国茶具的发展

喝茶自然要用茶具，从茶艺欣赏的角度说，美的茶具比美的茶更为重要。

茶具的产生和发展是与茶叶生产、饮茶习惯的发展和演变密切相关的。原始社会，古人是把茶叶当做一种药物和蔬菜食用的，他们从茶树上采摘茶叶后，直接用嘴咀嚼，根本谈不上使用茶具。只有当古人从茶叶的生嚼，进入羹饮，并使茶叶逐步成为日常饮料时，专用茶具才有产生的可能。早期茶具多为陶制。陶器的出现距今已有12000年的历史。由于早期社会物质文明极其贫乏，因此，茶具是一具多用的。最早的茶具是与酒具、食具共用的。它是陶制的缶，一种小口大肚的容器。西汉王褒《僮约》的"烹茶尽具"，这里的"具"即指茶具，说明在烹茶之前要洗净各种茶具。这是中国茶具发展史上最早谈及茶具的史料。近年，在浙江上虞出土的一批东汉时期的瓷器，内有碗、杯、壶等茶具，考古学家认为这是世界上最早的瓷茶具。由此可以认为，我国的茶成为饮料，应始于秦代，而作为饮茶用的茶具，至迟始于汉代。

魏晋以后，清谈之风渐盛，饮茶也被看做高雅的精神享受和表达志向的手段，正是在这种情况下，茶具才从其他生活用具中独立出来。考古资料说明，最早的专用茶具是盏托，东晋时的盏托两端微微向上翘，盘壁由斜直变成内弧，有的内底心下凹，有的有一凸起的圆形托圈，使盏"无所倾斜"，同时出现直口深腹假圈足盏。到南朝时，盏托已普遍使用。

唐代，我国茶的生产进一步扩大，饮茶风尚也从南方推广到北方。此时瓷业出现"南青北白"的局面。越窑青瓷代表了当时南方的最高水平。此时的茶碗器形较小，器身较浅，器壁成斜直形，适于饮茶。北方以邢窑为代表，北方的茶碗较厚重，口沿有一道凸起的卷唇，它与越窑茶碗"口唇不卷，底卷而浅"的风格有明显的区别。越窑除了具备釉色外，造型也优美、精巧。

我国茶具直到陆羽《茶经》问世，才第一次有系统和完整的记述。《茶经》讲述的茶具涉及陶瓷、竹、木、石、纸、漆各种质地共28件。陆羽对茶具的设计讲究实用价值，样式古朴典雅，有明显推行"茶道"的意图。

在唐代人们不仅把茶作为日常饮料，而且讲究饮茶情趣。因此，在饮茶过程中，茶具就成了不可缺少的器具。一件精美的茶具，本身就具有艺术性和欣赏价值。所以，茶具在唐代发展很快，不但种类齐全、讲究质地，且注意因茶择具。唐代茶具大致可分为两类：一类是陆羽在《茶经》中按当时饮茶全过程的需要，列出的贮茶、炙茶、煮茶、饮茶器具有20多种，它是包括地方官吏，文人学士使用的茶具在内的民间茶器具，多以陶瓷为主；另一类是皇室宫廷饮茶器具，多以金属为主，如金银茶具、秘色瓷茶具、琉璃茶具等。

史称"茶兴于唐而盛于宋"，宋代的陶瓷工艺也进入黄金时代，最著名的有汝、官、哥、定、钧五大名窑。因此，宋代茶具也独具特色。

宋代为评比茶的品质，兴起"斗茶"之风，当时在闽北一带最为盛行。宋代诗人范仲淹的《和章岷从事斗茶歌》就生动描写了当时斗茶的盛况是"北苑将期献天子，林下雄豪先斗美。胜若登仙不可攀，输同降将无穷耻。"同时，斗茶也促进了饮茶方式的日益完善。宋代的饮茶方法，无论是前期的煎茶法与点茶法并存，还是后期的以点茶法为主，其法都来自唐代。因此，宋代茶具与唐代大致一样。宋代的茶具主要有茶碾、茶罗、茶盏和茶瓶等，饮茶大多不用碗而用盏。为达到斗茶的最佳效果，宋代对茶具的选用更讲究。唐人推崇越窑青瓷茶碗，而宋人崇尚黑釉建茶盏，如斗茶盏（碗口内壁有水痕线），由于黑釉建盏适宜斗茶，因此受到斗茶者的青睐，其中建窑出产的兔毫盏被视为珍品。宋代上层人士饮茶，对茶具的质量要求比唐代更高，宋人讲究茶具的质地，制作要求更加精细。范仲淹诗云："黄金碾畔绿尘飞，碧玉瓯中翠涛起。"陆游诗云："银瓶铜碾俱官样，恨个纤纤为捧瓯。"说明当时地方官吏、文人学士使用的是金银制的茶具。而民间百姓饮茶的茶具，就没有那么讲究，只要做到"择器"用茶就可以了。

元朝，散茶逐渐取代团茶，此时绿茶的制作只经过适当揉捻，不用捣碎碾磨，保存了茶的色、香、味。到明朝，叶茶全面发展，在蒸青绿茶基础上又发明了晒青绿茶及炒青绿茶。明代由于改制以条形散茶为主，并将煎煮法改为冲泡法。这种冲泡法就是在泡茶时不需将散茶碾末，而是直接取一撮散茶入壶或碗，用开水冲泡，稍候即饮。这种饮茶方法称为撮泡法。撮泡法不仅冲泡简便，而且保留了茶叶的清香味，受到明代文人们的欢迎。这也是我国饮茶史上的一次革命，这种饮茶方法至今仍在沿用。最典型的撮泡法是形成于明代完善于清代至今仍盛行于闽、粤、台沿海一带的"功夫茶"。

明代茶具，对唐、宋而言，是一次大的改革，因为唐、宋时人们以饮用饼茶为主，采用的茶具适合煎茶法或点茶法。到了明代，由于饮茶方法的改变，一些新的饮茶茶具如小茶壶等脱颖而出。从明代至今，人们所用的茶具品种基本上没有大的变化，仅在茶具的式样或质地上略有变化。按照明代的饮茶方法，最普遍使用的茶具是烧水沏茶（碗泡）和盛茶饮茶（壶泡）。"碗泡口饮"，叶浮碗面，顶用碗盖拨挡浮叶，便于口饮，于是茶碗上加盖，下加托，便成一套三件头盖碗茶具（即茶盏）。明代茶盏，仍用瓷烧制，但用的茶盏已由黑釉茶盏变为白瓷或青花瓷茶盏。明代的白瓷有很高的艺术价值，史称"甜白"。白瓷茶盏造型美观，比例匀称，料精式雅，在茶具发展史上占有重要地位。值得一提的是，至明代紫砂壶具应运而生，并一跃成为"茶具之首"。其原因大致是其造型古朴别致，经长年使用光泽如古玉，又能留得茶香，夏季茶汤不易馊，冬季茶汤不易凉。最令人爱不释手的是壶上的字画，最有名的是清嘉庆年间著名的金石家、书法家、清代八大家之一的陈曼生，把我国传统绘画、书法、金石篆刻等艺术相融合于茶具上，创制了"曼生十八式"，成为茶具史上的一段佳话。

清代，我国六大茶类（即绿茶、红茶、白茶、黄茶、乌龙茶及黑茶）都开始建立各自的地位。宜兴的紫砂壶、景德镇的五彩、珐琅彩及粉彩瓷茶具的迅速发展，在造型及装饰技巧上也达到了精妙的艺术境界。清代的茶具无论是种类和造型基本上没有突破明人的规范。但与明代相比，清代茶具的制作工艺却有着长足的发展，这在清人使用的茶盏和茶壶上表现最为充分。清代的茶盏和茶壶，大多以陶或瓷制作，以康（熙）乾（隆）时期最为繁荣，并以"景瓷宜陶"最为出色。清时的茶盏，康熙、乾隆时盛行的盖碗，最负盛名。清代瓷茶具精品，多由景德镇生产。盖碗中的精品有康熙五彩盖碗，雍正粉彩盖碗，红釉白梅花盖碗等。清代的茶壶造型丰富多彩，品种琳琅满目。著名的有康熙五彩竹花壶、乾隆粉彩菊花壶等。清代的宜兴紫砂陶茶具，在继承传统的同时，又有新的发展。康熙年间宜陶名家陈鸣远制作的梅干壶、南瓜壶等，集雕塑装饰于一体，情韵生动，匠心独运。

此外，自清代开始，福州的脱胎漆茶具、四川的竹编茶具、海南植物（如椰子等）茶具也开始出现，自成一格，惹人喜爱，终使清代茶具异彩纷呈，形成了这一时期茶具新的重要特色。

清代茶具登堂入室，成为一种雅玩，其文化品位大大提高。这时茶具已和酒具彻底分开了。

任务一　茶

一、"茶"字的由来

《九经》无茶字，或疑古时无茶，不知《九经》亦无灯字，古用烛以为灯。于是无茶字，非真无茶，乃用荼以为茶也。不独《九经》无茶字，《班马字类》中根本无茶字。至唐始妄减荼字一画，以为茶字，而茶之读音亦变。荼，初音同都切，读若徒，诗所谓"谁谓荼苦"是也。东汉以下，音宅加切，读若磋；六朝梁以下，始变读音。唐陆羽著《茶经》，虽用茶字，然唐岱岳观王圆题名碑，犹两见荼字，足见唐人尚未全用茶字。

"茶"字从"荼"中简化出来的萌芽，始发于汉代，古汉印中，有些"荼"字已减去一笔，成为"茶"字之形了。不仅字形，"茶"的读音在西汉已经确立。如湖南省的茶陵，西汉时曾是刘欣的领地，俗称"茶"王城，是当时长沙国13个属县之一，称为"茶"陵县。在《汉书·地理志》中，"茶"陵的"茶"，颜师古注为：音弋奢反，又音丈加反。这个反切注音，就是现在"茶"字的读音。从这个现象看，"茶"字读音的确立，要早于"茶"字字形的确立。

在古代史料中，有关茶的名称很多，到了中唐时，茶的音、形、义已趋于统一，后来，又因陆羽《茶经》的广为流传，"茶"的字形进一步得到确立。

二、茶的历史渊源及其发展

在史料中，茶的名称很多，在公元前2世纪，西汉司马相如的《凡将篇》中提到的"荈诧"就是茶；西汉末年，在扬雄的《方言》中，称茶为"蔎"；在《神农本草经》（约成于汉朝）中，称之为"荼草"或"选"；东汉的《桐君录》（撰人不详）中谓之"瓜芦木";南朝宋山谦之的《吴兴记》中称为"荈";东晋裴渊的《广州记》中称之谓"皋芦";唐陆羽在《茶经》中,也提到"其名,一曰茶,二曰槚,三曰蔎,四曰茗,五曰荈"。

《茶经》是中国乃至世界现存最早、最完整、最全面介绍茶的一部专著,被誉为"茶叶百科全书",由中国茶道的奠基人陆羽所著。此书是一部关于茶叶生产的历史、源流、现状、生产技术以及饮茶技艺,茶道原理的综合性论著,是一部划时代的茶学专著。它不仅是一部精辟的农学著作又是一本阐述茶文化的书。它将普通茶事升格为一种美妙的文化艺能。它是中国古代专门论述茶叶的一类重要著作,推动了中国茶文化的发展。

《茶录》,是宋代蔡襄作于宋景祐年间,是宋代重要的茶学专著。全书分为两篇,《茶录》是蔡襄有感于陆羽《茶经》"不第建安之品"而特地向皇帝推荐北苑贡茶之作。计上下两篇,上篇论茶,分色、香、味、藏茶、炙茶、碾茶、罗茶、候茶、熁盏、点茶十目,主要论述茶汤品质和烹饮方法。下篇论器,分茶焙、茶笼、砧椎、茶铃、茶碾、茶罗、茶盏、茶匙、汤瓶九目。是继陆羽《茶经》之后最有影响的论茶专著。

唐代陆羽(728—804年)在《茶经》中指出:"茶之为饮,发乎神农氏,闻于鲁周公。"在神农时代(约在公元前2737年),即已经发现了茶树的鲜叶可以解毒。《神农本草经》曾有记载:"神农尝百草,日遇七十二毒,得茶解之。"反映的就是古代发现茶治病的起源,这说明我国利用茶叶最少已有四千多年的历史。《神农本草经》是西汉时代一些儒生托名神农尝百草的神话,收集了自古以来劳动人民所积累的药物知识,编辑而成的药物学典籍。

《华阳国志》中记载,那时就有了人工栽培的茶园。西汉后期到三国时代,茶发展成为宫廷的高级饮料。如在汉代《赵飞燕别传》中,有一节关于饮茶的记载。汉成帝崩,"后(即帝后)寝惊啼甚久,侍者呼问,方觉,乃言曰:适吾梦中见帝,帝自云中赐吾坐,帝命进茶。左右奏帝,后向日侍帝不谨,不合吸此茶"。这就说明在当时,茶已成为皇室中的一种饮料了。

西晋到隋朝,茶逐渐成为普通饮料。关于饮茶的记载也日益增多。《广陵吾老传》中载有:"晋元帝时,有老姥每旦独提一器若,往市留之,市人竞买"之句,说明茶已逐渐成为普通饮料。

至唐、宋时代,茶已成为"人家一日不可无"的普遍饮用之品。

饮茶的历史也很古老。饮茶起源于西南地区。在秦以前,主要是四川一带产茶和饮茶。明代顾炎武的《日知录》写道:"秦人取蜀,始知若饮事。"可见,饮茶风习是从四川传出来的。因为隔着千山万水，"蜀道"险阻，种茶、饮茶局限于四川一带。

直到秦统一了中国，促进了四川和其他地区的经济交流，种茶和饮茶才由四川逐渐向外传播。先流传至长江流域，5世纪，北方饮茶相效成风。六七世纪再传播到西北。随着饮茶习惯的传播，茶叶消费量迅速增加，从此，茶叶成为我国各族人民普遍喜爱的一种饮料。

三、饮茶习惯的发展

我们可以论证茶在中国很早就有认识和利用，也很早就有茶树的种植和茶叶的采制。但是人类最早为什么要饮茶呢？是怎样形成饮茶习惯的呢？

①祭品说。这一说法认为茶与一些其他的植物最早是作为祭品用的，后来有人尝食发现食而无害，便"由祭品，而菜食，而药用"，最终成为饮料。

②药物说。这一说法认为茶"最初是作为药用进入人类社会的"。《神农本草经》中写道："神农尝百草，日遇七十二毒，得茶而解之。"

③食物说。"古者民茹草饮水"，"民以食为天"，食在先符合人类社会的进化规律。

④同步说。最初利用茶的方式方法，可能是作为口嚼的食料，也可能作为烤煮的食物，同时也逐渐为药料饮用。

⑤交际说。《载敬堂集》载："茶，或归于瑶草，或归于嘉木，为植物中珍品。稽古分名槚蔎茗荈。《尔雅·释木》曰：'槚，苦荼。'蔎，香草也，茶含香，故名蔎。茗荈，皆茶之晚采者也。茗又为茶之通称。茶之用，非单功于药食，亦为款客之上需也。"有《客来》诗云："客来正月九，庭迸鹅黄柳。对坐细论文，烹茶香胜酒。"（摘自《载敬堂集·江南靖士诗稿》）此说从理论上把茶引入待人接物的范畴，凸显了交际场合的一种雅好，开饮茶成因之"交际说"之端。

四、茶叶的种类

茶叶可以分为绿茶、红茶、乌龙茶、白茶、黄茶和黑茶。

1. 绿茶包括炒青绿茶、烘青绿茶、晒青绿茶、蒸青绿茶

（1）炒青绿茶分为：眉茶（炒青、特珍、珍眉、凤眉、秀眉、贡熙等）、珠茶（珠茶、雨茶、秀眉等）、细嫩炒青（蒙顶甘露、龙井、大方、碧螺春、雨花茶、甘露、松针等）。

（2）烘青绿茶分为：普通烘青（川烘青、苏烘青、浙烘青、徽烘青、闽烘青等）、

细嫩烘青（毛峰、太平猴魁、华顶云雾等）。

　　（3）晒青绿茶分为：川青、滇青、陕青等。

　　（4）蒸青绿茶分为：煎茶、玉露等。

图4-1　炒青绿茶

2. 红茶包括小种红茶、功夫红茶、红碎茶

（1）小种红茶包括：正山小种、烟小种。

（2）功夫红茶包括：川红（金甘露、红甘露等）、祁红、滇红、闽红（金骏眉等）等。

（3）红碎茶包括：叶茶、碎茶、片茶、末茶。

图4-2　功夫红茶

3. 乌龙茶（又称青茶）包括闽北乌龙、闽南乌龙、广东乌龙、台湾乌龙和阿里山高山茶

（1）闽北乌龙包括武夷岩茶——大红袍、水仙、肉桂、半天腰、奇兰、八仙等。

（2）闽南乌龙包括铁观音、奇兰、水仙、黄金桂等。

（3）广东乌龙包括凤凰单枞、凤凰水仙、岭头单枞等。

（4）台湾乌龙包括冻顶乌龙，包种等。

（5）阿里山高山茶包括阿里山青心乌龙茶、阿里山极品金萱茶等。

图 4-3 大红袍

4. 白茶包括白芽茶和白叶茶

（1）白芽茶，主要是指银针等。

（2）白叶茶，主要是指白牡丹、贡眉等。

图 4-4 白芽茶

5. 黄茶包括黄芽茶、黄小茶和黄大茶

（1）黄芽茶包括蒙顶黄芽、君山银针等。

（2）黄小茶包括北港毛尖、沩山毛尖、温州黄汤等。

（3）黄大茶包括霍山黄大茶、广东大叶青等。

6. 黑茶包括湖南黑茶、湖北老青茶、四川边茶、滇桂黑茶、陕西黑茶和普洱茶

（1）湖南黑茶。成品有"三尖"、"四砖"、"花卷"系列与之称。"四砖"即：黑砖、花砖、青砖和茯砖。"三尖"指湘尖一号、湘尖二号、湘尖三号即"天尖"、"贡尖"、"生尖"。"湘尖茶"是湘尖一、湘尖二、湘尖三号的总称。"花卷"系列包括"千两茶"、"百两茶"、"十两茶"。

（2）湖北老青茶。分为三级：一级茶（洒面茶）以白梗为主，稍带红梗，即嫩茎基部呈红色（俗称乌巅白梗红脚）；二级茶（二面茶）以红梗为主，顶部稍带白梗；三级茶（里茶）为当年生红梗，不带麻梗。

图4-5 蒙顶黄茶

（3）四川边茶。分南路边茶和西路边茶两类，西路边茶的毛茶色泽枯黄，是压制"茯砖"和"方包茶"的原料，南路边茶是压制砖茶和金尖茶的原料。

普洱茶有饼茶、沱茶、砖茶、金瓜贡茶、香菇紧茶、七子饼、小金陀和老茶头等不同的形态。

（1）饼茶。饼茶也是一种圆饼形的蒸压黑茶，因其大小规格比圆茶小，所以又称"小饼茶"。主要产于云南省下关茶厂。

（2）沱茶。沱茶是一种制成圆锥窝头状的紧压茶，主要产地是云南，沱茶的种类，依原料不同有绿茶沱茶和黑茶沱茶之分。

（3）砖茶。砖茶又称蒸压茶（俗称边销茶），根据原料和制作工艺的不同，可以分为黑砖茶、花砖茶、茯砖茶、米砖茶、青砖茶、康砖茶等。

（4）金瓜贡茶。金瓜贡茶也称团茶、人头贡茶，是普洱茶独有的一种特殊紧压茶形式。

（5）香菇紧茶。圆形或砖片形，以晒青毛茶经过筛制、蒸压成型的茶类，外形紧结端正，厚薄均匀，色泽乌润，带银毫，内质汤色橙红，香气纯正，滋味醇浓，经久耐煮，叶底呈竹叶青或带褐色。

（6）七子饼。即七子饼茶，又称圆茶。七子饼茶也属于紧压茶，它是将茶叶加工紧压成外形美观酷似满月的圆饼茶，然后将每7块饼茶包装为1筒，故得名"七子饼茶"。

（7）小金沱。产于云南，是黑茶的一种，属于黑茶当中的紧压茶。

（8）老茶头。大益集团出品的老茶头是精选存放多年的熟茶茶头，是采用国家级非物质文化遗产名录"大益茶制作技艺"混拼、蒸压而成的熟砖茶。

7. 再加工茶类

以各种毛茶或精制茶再加工而成的称为再加茶，包括花茶、紧压茶、萃取茶、果

图 4-6　湖南黑茶

味茶、药用保健茶、含茶饮料等。

（1）花茶，包括茉莉花茶、珠兰花茶、玫瑰花茶、桂花茶等。

花茶，这是一种比较稀有的茶叶花色品种。它是用花香增加茶香的一种产品，在中国很受喜欢。一般是用绿茶做茶坯，少数也有用红茶或乌龙茶做茶坯的。它根据茶叶容易吸收异味的特点，以香花以窨料加工而成的。所用的花品种有茉莉花、桂花等几种，以茉莉花最多。

图 4-7　茉莉花茶

（2）紧压茶，包括黑砖、茯砖、方茶、饼茶等。

（3）萃取茶，包括速溶茶、浓缩茶等。

（4）果味茶，包括荔枝红茶、柠檬红茶、猕猴桃茶等。

（5）药用保健茶，包括减肥茶、杜仲茶、老鹰茶等，此类多是类茶植物，不是真正的茶。

图 4 - 8　茶饼

图 4 - 9　速溶茶粉

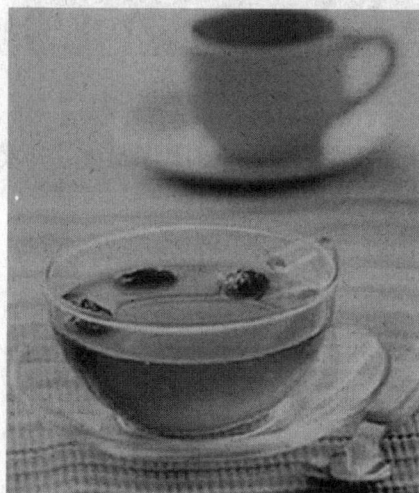

图 4 - 10　果茶

　　将药物与茶叶配伍，制成药茶，以发挥和加强药物的功效，利于药物的溶解，增加香气，调和药味。这种茶的种类很多，如"午时茶"、"姜茶散"、"益寿茶"、"减肥茶"等。

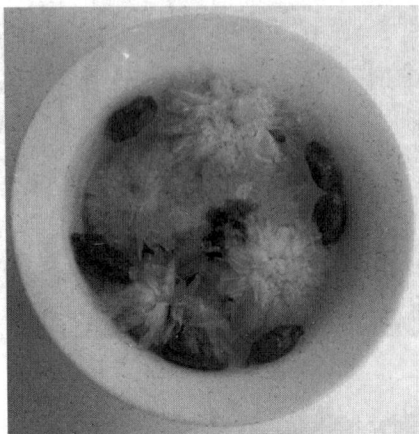

图 4 – 11　菊花枸杞茶

（6）含茶饮料，包括冰红茶、冰绿茶、奶茶等。

图 4 – 12　奶茶

从世界上来看，在以上茶类中，以红茶的数量最大，其次是绿茶，最少的是白茶。

五、中国名茶

1. 西湖龙井茶

西湖龙井，产于浙江省杭州市西湖周围的群山之中。杭州不仅以西湖闻名国内外，也以西湖龙井茶誉满全球。龙井属于绿茶色泽嫩绿泛黄，外形扁平光滑、苗锋尖削，汤色嫩黄（绿）明亮，清香或嫩栗香，但有部分茶带高火香，滋味清爽浓醇。

2. 福建乌龙茶

乌龙茶的产生，还有些传奇的色彩，据《福建之茶》、《福建茶叶民间传说》载清朝雍正年间，在福建省安溪县西坪乡南岩村里有一个退隐将军，也是打猎能手，姓苏名龙，因他长得黝黑健壮，乡亲们都叫他"乌龙"。一年春天，乌龙腰挂茶篓，身背猎枪上山采茶，采到中午，一头山獐突然从身边溜过，乌龙举枪射击但负伤的山獐拼命

图4-13 龙井旗枪

图4-14 乌龙茶

逃向山林中，乌龙也随后紧追不舍，终于捕获了猎物，当把山獐背到家时已是掌灯时分，乌龙和全家人忙于宰杀、品尝野味，已将制茶的事全然忘记了。翌日清晨全家人才忙着炒制昨天采回的"茶青"。没有想到放置了一夜的鲜叶，已镶上了红边了，并散发出阵阵清香，当茶叶制好时，滋味格外清香浓厚，全无往日的苦涩之味，并经心琢磨与反复试验，经过萎雕、摇青、半发酵、烘焙等工序，终于制出了品质优异的茶类新品——乌龙茶。安溪也遂之成了乌龙茶的著名茶乡了。

3. 洞庭碧螺春茶

洞庭碧螺春茶产于江苏省苏州市太湖洞庭山。碧螺春茶条索纤细，卷曲成螺，满披茸毛，色泽碧绿。香气清爽持久，滋味鲜爽味醇，汤色嫩绿明亮。

4. 黄山毛峰茶

黄山毛峰茶产于安徽省太平县以南，歙县以北的黄山。茶芽格外肥壮，柔软细嫩，叶片肥厚，经久耐泡，香气馥郁，滋味醇甜，是茶中的上品。属于绿茶，颜色嫩绿油润。外形细扁如雀舌，芽似锋；白毫显，色似象牙。嫩毫香清新持久，滋味醇厚回甘；汤色杏黄清澈。

5. 安溪铁观音茶

安溪铁观音茶产于福建省泉州市安溪县。安溪铁观音茶历史悠久，素有茶王之称。"砂绿起霜"成为铁观音高品的标志，获得了"绿叶红镶边，七泡有余香"的美誉。属乌龙茶，半发酵。颜色乌润砂绿。外形条索肥壮紧结，卷紧而重实。香气馥郁持久，有桂花香；滋味醇厚甘爽生津；汤色橙黄鲜丽。

6. 君山银针茶

君山银针茶是中国著名黄茶之一。君山，为湖南岳阳县洞庭湖中岛屿。清代，君山茶分为"尖茶"、"茸

图4-15 特级碧螺春

图4-16 黄山特级毛峰

图4-17 安溪铁观音

茶"两种。"尖茶"如茶剑，白毛茸然，纳为贡茶，素称"贡尖"。属黄茶，轻微发酵。颜色金黄光亮。芽头肥壮挺直，匀齐，满披茸毛。香气清鲜，茶色浅黄，味甜爽。

图4-18 特级君山银针

7. 信阳毛尖茶

信阳毛尖是中国著名毛尖茶，产自河南省信阳地区的群山之中。信阳是中国南北方的分水岭，桐柏山、鸡公山、大别山群山环绕其中，信阳毛尖素来以"细、圆、光、直、多白毫、香高、味浓、汤色绿"的独特风格而饮誉中外。绿茶。颜色色泽翠绿，白毫显露。外形条索细圆紧直。汤色嫩绿明亮，香气鲜高，滋味鲜醇。

图 4-19 信阳特级毛尖

8. 武夷岩茶

武夷岩茶产于福建省武夷山市。外形条索肥壮、紧结、匀整，带扭曲条形，俗称"蜻蜓头"，叶背起蛙皮状砂粒，俗称"蛤蟆背"。乌龙茶，半发酵。青褐色或者全褐色，茶条壮结匀整，带扭曲条形。香气胜似兰花而深沉持久，滋味浓醇清活，生津回甘。

图 4-20 武夷大红袍

9. 祁门红茶

著名红茶精品，简称祁红，产于安徽省西南部黄山支脉区的祁门县一带。祁红外形条索紧细匀整，锋苗秀丽。红茶，全发酵。颜色乌润，俗称"宝光"。条索紧细匀整，锋苗秀丽。香气香甜持久，又似兰花香，俗称"祁门香"，汤色红艳明亮，滋味甘鲜醇厚。

图 4 - 21　祁门红茶

10. 都匀毛尖茶

都匀毛尖茶，又名"白毛尖"、"细毛尖"、"鱼钩茶"、"雀舌茶"，是贵州三大名茶之一，中国十大名茶之一。产于贵州都匀市，属黔南布依族苗族自治区。都匀位于贵州省的南部，市区东南东山屹立，西面蟒山对峙。都匀毛尖"三绿透黄色"的特色，即干茶色泽绿中带黄，汤色绿中透黄，叶底绿中显黄。成品色泽翠绿、外形匀整、白毫显露、条索卷曲、香气清嫩、滋味鲜浓、回味甘甜、汤色清澈、叶底明亮、芽头肥壮。其品质优佳，形可与太湖碧螺春并提，质能同信阳毛尖媲美。

图 4 - 22　都匀毛尖

任务二 咖啡与可可

"咖啡"（Coffee）一词源自埃塞俄比亚的一个名叫卡法（Kaffa）的小镇，在希腊语中"Kaweh"的意思是"力量与热情"。咖啡与茶叶、可可并称为世界三大饮料。咖啡树属茜草科常绿小乔木，咖啡豆就是指咖啡树果实内之果仁。日常饮用的咖啡是用咖啡豆加工而成。

图 4-23 咖啡豆

一、咖啡的起源和发展

世界上第一株咖啡树是在非洲之角发现的。当地土著部落经常把咖啡的果实磨碎，再把它与动物脂肪掺在一起揉捏，做成许多球状的丸子。这些土著部落的人将这些咖啡丸子当成珍贵的食物，专供即将出征的战士享用。

咖啡原产地埃塞俄比亚西南部的卡法省高原地区，据说是一千多年前一位牧羊人发现羊吃了一种植物后，变得非常兴奋活泼，因此发现了咖啡。也有说法是由于一场野火，烧毁了一片咖啡林，烧烤咖啡的香味引起了周围居民的注意。人们最初咀嚼这种植物果实以提神，后来烘烤磨碎掺入面粉做成面包，作为勇士的食物，以提高作战的勇气。不过这些传说故事都缺乏历史文件佐证，只出现于后世的旅游传记中，因此无从考证咖啡起源的真正原因。

直到 11 世纪左右，人们才开始用水煮咖啡作为饮料。13 世纪时，埃塞俄比亚军队入侵也门，将咖啡带到了阿拉伯世界。因为伊斯兰教义禁止教徒饮酒，有的宗教人士认为这种饮料刺激神经，违反教义，曾一度禁止并关闭咖啡店，但埃及苏丹认为咖啡不违反教义，因而解禁，咖啡饮料迅速在阿拉伯地区流行开来。咖啡种植、制作的方法也被阿拉伯人不断地改进而逐渐完善。

公元 15 世纪以前，咖啡长期被阿拉伯世界所垄断，仅在回教国家间流传。当时主要被使用在医学和宗教上，回教医生和僧侣们承认咖啡具有提神、醒脑、健胃、强身、止血等功效。15 世纪初，开始有文献记载咖啡的使用方式，并且在此时期融入宗教仪式中，同时也出现在民间作为日常饮品。因回教严禁饮酒，因此咖啡成为当时很重要的社交饮品。直到十六七世纪，威尼斯商人和荷兰人才将咖啡传入欧洲，很快这种充满东方神秘色彩、口感馥郁香气迷魅的黑色饮料受到贵族仕绅阶级的争相竞逐，咖啡的身价也跟着水涨船高，甚至产生了"黑色金子"的称号，当时的贵族流行在特殊日子互送咖啡豆以示尽情狂欢，或是给久未谋面的亲友，有财入袋、祝贺顺遂之意，同时也是身份地位象征。而"黑色金子"在接下来风起云涌的大航海时代，借由海运的传播，全世界都被纳入了咖啡的生产和消费版图中。

二、咖啡的知名品牌

1. 象粪咖啡

象粪咖啡正式的名称为"黑色象牙咖啡"（Black Ivory Coffee），是用泰国象消化并排泄出的咖啡豆磨制的咖啡，这些咖啡豆是采自海拔 1500 米处的最好的泰国阿拉比卡咖啡豆，而这些大象则位于泰国北部的金三角亚洲象基地大象体内的酶在消化过程中分解豆中的蛋白质，因而使之几乎没有普通咖啡的苦味。

该咖啡的供应量极其有限，2012 年的供应量为 50 千克，只在世界上少数的五星级酒店销售。零售价为每千克 1800 美元，或者一杯 55 美元，跻身世界最昂贵的咖啡之列。

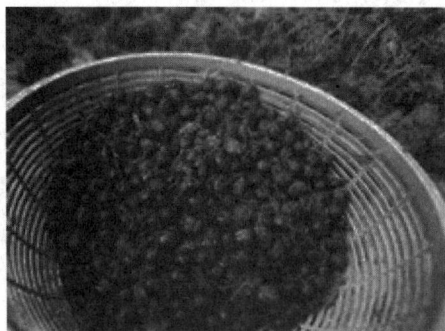

图 4-24　象粪咖啡豆

2. 麝香猫咖啡

产于印度尼西亚，咖啡豆是麝香猫食物的一种，但是咖啡豆不能被消化系统完全消化，咖啡豆在麝香猫肠胃内经过发酵，经粪便排出，当地人在麝香猫粪便中取出咖啡豆后再做加工处理，也就是所谓的"猫屎咖啡"，此咖啡味道独特，口感不同。由于野生环境的逐步恶劣，麝香猫的数量也在慢慢减少，导致这种咖啡的产量也相当有限。"猫屎咖啡"是世界上产量最少的咖啡，一袋50克包装的咖啡豆价值1500元，只能泡3～4杯咖啡。

图 4 - 25　麝香猫的粪便

3. 蓝山咖啡

是一种大众知名度较高的咖啡，产于中美洲牙买加的蓝山地区，并且只有种植在海拔1800米以上的蓝山地区的咖啡才能使用"牙买加蓝山咖啡"（Blue Mountain Coffee）的标志，占牙买加蓝山咖啡总产量的15%。而种植在海拔457～1524米的咖啡被称为高山咖啡（Jamaica High Mountain Supreme Coffee Beans），种植在海拔274～457米的咖啡称为牙买加咖啡（Jamaica Prime Coffee Beans）。蓝山咖啡拥有香醇、苦中略带甘甜、柔润顺口的特性，而且稍微带有酸味，能让味觉感官更为灵敏，品尝出其独特的滋味，是咖啡之极品。

蓝山咖啡每年产量只有4万袋，由于日本始终投资牙买加咖啡业，90%的蓝山咖啡为日本人所优先购买。牙买加咖啡局（CIB）只赋予Wallenford、Jablum、Silver Hill、Moy Hall这4家法定咖啡庄园集中加工蓝山咖啡豆，所有牙买加蓝山咖啡的外包装上都标识有其加工的庄园名称。

4. 阿里山玛翡

阿里山玛翡咖啡属于高山咖啡，产于宝岛台湾阿里山地区，属于台湾咖啡中的优质精品，全亚洲排名第一，全球排名第八。

5. 图兰朵咖啡

图兰朵咖啡品牌起源意大利古镇洛卡，距文艺复兴圣地佛罗伦萨90千米，距历史名城比萨40千米，被意大利人称之为最温柔最恬静的古镇，又被尊称为音乐古镇。古镇的人们世代喜爱音乐和咖啡，有音乐的地方就会有咖啡的芳香，有咖啡的地方必有音乐的萦绕，这里是音乐的圣地，也是咖啡的故乡，一代歌剧大师吉亚卡摩·普契尼

图 4－26　牙买加蓝山咖啡

图 4－27　阿里山玛翡咖啡

先生便出生此地，欧洲传世经典音乐咖啡品牌起源于此。在古镇洛卡，你可以不了解古镇的历史，可以不知道圣米歇尔大教堂的来历，甚至可以不知道古镇的最高执行官是谁，但绝不允许你不知道大师普契尼先生和他的世界著名歌剧《图兰朵》（Turandot），以及闻名遐迩的音乐咖啡。如今在音乐咖啡屋的不远处，圣米歇尔大教堂的广场上，古镇洛卡的人们为纪念伟大的歌剧大师而修建的铜像依旧安逸地跷腿端坐那里，伴随着咖啡屋里飘散出的芳香陪伴着他走过了半个多世纪。

6. 摩卡（Mocha）

摩卡咖啡产于阿拉伯半岛西南方的也门共和国，生长在海拔 900～2400 米的陡峭山侧地带，也是世界上最古老的咖啡。此品种的豆子较小而香气甚浓，拥有独特的酸味和柑橘的清香气息，芳香迷人，而且甘醇中带有令人陶醉的丰润余味，独特的香气以及柔和的酸、甘味。

图 4 - 28　图兰朵咖啡

　　摩卡咖啡拥有全世界最独特、最丰富、最令人着迷的复杂风味：红酒香、狂野味、干果味、蓝莓味、葡萄味、肉桂味、烟草味、甜香料味、原木味，甚至巧克力味。摩卡咖啡口感特殊，层次多变。

图 4 - 29　摩卡咖啡

　　7. 苏门答腊曼特宁

　　产于印度尼西亚的苏门答腊，当地的特殊地质与气候培养出独有的特性，具有相当浓郁厚实的香醇风味，并且带有较为明显的苦味与碳烧味，苦、甘味更是特佳，风韵独具。印度尼西亚是咖啡产量大国。咖啡的产地主要是爪哇、苏门答腊和苏拉威，罗布斯塔豆种占总产量的 90%。而苏门答腊曼特宁则是稀少的阿拉比卡豆种。这些树被种植在 750～1500 米山坡上，神秘而独特的苏门答腊赋予了曼特宁咖啡香气浓郁、口感丰厚、味道强烈、略带有巧克力味和糖浆味。

127

图 4 - 30 曼特宁咖啡

8. 夏威夷科纳

夏威夷产的科纳咖啡豆异常饱满，光泽鲜亮，豆形平均整齐，具有强烈的酸味和甜味，口感湿顺、滑润。夏威夷独特的火山气候铸就了科纳咖啡独特的香气，同时有高密度的人工培育农艺，因此每粒豆子都可说是娇生惯养的"大家闺秀"，标志、丰腴并有婴孩般娇艳的肤质。科纳咖啡口味新鲜、清冽，中等醇度，有轻微的酸味，同时有浓郁的芳香，品尝后余味长久。最难得的是，科纳咖啡具有一种兼有葡萄酒香、水果香和香料香的混合香味，就像火山群岛上五彩斑斓的色彩一样迷人。

9. 巴西咖啡

巴西是世界上最大的咖啡产地，总产量占全世界的近30%。巴西咖啡带有较低的酸味，配合咖啡的甘苦味，入口极为滑顺，而且又带有淡淡的青草芳香，在清香略带苦味，甘滑顺口，余味舒活畅快。对于巴西咖啡来说并没有特别出众的优点，但是也没有明显的缺憾，这种口味温和而滑润、酸度低、醇度适中，有淡淡的甜味，这些所有柔和的味道混合在一起，要想将他们一一分辨出来，是对味蕾的最好考验。

图 4－31　科纳咖啡

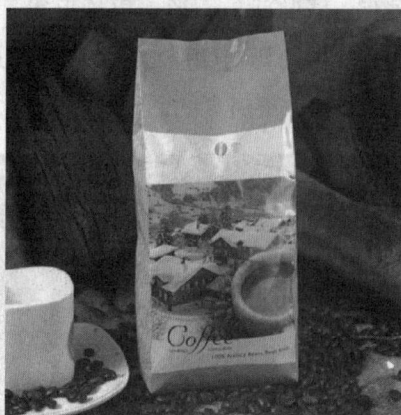

图 4－32　巴西桑托斯咖啡

三、花式咖啡的种类

1. 意大利咖啡

制作一杯通常需要 7 克咖啡粉，经过 9 个大气压与 90℃的高温泵压式蒸汽咖啡机，在 20 秒的短时间内急速萃取 28～30 毫升的浓烈咖啡。一杯成功的浓咖啡最重要的是看表面是否漂浮着一层厚厚的呈棕红色的油亮泡沫。浓咖啡的最大特色就是香浓与口感的凝聚，一般正统的喝法是加糖后，略为搅拌，马上一饮而尽。在享受香浓口感的同时，咖啡因的摄入却大为减少。

129

图4-33 意大利咖啡

2. 拿铁（Latte）

一杯地道的意大利拿铁咖啡配置的比例是：牛奶70%、奶泡20%、咖啡10%。拿铁咖啡中牛奶多而咖啡少，这与卡布奇诺（Cappuccino）有很大不同。拿铁咖啡做法极其简单，就是将刚刚做好的意大利浓缩咖啡中倒入接近沸腾的牛奶。事实上，加入多少牛奶没有一定的规定，可依个人口味自由调配。拿铁咖啡又因咖啡拉花艺术深受人们喜爱。咖啡拉花是指将加热的全脂牛奶倾倒入浓缩咖啡时，使牛奶在咖啡上画出美丽的图案，最为常见的图案有：蕨叶状、心形、兔子形等。随着咖啡拉花的发展与更多拉花工具的出现，咖啡师不仅用牛奶与咖啡画出图案，而且利用巧克力酱，借助拉花针，可以根据想象设计出更复杂、更逼真的图案。

图4-34 拿铁咖啡（Latte）

3. 卡布奇诺

卡布奇诺咖啡多而牛奶少。在意大利特浓咖啡的基础上，加一层厚厚的起沫的牛奶，就成了卡布奇诺。传统的卡布奇诺咖啡是1/3浓缩咖啡、1/3蒸汽牛奶和1/3泡沫牛奶。奶泡上面可以加一些肉桂粉或巧克力粉延长奶泡停留的时间。

4. 爱尔兰咖啡

爱尔兰咖啡是一种既像酒又像咖啡的咖啡，原料是爱尔兰威士忌加咖啡豆，特殊

图 4 – 35　卡布奇诺

的咖啡杯，特殊的煮法，认真而执着，古老而简朴。爱尔兰咖啡杯是一种方便于加热的耐热杯。烤杯的方法可以去除烈酒中的酒精，让酒香与咖啡能够直接调和。

图 4 – 36　爱尔兰咖啡

5. 维也纳咖啡

维也纳咖啡是奥地利最著名的咖啡，是一个名叫爱因·舒伯纳的马车夫发明的，也许是由于这个原因，今天，人们偶尔也会称维也纳咖啡为"单头马车"。以浓浓的鲜奶油和巧克力的甜美风味迷倒全球人士。雪白的鲜奶油上，洒落五色缤纷七彩米，扮相非常漂亮；隔着甜甜的巧克力糖浆、冰凉的鲜奶油啜饮滚烫的热咖啡，更是别有风味。维也纳咖啡有着独特的喝法。不加搅拌，开始是凉奶油，然后喝到热咖啡，最后感觉出砂糖的甜味，有着三种不同的口感。

维也纳咖啡的制作有点像美式摩卡咖啡。首先在湿热的咖啡杯底部撒上薄薄一层砂糖或细冰糖，接着向杯中倒入滚烫而且偏浓的黑咖啡，最后在咖啡表面装饰两勺冷的新鲜奶油，一杯经典的维也纳咖啡就做好了。

图 4 – 37　维也纳咖啡

6. 白咖啡

白咖啡通常是采用较名贵的精选咖啡豆，而且完全不掺杂杂质，如麦粒、玉蜀黍粒等，因此味道比较纯正。白咖啡以传统独特工艺未添加任何人工添加剂或焦糖经低温烘培（烤制）而成，将高温碳烤所产生的焦苦与酸涩味降到最低，保留原始咖啡的自然风味及醇厚香味，不含反式脂肪，咖啡因含量及热量亦低于普通咖啡，既符合现代人健康瘦身的要求，又避免饮用一般咖啡所带来的燥热烦恼。

图 4 – 38　优质白咖啡

四、可可概述

可可（Cacao，亦作 Cocoa）世界三大饮料植物之一，原产美洲热带，可做饮料和巧克力糖，营养丰富，味醇且香。

　　早在哥伦布抵美前，热带中美洲居民，尤其是马雅人及阿兹特克人，已知可可豆用途，不但将可可豆做成饮料，更用以作为交易媒介。16世纪可可豆传入欧洲，精制成可可粉及巧克力，更提炼出可可脂（Cocoa Butter）。可可树遍布热带潮湿的低地，常见于高树的树荫处。可可树栽培4年后，每年每株产豆荚60~70枚。采收后，豆自荚中取出，发酵若干天，经一系列之加工程序，包括干燥、除尘、烘焙及研磨，成为浆状，称巧克力浆；再予压榨出可可脂和可可粉，或另加可可脂及其他配料，制成各种巧克力。

图4-39　可可树

图4-40　可可豆

　　可可是一种以可可树种子为原料制成的粉末状饮料。可可粉在热水中不易分散，易沉淀，可先用少量热水搅和，使粉膨润，然后加入砂糖、乳制品等加热即成可可饮料。为提高可可粉的溶解性能，可适当添加表面活性剂，或采用附聚工艺使其迅速溶化。可可与茶、咖啡同属含生物碱饮料，其含有较多脂肪，热值较高，对神经系统、肾脏、心脏等有益。

　　可可粉为棕红色，带有可可特殊香味，水分含量低于5%。可可粉除含脂肪、蛋白质及碳水化合物等多种营养成分外，尚含有可可碱、维生素A、维生素B_1、维生素B_2、尼克酸、磷、铁、钙等。可可碱对人体具有温和的刺激、兴奋作用。

可可主要分布在赤道南北纬 10°以内较狭窄地带。主产国为加纳、巴西、尼日利亚、科特迪瓦、厄瓜多尔、多米尼加和马来西亚。主要消费国是美国、德国、俄罗斯、英国、法国、日本和中国。1922 年，我国台湾省引种试种成功，中国大陆现主要种植地在海南。

任务三　软饮料

软饮料（Soft Drink），是指酒精含量低于 0.5% 的天然或人工配制的饮料。又称清凉饮料、无醇饮料。

软饮料的主要原料是饮用水或矿泉水，果汁、蔬菜汁或植物的根、茎、叶、花和果实的抽提液。有的含甜味剂、酸味剂、香精、香料、食用色素、乳化剂、起泡剂、稳定剂和防腐剂等食品添加剂。其基本化学成分是水分、碳水化合物和风味物质，有些软饮料还含维生素和矿物质。软饮料的品种很多。按原料和加工工艺分为碳酸饮料、果汁及其饮料、蔬菜汁及其饮料、植物蛋白质饮料、植物抽提液饮料、乳酸饮料、矿泉水和固体饮料 8 类；按性质和饮用对象分为特种用途饮料、保健饮料、餐桌饮料和大众饮料 4 类。世界各国通常采用第一种分类方法。在美国、英国等国家，软饮料不包括果汁和蔬菜汁。

一、软饮料的种类

1. 碳酸饮料类

在一定条件下冲入二氧化碳的软饮料，不包括由发酵法自身产生二氧化碳的饮料，其成品中二氧化碳容量不低于 2 倍。分果汁型、果味型、可乐型、低热量型及其他型。

2. 果汁（浆）及果汁饮料类

包括果汁（浆）、果汁饮料两类。果汁（浆）是用成熟适度的新鲜或冷藏水果为原料，经加工所得的果汁（浆）或混合果汁类制品。果汁饮料是在果汁（浆）制品中，加入糖液、酸味剂等配料所得的果汁饮料制品，可直接饮用或稀释后饮用。分原果汁、原果浆、浓缩果汁、浓缩果浆果汁饮料、果肉饮料、果粒果汁饮料和高糖果汁饮料。

3. 蔬菜汁饮料

由一种或多种新鲜或冷藏蔬菜（包括可食的根、茎、叶、花、果实、食用菌、食用藻类及蕨类）等经榨汁、打浆或浸提等制得的制品。包括蔬菜汁、混合蔬菜汁、混合果蔬汁、发酵蔬菜汁和其他蔬菜汁饮料。

4. 含乳饮料类

以鲜乳和乳制品为原料未经发酵或经发酵后，加入水或其他辅料调制而成的液状制品。包括乳饮料、乳酸菌类乳饮料、乳酸饮料及乳酸菌类饮料。

5. 植物蛋白饮料

用蛋白质含量较高的植物的果实、种子，核果类和坚果类的果仁等与水按一定比例磨碎、去渣后，加入配料制得的乳浊状液体制品。蛋白质含量不低于0.5%。分豆乳饮料、椰子乳（汁）饮料、杏仁乳（露）饮料和其他植物蛋白饮料。

6. 瓶装饮用水饮料

密封在塑料瓶、玻璃瓶或其他容器中可直接饮用的水。其原料水除允许使用臭氧外，不允许有外来添加物。包括饮用天然矿泉水和饮用纯净水。

7. 茶饮料

茶叶经抽提、过滤、澄清等加工工序后制得的抽提液，直接灌装或加入糖、酸味剂、食用香精（或不加）、果汁（或不加）、植（谷）物抽提液（或不加）等配料调制而成的制品。包括茶饮料、果汁茶饮料、果味茶饮料和其他茶饮料。

8. 固体饮料

用糖（或不加）、果汁（或不加）、植物抽提液或其他配料为原料，加工制成粉末状、颗粒状或块状的经冲溶后饮用的制品，其成品水分小于5%。分果香型固体饮料、蛋白型固体饮料和其他型固体饮料。

9. 特殊用途饮料

为人体特殊需要而加入某些食品强化剂或为特殊人群需要而调制的饮料。包括运动饮料、营养素饮料和其他特殊用途饮料。

二、软饮料的发展趋势

1. 清淡的口味

虽然消费者的口味差异很大，但总体表现出清淡的趋势。这一趋势在诸如碳酸饮料、果汁、瓶装水及即饮茶等软饮料得以体现。此外，根据欧睿信息咨询的调查报告，啤酒也逐渐显示出清淡的发展趋势。

近年推出的新产品都有清淡的趋势，并且加强了清凉、清爽的定位，旨在吸引浮躁的年轻人的注意。主要上市的产品包括可口可乐公司的"Sprite Ice"和"Nestea Ice Rush"以及"Minute Maid"，百事的"立顿冰茶"，统一的"Cha Li Wang"，顶新的"X-Sports"。在竞争激烈，抄袭成风的饮料行业，开发新的配方或设计新的包装已经不再是制胜的法宝，众多饮料商将精力放在调制新的饮料口味上。

当然，消费者不可能单单青睐于清淡的口味。北方的果汁消费者喜欢比较浓稠、新鲜的口味，而这种口味对南方消费者则显得太过强烈。相反地，南方的茶饮料消费

135

者喜欢温和、平滑的口感，而北方消费者对这种口味不屑一顾。

2. 品种繁多

中国消费者对饮料的诉求，除了解渴之外很重要的一点是健康。果蔬汁之所以会发展迅速，跟饮料商不断的宣传其健康特色分不开。牛奶和果汁的混合也是一大趋势，成功的例子包括酷儿的"Refreshing"，可口可乐中国的"White"，杭州娃哈哈的"营养快线"。

瓶装水及功能水生产商也在采取各种行动。2003年乐百氏的"脉动"大获成功之后，各种类似的功能水饮料轮番推出。其中最著名的有顶新的"X－Sports"，浙江养生堂的"尖叫"，娃哈哈的"激活"和最后被汇源收购的"他＋她"。作为毫无争议的能量饮料领袖，红牛通过对NBA和F1赛事的赞助，进一步扩大其市场影响力。

3. 瓶装饮料（PET）时代到来

2003—2004年，很多饮料生产商添加了矿泉水瓶及灌装线，包括顶新、可口可乐、百事、杭州娃哈哈、北京汇源及浙江养生堂。尽管石油价格导致PET成本增加，进而影响饮料商的利润，PET仍然不断夺取玻璃、金属及纸等包装材料的份额。

矿泉水瓶的透明、高阻隔性能、灵活性、合理的价格及可重复封口的特点帮助饮料生产商在残酷的竞争中更好的定位自身的产品。在果蔬汁、即饮茶及乳饮料方面，无菌冷灌装的PET包装为饮料商创造了更多的机会。

大容量及单人饮用的小容量包装将迅速增长，特别是在果汁、瓶装水及即饮茶方面，生产商希望通过提高消费者的饮用量来扩大销售量。

图4－41　PET瓶装饮料

三、软饮料的加工方法

1. 果汁和蔬菜汁

加工方法基本相同。新鲜水果蔬菜经清洗、分拣、磨碎、榨汁、过滤和均质，生产出混浊的原汁。混汁经澄清处理和过滤成为清汁。澄清方法有酶处理、加热处理、明胶处理和膨润土处理等。目的是除去悬浮的不溶性固体和絮状物。也可采用超滤法生产澄清果汁。混汁是否要澄清，可根据水果品种而定，有些水果只生产混汁，有些水果既生产混汁又生产清汁。原汁通过蒸发加香气回收、冷冻浓缩或反渗透等方法除去部分水分，即成为浓缩汁。浓缩汁的浓度因品种和浓缩方法而异，一般为 24° ~ 70°。浓缩汁用水稀释后生产原汁及其饮料。巴梨、桃、杏和李等水果通常用来生产带肉果汁和甘美饮料。鲜果在磨碎前一般加热到 85℃，持续 10 ~ 20 分钟。精滤是为了从磨碎的果汁中除去较大的颗粒。精滤机的筛孔直径一般为 0.4 ~ 0.8mm。调配时所加带肉果汁的量按占甘美饮料总量的百分数（质量）计算。也可不分水果品种均采用 50% 的比例调配。然后加柠檬酸或其他酸味剂、糖或其他甜味剂、水，均质后即成甘美饮料。甘美饮料的 pH < 3.5，巴氏杀菌冷却后进行无菌包装或装瓶后进行巴氏杀菌和冷却。

2. 碳酸饮料

生产的关键是糖浆基料或浓缩液的配制，水质和水的碳酸化。在标准的操作压力和温度条件下，二氧化碳在饮料中的溶解量为液体体积的 1.5 ~ 4 倍。碳酸饮料中的二氧化碳含量取决于水的碳酸化程度。水的碳酸化是用水 - 二氧化碳混合机来完成的，混合机包括制冷系统和混合罐。混合罐是一种高压密闭容器。二氧化碳进入混合罐后与从大接触面积冷却板上流下的冷水充分混合而溶解在水中。影响水的碳酸化度的因素有混合罐的压力、水温和接触面积。压力一般控制在 0.5 ~ 0.6MPa，水冷却至 4℃，接触面积因混合罐不同而异。在压力和水温固定的条件下，接触面积增大，水的碳酸化度提高。

汽水以砂糖为基本原料，用水配成糖浆，加少量果汁或不加果汁，再添加糖精等甜味剂、柠檬酸等酸味剂、水果型等各型香精、食用色素和苯甲酸等防腐剂配制汽水糖浆，杀菌后置高位无菌储罐中，定量装瓶和充碳酸化水、压盖即成。或先将糖浆与水定量混合后再碳酸化，装瓶压盖而成。只要改变香精或果汁种类便可生产出相应的柠檬汽水、樱桃汽水、沙士汽水和橘子汽水等许多品种。汽水生产流程在碳酸饮料生产中最具代表性。现代汽水生产进一步简化了工艺流程。汽水厂可以不再采用传统的自行配制汽水糖浆的生产方式，而是向饮料基料厂购买基料，然后只需加砂糖等甜味剂和充碳酸化水，就可生产出口味、品质一致的汽水。基料有粉基和浓缩液之分。使用时按规定比例混合基料水配料。这种生产和管理的分工方式有利于简化工艺，降低成本和保证汽水质量的一致性。

3. 可乐型饮料

以植物浸渍抽提液为基料，人工配制的具有古柯风味的黑褐色碳酸饮料。可乐是

Coca Cola 的后一个词 Cola 的音译。1886 年问世的可口可乐以古柯（Coca）树叶和柯拉（Kola）子的浸渍抽提液，加适量的甜味剂、酸味剂、色素、缓冲剂、乳化剂、稳定剂、起泡剂、香精香料和防腐剂等食品添加剂配制成原液，再用碳酸化水稀释。可乐原液稀释和包装的生产流程与汽水生产流程相似。这类饮料一般选用焦糖为主色素；磷酸为酸味剂；磷酸盐为缓冲剂；砂糖、果葡糖浆等为甜味剂；甜橙油、橙花油、白柠檬油、肉豆蔻油、胡荽油、香草油等为香精的主要成分，砂仁、肉桂、丁香等组成香料以及一些不公开的配料。可乐饮料中的咖啡因含量不得超过 0.02%，可溶性固形物一般为 11%，pH≤3.5。

4. 植物蛋白质饮料

用含丰富的蛋白质和油脂的干鲜果实如杏仁、大豆、椰子等为原料，经磨碎、调配和乳化等过程生产的一种油/水型均匀乳浊液。如原料含油分太高，可预先榨油，去掉部分油脂。要生产稳定的植物蛋白质饮料，关键是选择乳化剂和乳化条件（压力、温度和时间）。植物蛋白质饮料属低酸性饮料，必须要经过高温杀菌。但温度太高，时间太长，会使产品破乳，产生分层、上浮和沉淀现象。所以只有确定合理的杀菌强度才能保证产品质量。

5. 植物抽提液饮料

以具有食用价值的植物的根、茎、叶、花或干果的浸渍抽提液添加适量的甜味剂、酸味剂、香精香料、色素等食品添加剂配制而成。浸提有热浸法和冷浸法两种。热浸法一般在密闭器中进行，以防止挥发性芳香组分的损失。芳香成分和苦涩味物质含量都高的原料，采用浸提和蒸馏相结合的方法，可使挥发性芳香成分和苦涩味物质分离。菊花露的生产常采用此法。对直接浸提有困难的物料，可粉碎后浸提。植物抽提液饮料分酸性和低酸性两种。酸枣露或酸梅汤为酸性饮料。它们的生产通常是先把干酸枣或梅干用水泡软，去核，然后磨碎、浸提有效成分，过滤，滤液用来配制成产品。菊花露属低酸性饮料，装罐后应进行高温杀菌。

6. 乳酸饮料

以谷物或动物乳等为基本原料，以乳酸菌和酵母菌为菌种，经发酵制成的饮料。主要分酸奶和格瓦斯两种。

酸奶以牛乳或豆乳为原料，用嗜热乳酸链球菌培养物或乳酸链球菌和保加利亚乳杆菌的混合培养物为菌种。乳酸链球菌培养物的接种量为总乳量的 4.5%。凝固型的酸奶饮料是将杀菌乳和菌种混合均匀，装瓶后置于 35℃～37℃恒温库中培养，经 3～5 小时，至乳汁形成均匀的凝块而无乳清析出时，取出并立即冷却到 8℃～10℃，即为酸奶成品。原料在接种培养前可添加适量的预先杀菌冷却和过滤的糖浆、蜂蜜或其他甜味剂，或对搅拌型酸奶添加草莓、菠萝、黑加仑等水果，以增强产品风味或增加花色品种。

格瓦斯以黑麦粉、黑麦芽和大麦芽等为原料，按比例加水混匀，揉成面团、成型、焙烤即成格瓦斯面包。面包经干燥至水分含量为8%，粉碎后即为格瓦斯半成品。配制饮料时用80℃~90℃热水浸泡，分离浸出液，沉淀物用60℃~70℃热水再浸泡两次，合并三次浸出液。加少量糖浆、接种乳酸菌和酵母菌混合培养液，在25℃~28℃中发酵而成。发酵结束时液体中含大量乳酸、二氧化碳和微量的酒精。添加糖浆、焦糖色和抗坏血酸等食品添加剂，杀菌，冷却后装桶或装瓶。格瓦斯还有多种其他生产方法。如黑麦经发芽、糖化等工序制成麦芽汁或麦芽浓缩汁，接种乳酸菌和酵母菌混合培养液，经发酵、分离、调配、杀菌、冷却即成格瓦斯饮料。格瓦斯饮料原本是俄罗斯的一种传统饮料，东欧、日本和东南亚各国也均有生产。

7. 固体饮料

以果汁、砂糖等为原料，经干燥、粉碎和筛分成的粉末状固体，加水溶解后即成为饮料。固体饮料又称粉末饮料，它分为果汁粉和饮料粉两类，每类又都有起泡型和非起泡型两种。固体饮料的产品有粉剂和片剂。

果汁粉用水果原汁浓缩到50°~60°或直接用浓缩汁，加适量的浓糖浆混合均匀，用泡沫干燥或真空干燥等方法干燥至水分含量在3%以下。经粉碎后加适量的无水葡萄糖等食用干燥剂混合均匀，使水分含量减少到1%，压成片剂或粉剂直接包装。橙汁粉多用此法加工而成。

饮料粉以砂糖为主要原料，经粉碎和过筛，加浓缩果汁或其他抽提物，再加酸味剂、香料等混合均匀，用泡沫干燥或真空干燥法干燥，以下工序与果汁粉相似。起泡型固体饮料可在干燥后加适量的碳酸氢钠和柠檬酸或酒石酸混合物，混匀、粉碎和过筛，压成片剂或粉剂直接包装。

四、健康争议

1. 营养价值

软性饮料中的营养成分几乎百分之百是精炼过的蔗糖或高果糖糖浆。美国农业局建议一天的糖分摄取量以10汤匙为佳，以及2000卡路里的饮食，但许多软性饮料的糖分含量已经超过这个标准值。除了经过强化成分的饮料，其他的软性饮料几乎没有任何维他命、矿物质、蛋白质等其他必需的营养素。此外许多品牌的软性饮料都含有食品添加物。

2. 肥胖

饮用软性饮料是否有害健康存争议。一份由哈佛大学调查的研究指出，在美国15

年间，软性饮料使得孩童肥胖的人数增加了一倍。美国波士顿儿童医院的大卫·路维格医生指出，每日至少喝240毫升软性饮料的学龄儿童会比其他不喝的儿童多摄取835卡路里，日后会有比较高的糖尿病罹患率。

3. 糖尿病

2004年，一个长达八年对五万名护士所做的调查指出，一天饮用一罐或超过一罐的甜份饮料的人会比未饮用者增加80%糖尿病患病的机会（此研究并不受其他日常生活因素干扰），高饮用量的女性会大量增加体重以及第二型糖尿病的患病概率。

4. 蛀牙

多数软性饮料含有大量的单纯碳水化合物，如葡萄糖、果糖、蔗糖与其他单纯的糖分，口腔内的细菌会使这些碳水化合物发酵，产生酸性物质，进而溶解牙齿的珐琅质，使得蛀牙的可能性增加，饮用越多，蛀牙风险越高。

多数软性饮料为酸性，某些甚至会低于pH值3.0，长期以啜饮的方式饮用的话会腐蚀牙齿的珐琅质，牙医因此建议使用吸管饮用，饮料可直接入喉，避免与牙齿接触。同时，牙医也建议饮用后马上刷牙可避免珐琅质的腐蚀。

5. 睡眠

根据一篇报道指出，含有咖啡因的软性饮料会影响孩童的睡眠，导致他们白天容易疲倦。

6. 骨质疏松

有假说认为某些含磷酸的软性饮料会取代人体骨骼内的钙，使得骨密度降低，引起骨质疏松症。然而，研究钙与骨骼的专家罗伯·希内医师在他领导的钙代谢研究指出，碳酸软性饮料（包含使用磷酸的可乐）对于钙留失的关系是微小的。

7. 致癌物

苯是一种致癌物质，起初，学者认为污染源来自二氧化碳，但相关研究却发现苯酸盐和抗坏血酸或异抗坏血酸反应后会产生苯。2006年，英国食品标准局发表了软性饮料中苯含量的调查结果，他们测试了150种产品之后，发现有四种产品超过WHO制定的饮用水苯含量的标准，食品标准局要求这些产品停止销售。

奎宁是一种带有苦味的添加物，成分为二溴化氢，阳光直射会分解。分解后的产物被怀疑是一种致癌物质，成了不具苦味的奎宁，因此添有奎宁的饮料应避免置放在阳光下。

五、过度饮用

通常情况下，过度饮用一些酒精类饮料容易导致痛风。但研究发现，过多饮用软饮料引发痛风的风险高于酒类。

美国哈佛大学医学院和加拿大不列颠哥伦比亚大学的研究人员对 4.6 万名 40 岁以上、无痛风史的男性进行了长达 12 年的跟踪研究，连续记录和分析他们饮用软饮料的情况。

研究发现，与平均每月饮用软饮料不到 1 罐的男性相比，平均每天饮用 2～3 罐软饮料的男性患痛风概率高出 85%。大量饮用果汁或大量食用富含果糖的苹果和柑橘等水果也容易引发痛风。

研究人员指出，适量饮用软饮料不会造成这方面的危害。

痛风症状为关节疼痛发炎，发病原因是血液中尿酸增多和关节周围的尿酸盐沉积。许多软饮料富含果糖，而果糖会提高人体内尿酸的含量。

任务四　酒吧时尚饮料饮品制作实例

1. 意式浓缩咖啡

用意式专用磨豆机磨 8～14 克的意式专用豆入单头把手里，煮约 60 毫升的浓缩咖啡入浓缩咖啡杯中即可。

2. 拿铁咖啡（美式）

在锥形杯中加 30 毫升糖水，用奶泡杯打好奶泡，倒入奶泡等奶泡分层后，再倒入煮好的浓缩咖啡，再盖下奶泡。（分三层比例为：1∶1∶1）

3. 卡布奇诺

在咖啡杯中加 5 毫升糖水，煮好的浓缩咖啡，用奶泡杯打好奶泡，拉花。

在锥形杯中加 30 毫升糖水，半杯冰块，再倒入煮好的浓缩咖啡搅匀，用奶泡壶接上牛奶打好奶泡，再盖下奶泡。（分二层）

4. 金汤力（Gin Tonic）

配料：金酒 1/4，汤力水 3/4

容器：海波杯

饰物：柠檬片

调配方法：将金酒倒入高波杯中，在杯中加入冰块，用汤力水注满，最后在杯中加入柠檬薄片进行装饰。

5. 梦幻勒曼湖（Fantastic Leman）

配料：清酒 3/10，樱桃酒 1/20，柠檬汁 1/20，汤力水 4/10，蓝色柑香酒微量，白色柑香酒 1/5

容器：高脚玻璃杯

调配方法：将清酒、冰块、白色柑香酒、樱桃酒与柠檬汁倒入调酒壶中，摇荡后倒入杯中，加满汤力水，再将蓝色柑香酒慢慢沿杯边倒入杯底。

6. 新加坡司令（Singapore Sling）

配料：金酒 1/9，柠檬汁 1/6，砂糖或糖浆 2 匙，樱桃白兰地 1/18，苏打水 2/3

容器：平底杯

饰物：红樱桃、柳橙各一

调配方法：将金酒、柠檬汁、砂糖或糖浆和冰块倒入调酒壶内，搅匀后倒入杯中；加入冰块，并将苏打水注满，最后在杯中沿杯边注入樱桃白兰地，在杯边用红樱桃和柳橙进行装饰。

7. 金马颈（Horse's Neck）

配料：金酒 1/4，干姜水 3/4

容器：高杯

饰物：柠檬皮

调配方法：将柠檬皮削成 1.5 厘米的螺旋状，将金酒倒入高杯中，将削好的柠檬皮垂直地放入高杯中，并将柠檬皮挂在杯口，加入冰块后，用屈臣氏干姜水注满即可。

8. 秀兰邓波儿

配料：石榴糖浆 1 茶匙，干姜水补足剩余

容器：海波杯

饰物：柠檬片

调配方法：将石榴糖浆倒入高波杯中，用干姜水注满酒杯，轻轻调和，加入冰块后，用柠檬片放入杯中进行装饰。

任务检测

一、选择题

1. 咖啡最早在（   ）被发现和利用。

A. 埃及   B. 美国   C. 中国   D. 埃塞俄比亚

2. 凡是可以饮用的液体都可以称为饮料，但不包括（   ）。

A. 水、药水、牛奶   B. 水、牛奶、茶

C. 茶、牛奶、酒精   D. 水、药水、酒精

3. 在饮料分类中，按其物理形态可以分为（　　）。

A. 固态饮料和液态饮料
B. 碳酸饮料和软饮料

C. 固态饮料和软饮料
D. 酒精饮料和碳酸饮料

4. 在饮料分类中，按是否含有二氧化碳气体可以分为（　　）。

A. 碳酸饮料和软饮料
B. 固态饮料和碳酸饮料

C. 碳酸饮料和酒精饮料
D. 碳酸饮料和非碳酸饮料

5. 在饮料分类中，按是否含有酒精可以分为（　　）。

A. 酒精饮料和非酒精饮料
B. 酒精饮料和碳酸饮料

C. 酒精饮料和固态饮料
D. 酒精饮料和果汁饮料

6. 下列关于软饮料服务操作的叙述中，不正确的是（　　）。

A. 饮用可乐时应加一片柠檬，使可乐更加清香可口

B. 带果肉的饮料，在斟倒前应先摇匀

C. 饮用汤力水时使用卡伦杯

D. 矿泉水在冷藏不足的情况下可以加冰块

7. 判断好茶的客观标准主要从茶叶外形的匀整，色泽，净度和内质的（　　）来看。

A. 汤色
B. 叶底
C. 品种
D. 香气、滋味

8. 在茶的冲泡基本程序中煮水的环节讲究（　　）。

A. 不同茶叶所需水温不同

B. 不同茶叶产地煮水温度不同

C. 根据不同的茶具选择不同煮水器皿

D. 不同的茶叶加工方法所需时间不同

9. 铁观音的香气馥郁幽长，滋味醇厚鲜爽回甘，（　　），汤色金黄清澈明亮。

A. 音韵显
B. 岩韵显
C. 青味显
D. 酸味显

10. 武夷岩茶是（　　）乌龙茶的代表。

A. 闽北
B. 闽南
C. 台南
D. 台北

二、简答题

1. 请列出中国的著名茶品并说明其特点。

2. 简述世界著名的咖啡品种。

第二篇　酒吧服务与酒吧管理

项目五　酒吧概述

☕ 学习目标

知识目标

了解酒吧的类型，了解酒吧各岗位员工的岗位职责，掌握酒吧工作流程及服务标准。

技能目标

掌握初级、中级调酒师技能标准，能够独立完成一般酒品的调制。

☕ 案例导入

全球最具激情的四大酒吧

1. 维也纳的 Griechenbesidi——音乐激情

维也纳，这个美妙的名字，总让人联想起华尔兹舞曲的浪漫与希茜公主的美丽。Griechenbesidi 这个奥地利最古老的酒馆就坐落在维也纳一条古巷上。当年，流浪汉奥古斯丁使得小酒馆名扬奥地利，引得贝多芬、舒伯特、歌德、铁血宰相俾斯麦等人都慕流浪汉之名而来，并在酒馆墙上留下他们的签名。

如今，几百年过去了，贝多芬、舒伯特等人早已归西，但他们留下的音乐却一代一代流传下来了。黄昏时分在 Griechenbesidi，倾听着酒馆中飘荡的《英雄交响曲》，心中埋藏已久的激情不禁怦然而出。

2. 瑞典北部省 Lappland 的冰吧——冰雪激情

位于北极圈内 193 千米处的 Ice Bar，最奇特之处在于整个建筑，以及里面的酒吧台、酒吧椅甚至酒杯都是用冰做的。晶莹剔透的冰酒杯，配上色彩缤纷的 Bacardi-Breezer，让人在不知不觉间就饮进杯中物。在冰与影的映照下，冰酒杯中红色的百加得冰锐宛如一朵绽放的火花，一点一点诱发着人体内的激情，即使零下几十度的超低温也不能阻挡激情的蔓延。

每年天气转暖后，冰建筑就会融化回归河流，因此 Ice Bar 每年冬天都会重新建造，你永远也猜不透它下一次的造型或者布局会是什么样子。每年冬天，世界各地的游客从 Kiruna 出发，坐着狗拉雪橇，在期待中开始了他们的 Ice Bar "激情诱"之旅。

3. 卡萨布兰卡的君悦酒吧——恋爱激情

卡萨布兰卡以其同名电影闻名于世，同时也因这部电影而成为一个有故事的地方。每年都有很多外国游客到那里寻找电影中的里克酒吧和那个钢琴师。虽然与电影有关的人士大多已作古，但那个钢琴师 Sam 却依然存在于卡萨布兰卡。

在君悦酒店大堂旁的酒吧里，每晚七时至十一时，在男主角鲍嘉的巨幅照片下，Sam 都会自弹自唱，与那些来自世界各地的《卡萨布兰卡》的影迷们一起重温着里克和伊尔莎之间凄美的爱情故事。每当那首风靡全世界的《Astimegoesby》响起，总会勾起人们对美好往事的追忆，激情被诱发，也许下一刻属于你的不朽爱情即将降临。

4. 伦敦的 Lounge Lover 酒吧——创作激情

几年之前 Lounge Lover 所在的沟岸（Shoreditch）还是残破陈旧、治安不佳的老旧社区，如今却重生为伦敦新兴的"SOHO"文艺区。而 Lounge Lover 也以不规范的自由，成了伦敦创意人最爱混的地方。Lounge Lover 的装饰抛弃了一切的规范，从外面看起来它更像是一个光怪陆离的万花筒，有闪闪发亮的水晶灯、巴洛克式的镜子以及带有明显东方风味的大红灯笼。

这就是 Lounge Lover 的特色，混杂了荒废森林、奢华巴洛克、私密性感的不同风格，这同时也诱发了伦敦时尚设计师、艺术家们的创作激情，也许一杯鸡尾酒过后，今年冬天的流行趋势将就此改变。

任务一　酒吧业发展概况

"酒吧"一词来自英文的"Bar"，原意是指一种出售酒的长条柜台。最初出现在路边小店、小客栈、小餐馆中，即在为客人提供基本的食物及住宿外，也提供使客人兴奋的额外休闲消费。随后，由于酒文化及酿酒业的发展和人们消费水平不断提高，这种"Bar"便从客栈、餐馆中分离出来。成为专门销售酒水、供人休闲的地方，它可以附属经营，也可以独立经营。

现代的酒吧不但场所扩大，而且提供的产品也在不断增加，除酒品外，还有其他多种无酒精饮料，同时也增加了各种娱乐项目。很多人在工余饭后都很热衷于去酒吧中消磨时光，其目的或是为消除一天的疲劳，或沟通友情，或增加兴致。酒吧业也越来越受到人们的欢迎，成为经久不衰的服务性行业。

一、酒吧的概念

从现代酒吧企业经营的角度来看，酒吧的概念应为：提供酒品及服务，以赢利为目的，有计划经营的一种经济实体。

首先，酒吧所提供的不单是饮品，更重要的是服务，包括环境服务及人际服务。环境服务即要使酒吧的环境给客人一种兴奋、愉悦的感受，使客人身在其中，受其感染，并达到放松、享受的目的。人际服务是指通过服务员对客人所提供的服务而形成客人与服务人员之间一种和谐、轻松、亲切的关系。服务人员应把握客人的心理脉搏，"恰到好处"地为客人提供服务，让客人从内心感到自然、舒适或者是一种独特的精神体验。

其次，酒吧经营是以赢利为目的的，这就要求经营者从管理中求效益，把握投入与产出的关系。在追求利润的同时，还应注意酒吧的形象和国家相关规定，把握好长远利益与眼前利益的关系。

最后，酒吧作为一种企业的经营必须要有计划性。管理者应做到胸中有数，事先做好调查和预测，才能适应市场竞争环境。

在我国，近几年酒吧已被更多的人所认识和接受。它已经不再是那么的神秘和高不可攀，很多的人已经不仅能接受酒吧饮用的口味，甚至可以自己制作几款鸡尾酒。并且酒吧的硬件也正朝着功能齐全，样式多变的方向健康发展。如今酒吧的设备更加先进、功能更加齐全、装修更加个性化、人员的服务也都更加专业化，调酒师在个人素质、业务水平、服务意识等方面都有了很大的提高。

二、酒吧的分类

（一）根据服务内容分类

1. 纯饮品酒吧

此类酒吧主要提供各类饮品，也有一些佐酒小吃，如果脯、杏仁、腰果、花生等坚果类食品，一般的娱乐中心酒吧以及机场、码头、车站内开设的酒吧属此类。

2. 供应食品的酒吧

此类酒吧还可进一步细分为：

（1）餐厅酒吧

绝大多数中餐厅，酒水是食物经营的辅助品，仅作为吸引客人消费的一个手段，所以酒水利润相对于单纯的酒吧类型要低，品种也较少，但目前高级餐厅中，其品种及服务有增强的趋势。如图 5 – 1 所示某西餐酒吧。

图 5 - 1　西餐酒吧

（2）小吃型酒吧

一般来讲，含有食品供应的酒吧其吸引力相对要大一些，客人的消费也会多些，小吃的品种往往是独特风味及易于制作的食品，如三明治、汉堡、炸肉排等，也包括一些地方小吃如鸭舌、凤爪等一类小食。

（3）夜宵式酒吧

往往是高档餐厅夜间经营场所。入夜后，餐厅将环境布置成类似酒吧，有酒吧特有的灯光及音响设备，产品上，酒水与食品并重，客人可单纯享用夜宵或其特色小吃，也可单纯用饮品。环境与经营方式对某些客人也具相当吸引力。

3. 娱乐型酒吧

这种酒吧环境布置及服务主要为了满足寻求刺激、兴奋、发泄的客人，所以这种酒吧往往会设有乐队、舞池、卡拉 OK、时装表演等，有的甚至于以娱乐为主酒吧为辅，所以酒吧台在总体设计中所占空间较小，舞池较大。此类酒吧气氛活泼热烈，大多数青年人比较喜欢这类刺激豪放的酒吧。

4. 休闲型酒吧

此类酒吧通常我们称之为茶座，是客人松弛精神、怡情养性的休闲场所。主要为满足寻求放松、谈话、约会的客人，所以座位会很舒适，灯光柔和，音响音量较小，环境温馨优雅，除其他饮品外，供应的饮料以软饮为主，咖啡是其所售饮品中的一个大项。

5. 俱乐部、沙龙型酒吧

由具有相同兴趣爱好、职业背景、社会背景的人群组成的松散型社会团体，在某一特定酒吧定期聚会，谈论共同感兴趣的话题、交换意见及看法，同时有饮品供应，比如在城市中可看到的"企业家俱乐部"、"股票沙龙"、"艺术家俱乐部"、"单身俱乐部"等。

（二）根据经营形式分类

1. 附属经营酒吧

（1）娱乐中心酒吧

附属于某一大型娱乐中心，客人在娱乐之余为增兴，往往会到酒吧饮一杯酒，此类酒吧往往提供酒精含量低及不含酒精的饮品，属增兴服务场所。

（2）购物中心酒吧

大型购物中心或商场也常设有酒吧。此类酒吧大多是为人们购物休息及欣赏其所购置物品而设，主营不含酒精饮料。

（3）饭店酒吧

为旅游住店客人特设，也接纳当地客人，虽然现已有许多酒吧独立于饭店存在，但饭店中的酒吧仍是随饭店的发展而发展的，且饭店中的酒吧往往有可能是某一地区或城市中最好的酒吧，饭店中酒吧设施、商品、服务项目也较全面，客房中可有小酒吧，大厅有鸡尾酒廊，同时还可根据客人需求设歌舞厅等结合饭店特点及客人不同喜好的各种服务。图5-2为国外著名五星级酒店酒吧。

图5-2　国外著名五星级酒店酒吧

2. 独立经营酒吧

相对前面所介绍的几类而言，此类酒吧无明显附属关系，单独设立，经营品种较

151

全面，服务设施较好，间或有其他娱乐项目，交通方便，常吸引大量客人。

（1）市中心酒吧

顾名思义地点在市中心，一般其设施和服务趋于全面，常年营业，客人逗留时间较长，消费也较多。因在市中心此类酒吧竞争压力很大。

（2）交通终点酒吧

设在机场、火车站、港口等旅客中转地，纯属旅客消磨等候时间、休息放松的酒吧。此类酒吧消费客人一般逗留时间较短，消费量较少，但周转率很高。一般此类酒吧品种较少，服务设施比较简单。

（3）旅游地酒吧

设在海滨、森林、温泉、湖畔等风景旅游地，供游人在玩乐之后放松，一般都有舞池，卡拉 OK 等娱乐设施，但所经营的饮料品种较少。

（4）客房小酒吧

此类酒吧在酒店客房内，客人自行在房内随意饮用各类酒水或饮料，现已普及各大高级宾馆。

（三）根据服务方式分类

1. 立式酒吧

立式酒吧是传统意义上的典型酒吧，即客人不需服务人员服务，一般自己直接到吧台上喝饮料。"立式"并非指宾客必须站立饮酒，也不是指调酒师或服务员站立服务而言，它只是一种传统习惯称呼。在这种酒吧里，有相当一部分客人是坐在吧台前的高脚椅上饮酒，而调酒师则站在吧台里边，面对宾客进行操作。因调酒师始终处在与宾客直接接触中，所以也要求调酒师始终保持整洁的仪表，谦和有礼的态度，当然还必须掌握熟练的调酒技术来吸引客人。传统意义上立式酒吧的调酒师，一般都单独工作，因为其不仅要负责酒类及饮料的调制，也负责收款工作，同时必须掌握整个酒吧的营业情况，所以立式酒吧也是以调酒师为中心的酒吧。图 5-3 为立式酒吧。

2. 服务酒吧

服务酒吧多见于娱乐型酒吧、休闲型酒吧和餐饮酒吧，是指宾客不直接在吧台上享用饮料，而通常是通过服务员开单并提供饮料服务，调酒师在一般情况下不和客人接触。服务酒吧为餐厅就餐宾客服务，因而佐餐酒的销售量比其他类型酒吧要大得多。不同类型服务酒吧供应的饮料略有差别，销售区别较大，同时服务酒吧布局一般为直线封闭型，区别于立式酒吧，调酒师必须与服务员合作，按开出的酒单配酒及提供各种酒类饮料，由服务员收款，所以它是以服务员为中心的酒吧。此种酒吧与其他类型酒吧相比，对调酒师的技术要求相对较低，因此服务酒吧通常是一名调酒师的工作起点。

图 5-3 立式酒吧

（1）鸡尾酒廊。较大型的酒店中都有鸡尾酒廊这一设施。鸡尾酒廊通常设于酒店门厅附近，或是门厅的延伸或利用门厅周围空间，一般设有墙壁将其与门厅隔断。鸡尾酒廊一般比立式酒吧宽敞，常有钢琴、竖琴或者小乐队为宾客演奏，有的还有小舞池，以供宾客随兴起舞。鸡尾酒廊还设有高级的桌椅、沙发，环境较立式酒吧优雅舒适，气氛较立式酒吧安静，节奏也较缓慢，宾客一般会逗留较长时间。鸡尾酒廊的营业过程与服务酒吧大致相同，即由酒廊招待员为宾客开票送酒，如果酒廊规模不大，由招待员自行负责收款。但在较大的鸡尾酒廊中，一般设有专门收款员，并有专门收拾酒杯、桌椅并负责原料补充的服务人员。

（2）宴会、冷餐会、酒会等提供饮料服务的酒吧。它是酒店、餐馆为宴会业务专门设立的酒吧设施，其吧台可以是活动结构，既能够随时拆卸移动，也可以是永久地固定安装在宴会场所。客人多站立，不提供座位，其服务方式既可统一付款，也可客人为自己的饮料单独付款。宴会酒吧的业务特点是营业时间较短，宾客集中，营业量大，服务速度相对要求快，基本要求是酒吧服务员每小时能服务 100 人次左右的宾客，因而服务员必须头脑清醒，工作有条理具有应付大批宾客的能力。由于宴会酒吧的特点，服务员事前必须做好充分的准备工作，各种酒类、原料、配料、酒杯、冰块、工具等必须有充足准备，以免影响服务水准。

（四）其他一些酒吧形式

1. 外卖酒吧（Catering Bar）

这是根据客人要求在某一地点，如大使馆、公寓、风景区等临时设置的酒吧，外卖酒吧隶属于宴会酒吧范畴。

2. 多功能酒吧（Grand Bar）

多功能酒吧大多设置于综合娱乐场所，它不仅能为午、晚餐的用餐客人提供用餐酒水服务，还能为赏乐、跳舞（Disco）、练歌（卡拉OK）、健身等不同需求的客人提供种类齐备、风格迥异的酒水及服务。这一类酒吧综合了主酒吧、酒廊、服务酒吧的基本特点和服务职能。有良好的英语基础，技术水平高超，能比较全面地了解娱乐方面的有关知识，是考核调酒师能否胜任的三项基本条件。

3. 主题酒吧（Saloon）

现实比较流行的"氧吧"（Oxygen Bar）、"网吧"（Internet Bar）等均称为主题酒吧。这类酒吧的明显特点即突出主题，来此消费的客人大部分也是来享受酒吧提供的特色服务，而酒水却往往排在次要的位置。如图5-4和图5-5所示。

图5-4　台球主题酒吧

图5-5　运动主题酒吧

任务二　酒吧组织机构与职能

由于各酒吧的档次及规模不同，酒吧的组织结构可根据实际需要制定或改变。

一、酒吧的组织结构

有些四星级或五星级大饭店，一般设立酒水部（Beverage Department），管辖范围包括舞厅、咖啡厅和大堂酒吧等。在国外或中国香港地区，酒吧经理通常也兼管咖啡厅。

酒吧的人员构成通常由饭店中酒吧的数量决定。在一般情况下，每个服务酒吧配备调酒师和实习生4～5人，主酒吧配备领班、调酒师、实习生5～6人。酒廊可根据座位数来配备人员，通常10～15个座位配备1人。以上配备为两班制需要人数，一班制时人数可减少。例如：某饭店共有各类酒吧5个，其人员配备如下：酒吧经理1人，酒吧副经理1人，酒吧领班2～3人，调酒师15～16人，实习生4人。

人员配备可根据营业状况的不同而做相应的调整。

二、酒吧员工的岗位职能

（一）酒吧经理的岗位职能

①制订酒吧的经营目标与计划。所有的经营方式细节，都以赢利为最终目标。

②参与制定并最终确定所有的餐牌、酒水牌。

③参与制定和决定所有的推广酒水和菜牌，以及安排所有的推广活动。

④负责酒吧的人手配置，安排招聘工作。

⑤制定酒吧的工作纪律和规章制度。

⑥保证酒吧处于良好的工作状态和营业状态，协调厨房的出品和酒吧的工作。

⑦保证厨房正常供应食物，酒吧正常供应酒水。

⑧根据需要调动、安排管理人员工作。

⑨督促员工努力工作，鼓励员工积极学习业务知识。

⑩制订培训计划，安排培训内容，培训员工业务知识。

⑪根据员工工作表现做好评估工作，提升优秀员工。

⑫检查各部分每天的工作情况。

⑬控制酒水成本和食物成本，防止浪费，减少损耗。

⑭处理客人投诉，调解员工纠纷。

⑮制定各类酒水、食用清单以及出品单据，以便检查出品与库存的情况。

⑯制定各类员工表格，以便检查和记录员工的出勤和工作表现。

⑰熟悉厨房和酒吧的正常运作和食物以及酒水的出品，服务程序与价格。

⑱制定各项食物和酒水的配方和销售标准。

⑲定出各类食物和酒水的出品餐具和用具。

⑳解决员工的各种实际问题，如：制服、加班就餐、业余活动等。

㉑是老板与下级之间沟通的桥梁，向下传达公司的方针意图，向上反映营业情况和员工情况。

㉒完成每月的营业定额、工作报告。

㉓监督完成每月的食物、酒水、用具的盘点工作。

㉔审核、签批酒水领货和食品领货单、工程维修和调拨单。

（二）酒吧副经理的岗位职能

①保证酒吧处于良好的工作状态。

②协助酒吧经理制订销售计划。

③编排员工工作时间，合理安排员工假期。

④根据需要调动、安排员工。

⑤督促员工努力工作。

⑥负责各种酒水销售服务，熟悉各类服务程序和酒水价格。

⑦协助经理制订培训计划，培训员工。

⑧协助经理制定鸡尾酒的配方以及各类酒水的销售分量标准。

⑨检查酒吧日常工作情况。

⑩控制酒水成本，防止浪费，减少损耗，严防失窃。

⑪根据员工表现做好评估工作，执行各项纪律。

⑫处理客人投诉和其他部门投诉，调解员工纠纷。

⑬负责各种宴会的酒水预备工作。

⑭协助酒吧经理制定各类用具清单，并定期检查补充。

⑮检查食品仓库酒水存货状况。

⑯检查员工考勤，安排人力。

⑰负责解决员工的各种实际问题，如：制服、调班、加班、业余活动等。

⑱监督酒吧员工完成每月盘点工作。

⑲协助酒吧员工完成每月工作报告。

⑳沟通上下级之间的联系。

㉑酒吧经理缺席时代理酒吧经理行使各项职责。

（三）酒吧领班的岗位职能

①在酒吧经理指导下，负责酒吧的日常运转工作。

②贯彻落实已定的酒水控制政策与程序，确保各酒吧的服务水准。

③与客人保持良好关系，协助营业推销。

④负责酒水盘点和酒吧物品的管理工作。

⑤保持酒吧内清洁卫生。

⑥定期为员工进行业务培训。

⑦完成上级布置的其他任务。

（四）调酒师的岗位职能

①根据经营需要及时补充各类酒水及物品。

②负责酒吧内的清洁卫生，保持良好的工作环境。

③做好营业前的各项准备工作，确保酒吧正常营业。

④及时准确为客人调制各类酒水。

⑤按标准和程序正确地向客人提供酒水服务。

⑥负责酒吧日常酒水盘点工作，核对酒水数量并填写每日销售盘点表。

⑦虚心学习新的鸡尾酒配方，提高业务水平。

（五）酒吧服务人员的岗位职能

①负责营业前的各项准备工作，确保酒吧正常营业。

②按规范和程序向客人提供酒水服务。

③负责酒吧内清洁卫生。

④协助调酒师进行销售盘点工作，做好销售记录。

⑤负责酒吧内各类服务用品的请领和管理。

（六）酒吧实习生岗位职能

①每天按照提货单到食品仓库提货、取冰块、更换棉织品、补充器具。

②清理酒吧的设施（冰柜、制冰机、工作台等），清洗盘、冰车和酒吧的工具（搅拌机、量杯等）。

③经常清洁酒吧内的地板及所有用具。

④做好营业前的准备工作，如：兑橙汁、将冰块装到冰盒里、切好柠檬片和橙角等。

⑤协助调酒师放好陈列的酒水。

⑥根据酒吧领班和调酒师的要求补充酒水。

⑦用干净的烟灰缸换下用过的烟灰缸并清洗干净。

⑧补充酒杯，工作空闲时用干布擦亮酒杯。

⑨补充应冷冻的酒水到冰柜中，如啤酒、白葡萄酒、香槟。

⑩保持酒吧的整洁、干净。

⑪清理垃圾并将客人用过的杯、碟送到清洗间。

⑫帮助调酒师清点存货。

⑬熟悉各类酒水、各种杯子特点及酒水价格。

⑭酒水入仓时，用干布或湿布抹干净所有的瓶子。

⑮摆好货架上的瓶装酒，并分类存放整齐。

⑯在酒吧领班或调酒师的指导下制作一些简单的饮品或鸡尾酒。

⑰在营业繁忙时，帮助调酒师招呼客人。

任务三　调酒员等级标准

根据中国旅游行业工人技术等级标准（1996年颁布），调酒师主要有初级调酒师、中级调酒师和高级调酒师三级等级标准。

一、初级调酒师

对于初级调酒师的要求，主要是要掌握常用的鸡尾酒制作知识，并能够熟练进行常用的鸡尾酒和饮料调制技能的操作。对初级调酒师的涉外服务能力要求不高。

（一）知识要求

①熟知本企业及酒吧的一切规章制度，了解本岗位的职责、工作程序和工作标准。

②了解常用酒品名、产地、主要制作原料、口味、浓度等知识和各类软饮料知识。

③了解鸡尾酒的起源，掌握流行鸡尾酒调制方法和技术操作知识。

④了解本企业各类酒水的储存期以及酒水售价，了解结账程序。

⑤了解酒吧常用设备、用具及各类器皿的性能和使用保养知识。

⑥具有一定的旅游知识，了解主要客源国的风俗、礼节及不同民族的生活饮食习惯和宗教信仰，熟知服务接待礼仪。

⑦了解食品卫生的基本知识和《食品卫生法》。

⑧了解服务心理基础知识和相关的服务知识，以及酒水与食物的搭配知识。

⑨熟知酒吧常用术语和各类酒品、饮料的外文名称。

（二）技能要求

①能基本判断客人心理，主动介绍、推销酒吧内供应的各类酒品、饮品及小食品，并掌握其服务方法。

②掌握基本的调酒技术，能正确调制常用鸡尾酒。

③掌握常用装饰物和辅助材料的制作技术，制作方法正确。

④掌握常用咖啡、茶水的制作技术。

⑤正确掌握葡萄酒、香槟酒的开瓶方法和技术。

⑥能正确使用酒吧内所有设备、用具和各类器皿，并能进行一般保养。

⑦能对用具、器皿进行清洁消毒。

⑧掌握酒吧的工作程序和服务标推。

⑨具有独立完成本岗位工作的能力。

⑩能用一种外语对外宾进行礼节招呼和问候，并进行简单会话。

表 5-1 　　　　　　　　　　　初级调酒师技能要求

职业功能	工作内容	技能要求	相关知识
开吧准备	个人仪容仪表整理	1. 能按照酒吧职业要求进行着装 2. 能根据酒吧职业特点进行岗前理容	1. 酒吧员工岗位仪容仪表的基本要求 2. 酒吧员工岗位基本化妆方法
	酒吧工作环境检查	1. 能检查酒吧通风、消防系统 2. 能检查酒吧音响系统 3. 能检查酒吧制冷设备 4. 能检查酒吧上、下水设备 5. 能检查、调整照明系统	1. 酒吧设备、设施的使用及保养方法 2. 酒吧设备、设施检查记录表格的使用方法
	饮料补充	1. 能完成饮料的领取 2. 能在提货时检查饮料质量	1. 酒吧提货流程 2. 酒吧标准库存的原则和要求
	开吧饮料检查	1. 能识别饮料中英文名称，并判断其类别 2. 能目测检查酒吧库存饮料质量 3. 能根据酒吧常量标准检查开吧饮料库存数量	1. 酒吧常见各类饮料的质量要求 2. 酒吧饮料盘点表的使用方法

职业功能	工作内容	技能要求	相关知识
酒吧清洁	酒吧环境清洁	1. 能清洁酒吧内部陈设、地面 2. 能清洁酒吧外部公共区域	1. 酒吧的基本卫生要求 2. 酒吧"门前三包"的卫生要求
	酒吧用具清洁	1. 能检查调酒用具是否完好 2. 能检查调酒用具的卫生状况 3. 能进行调酒用具的清洗和消毒	1. 调酒用具的卫生要求 2. 调酒用具的清洗流程 3. 酒吧洗杯机的使用方法 4. 酒吧杯具的擦拭方法
调酒准备	调酒辅料及装饰物准备	1. 能制作糖浆等调酒辅料 2. 能制作鸡尾酒装饰物 3. 能按要求对调酒辅料进行储存	1. 调酒辅料的种类 2. 鸡尾酒装饰物的制作要求 3. 调酒辅料的储存要求
	调酒用具准备	1. 能识别酒吧常用调酒用具和杯具 2. 能根据需要备齐调酒用具和杯具	1. 酒吧常用调酒用具和杯具 2. 酒吧常用调酒用具和杯具的规范使用方法
饮料调制与服务	软饮料服务	1. 能调配软饮料 2. 能根据不同软饮料的特点进行对客服务	1. 酒吧常用软饮料的配方知识 2. 酒吧常用软饮料的制作知识 3. 软饮料的服务方法
	混合酒精饮料调制	能制作 10 款混合酒精饮料，每款在 3 分钟内完成	1. 混合酒精饮料的配方知识 2. 混合酒精饮料的服务方法

二、中级调酒师

中级调酒师除了要熟知鸡尾酒的制作知识之外，还要有一定的酒水鉴别知识，而且在技能方面，中级调酒师能够对一般的酒水服务进行设计和管理，能够培训初级调酒师。对中级调酒师的涉外服务能力有一定的要求，中级调酒师应该能够用外语提供专业的酒水服务。

（一）知识要求

①了解世界主要名酒的配制原理和生产工艺。了解世界名酒的储存和保管知识，熟悉酒品的鉴别知识。

②熟知鸡尾酒的主要制作技术。

③懂得各类酒吧环境设计和布置方法。

④掌握一定的酒吧经营管理知识和销售知识，懂得酒水的成本控制与核算。

⑤具有较丰富的食品卫生知识和营养知识，熟悉酒品、饮料的质量标准。

⑥熟知酒吧各岗位的职责、工作程序和标准。掌握各类酒会的服务知识及各项操作技能标准。

⑦具有比较丰富的旅游知识，熟知主要客源国的饮食习惯以及对酒品的嗜好。了解与餐饮服务相关的商品知识和与餐饮服务有关的法规、政策。

⑧具有一定的外语基础，掌握酒水服务的专业用语知识。

（二）技能要求

①能比较熟练、正确地调制各类鸡尾酒并能根据客人要求制作饮品。

②能够掌握鉴别酒品质量的方法。

③能合理制作各类鸡尾酒装饰物，并能制作水果拼盘。

④具有酒吧管理能力，能设计、组织一般鸡尾酒会，并能进行成本核算。

⑤能比较准确地判断客人心理，具有较强的酒水推销能力。

⑥具有一定的应变能力，能及时妥善处理酒吧内发生的突发事件。

⑦有传授业务技术及培训初级调酒师的能力。

⑧能在业务范围内同外宾进行外语会话。

表 5-2　　　　　　　　　　中级调酒师技能要求

职业功能	工作内容	技能要求	相关知识
饮料调制与服务	本地流行饮料调制	1. 能调查、收集本地特色饮食、特色饮料 2. 能调制 10 款本地流行饮料	专业饮料知识
	国际流行鸡尾酒调制	1. 能使用调、摇、兑、搅等方法调制 36 款国际流行鸡尾酒 2. 能对饮料进行色彩搭配 3. 能根据调酒配方进行装饰	1. 鸡尾酒的调制原理 2. 饮食美学知识

161

职业功能	工作内容	技能要求	相关知识
酒吧服务	宾客服务	1. 能按照酒吧服务程序迎宾待客 2. 能根据操作规程为宾客点酒、上酒	1. 旅游基础知识 2. 酒吧服务知识
	饮料服务	1. 能根据单品饮料的习惯饮用方式进行服务 2. 能根据混合饮料的习惯饮用方式和类别进行服务	
酒吧盘点	饮料盘点	1. 能记录酒吧饮料的使用状况及库存 2. 能根据酒吧营业需要进行饮料补充	1. 盘点知识 2. 日、月、年盘点表的使用方法
	物品盘点	1. 能记录酒吧物品的使用状况及库存 2. 能进行酒吧物品补充	

三、高级调酒师

高级调酒师在各个方面的要求都比较高，在知识方面，除了酒水知识之外，还需要一定的餐饮服务知识和酒吧经营管理知识，在技能方面对高级调酒师也提出了能够创新鸡尾酒的要求，能够经营管理酒吧和设计组织各种酒会，能够培训中级调酒师。而且，高级调酒师需要能够用一门外语进行流利的交流，并且有第二外语的简单交流能力。

（一）知识要求

①具有丰富的酒水知识，基本掌握香槟酒、葡萄酒等高级酒水知识。比较系统地掌握调酒理论知识。

②具有比较丰富的公关和市场营销知识。

③掌握鸡尾酒调制的技术和原理。

④基本掌握世界各类名酒的酿制原理和生产工艺及质量标准。

⑤具有酒吧经营管理知识，熟悉各类酒吧的设计和环境布置。

⑥了解较多的与本工种相关的科学知识，重点了解餐厅服务知识，熟悉与餐饮服务相关的商品知识和与餐饮服务有关的法规、政策等。

⑦掌握一门外语，并具有第二外语的初步知识。

（二）技能要求

①掌握调酒技术，能熟练地调制各类世界流行鸡尾酒，并能创制具有特色的鸡尾酒新品种。

②能正确鉴别各种酒品的质量。

③能够全面和创造性地制作鸡尾酒装饰物。

④具有经营管理酒吧的能力，能熟练地设计、指导各类酒会。

⑤能准确地进行酒会核算和经营统计。

⑥能准确判断客人心理，有效地推销酒品，及时满足宾客要求，能灵活应变和正确处理酒吧内各种突发事件。

⑦具有传授业务技术和培训中级调酒师的能力；能制订各类酒吧的酒单；能编写技术培训资料。

⑧具有一门外语的良好表达能力，能流利地进行外语会话，并能用第二外语与外宾进行简单会话。

表 5 –3　　　　　　　　　　高级调酒师技能要求

职业功能	工作内容	技能要求	相关知识
创造特色产品	特色鸡尾酒创作	1. 能设计创新鸡尾酒 2. 能制作创新鸡尾酒 3. 能介绍创新鸡尾酒的寓意	1. 鸡尾酒的设计原理 2. 鸡尾酒产品的推广方法
	特色饮料创作	1. 能设计时尚饮料 2. 能制作时尚饮料 3. 能介绍时尚饮料的寓意	1. 时尚饮料的设计原则 2. 时尚饮料的推广方法
员工培训	入职培训	1. 能对酒吧员工进行酒吧规章制度的培训 2. 能对酒吧员工进行酒吧职业规范的培训	1. 酒吧规章制度 2. 酒吧工作沟通技巧 3. 职业培训的基本方法
	专业培训	1. 能对酒吧员工进行酒吧服务流程的培训 2. 能对酒吧员工进行基础饮料知识及调制方法的培训	酒吧标准化管理的制度与执行原则
	考核员工	1. 能编制酒吧员工考核方案 2. 能对酒吧员工进行工作评定	1. 酒吧员工考核内容 2. 酒吧员工考核评定方法

职业功能	工作内容	技能要求	相关知识
饮料成本控制	酒吧表格设计	1. 能设计酒吧盘点表 2. 能设计酒吧采购单 3. 能设计酒吧转账单（内部调拨单） 4. 能设计酒吧日销售记录表 5. 能设计酒吧瓶装酒销售记录表	1. 酒吧表格的设计方法和基本内容 2. 饮料成本率的计算方法 3. 成本率与毛利率的换算方法 4. 成本率的评估方法 5. 实际运营成本的计算方法
	饮料成本核算	1. 能计算酒吧饮料成本率 2. 能分析酒吧日营业状况	

任务检测

一、选择题

1. 国外酒吧在我国兴起的时间是（　　）。

A. 20 世纪 30 年代　　　　　　　B. 20 世纪 50 年代

C. 20 世纪 80 年代　　　　　　　D. 2000 年

2. 国外酒吧的发展趋势不具有（　　）的特点。

A. 品牌化　　　B. 一体化　　　C. 主题化　　　D. 大众化

3. 反映酒吧中的部门、职务和它们之间的特定工作关系的是（　　）。

A. 酒吧组织结构　　　　　　　B. 酒吧职能

C. 员工岗位职责　　　　　　　D. 酒吧管理体制

4. 根据《调酒师国家职业技能标准》将调酒师职业分为（　　）个等级。

A. 3　　　　　B. 4　　　　　C. 5　　　　　D. 6

5. 英语知识对（　　）工作来说更重要。

A. 酒吧经理　　　B. 营销人员　　　C. 服务员　　　D. 调酒师

二、简答题

1. 我国酒吧业的发展趋势是什么？

2. 独立酒吧通常设立哪些部门？营销部门的主要职能是什么？

3. 调酒师的素质要求及岗位职责是什么？

项目六　酒吧对客服务技能

学习目标

知识目标

了解酒吧服务程序，了解酒吧服务员所具备的基本服务技能，掌握酒吧服务的程序与标准。

技能目标

了解并掌握对客服务的一般技巧，能熟悉对客服务的程序。

案例导入

对不同类型的客人的服务方式

在酒吧消费的客人可以说是形形色色的，面对不同类型的客人，服务员要投其所好，进行不同风格的服务，方能达到效果最优化。

普通型：采用正视的服务方法。

自大型：首先做到不卑不亢，不能对客人生气，不能斗气，按合理的要求去做，及时说明解决。

寡言型：以中年学者为多，有主见，事事征求客人的意见，处处表示出对他的尊重。

性格急燥型：讲究效率生活、马虎，易发火，以青年学生居多，服务员应保持镇静，及时出现问题事后进行解释。

社交型：大多为男性业务员善于攀谈，服务员做到周到仔细，这种人比较通情达理。

固执型：以老人为多，不易争论，不易干涉客人行为，不过于介绍。

啰唆型：以中年人为多，不宜长谈，反之会影响工作。

浪费型：以暴发户，富家子弟居多、讲究面子、要求高，服务员应针对客人推销高档的菜肴、酒水。

任务一　酒吧服务

一、引领服务

（1）客人来到酒吧门口，迎宾员应主动上前微笑问候，问清人数后引入酒吧。

（2）如是一位客人可引领至吧台前的吧椅上。

（3）如两位以上的客人，可引领到小圆（方）桌。

二、点酒服务

（1）递上酒单稍候片刻后，酒吧服务员（或调酒师）应询问客人喜欢喝点什么。

（2）向客人介绍酒水品种，并回答客人有关提问。

（3）点酒单的填写方法和要求与点菜大致相同。点酒完毕应复述一遍以获确认。

（4）记住每位客人各自所点酒水，以免送酒时混淆。

（5）点酒单一式三联，一联留底，其余二联及时分送吧台和收款台。

（6）坐在吧台前吧椅上的客人可由调酒师负责点酒（也应填写点酒单）。

三、调酒服务

　　调酒师是一个极其特殊的职位，因为调酒师的调酒作品的好坏直接影响着酒水的销售业绩，再就是调酒师与客人之间只隔着吧台，他的任何动作都在客人的目光之下。这就要求调酒师的调酒服务要讲求一定的技巧和标准，不但要注意调酒的方法、步骤还要注意操作的姿态与卫生标准。

　　任何服务场所都一定要注意卫生标准。调酒师在稀释果汁和调制饮料用的水都要用冷开水，无冷开水时可用容器盛满冰块倒入开水也可使用。不能直接用自来水。调酒师要经常洗手，保持手部清洁。

　　调酒时要注意姿势端正，不要弯腰或蹲下调制。尽量面对客人，大方，不要掩饰。任何不雅的姿势都直接影响到客人的情绪。

　　调制出品时要注意客人到来的先后顺序，要先为早到的客人调制酒水。同来的客人要为女士和老人、小孩先配制饮料。调制任何酒水的时间都不能太长，以免使客人不耐烦。

　　要注意观察酒吧台面，看到客人的酒水快喝完时要询问客人是否再加一杯；客人使用的烟灰缸是否需要更换；酒吧台表面有无酒水残迹，经常用干净湿毛巾擦抹；要经常为客人斟酒水；客人抽烟时要为他点火。让客人在不知不觉中获得各项服务。

总而言之，优良的服务在于留心观察加上必要而及时的行动。在调酒服务中，因各国客人的口味、饮用方法不尽相同，有时会提出一些特别要求与特别配方，调酒员甚至酒吧经理也不一定会做，这时可以询问、请教客人怎样配制，也会得到满意的结果。

四、送酒服务

（1）服务员应将配好的饮品用托盘从客人的右侧送上。

（2）送上酒水，并报出饮品的名称。

（3）服务员要巡视自己负责的服务区域，及时撤走桌上的空杯、空瓶，并按规定要求撤换烟灰缸。

（4）适时向客人推销酒水，以提高酒吧的营业收入。

（5）在送酒报务过程中，服务员应注意轻拿轻放，手指不要触及杯口，处处显示礼貌卫生习惯。

（6）如果客人点了整瓶酒，服务员要按示酒、开酒、试酒、斟酒的服务程序为客人服务。

五、结账、送客服务

酒吧结账、送客的服务方法和要求与餐厅服务相同。

六、酒吧服务注意事项

（1）应随时注意检查酒水、配料是否符合质量要求，如有变质应及时处理。

（2）应坚持使用量杯量取酒水，严格控制酒水成本。

（3）注意观察客人的饮酒情况，如发现客人醉酒，应停止供应含酒精饮料。

（4）为醉酒客人结账时应特别注意，最好请其同伴协助。

（5）如遇单个客人，调酒师可适当陪其聊天，但应注意既不能影响工作，又要顺着客人的话题聊。

七、专业名词术语

荷兰蛋黄酒 Advocaat　　　　　爱尔兰咖啡 Irish Coffee
顶部发酵的啤酒 Ale　　　　　　法国产香草餐后甜酒 Izarra
杏仁 Almond　　　　　　　　　果汁 Juice

茴香餐后甜酒 Anisette

茴香型餐后甜酒 Kummel

开胃酒 Aperitif

底部发酵的啤酒 Lager

杏子白兰地酒 Apricot Brandy

柠檬味汽水 Lemonade

白加地朗姆酒 Aacardi Rum

对和法 Build

女调酒师 Barmaid

青色柠檬 Lime

调酒师 Bartender

餐后甜酒（烈性）Liqueur

啤酒 Beer

长饮 Long Drink

法国产修士酒，草药配制 Bénédictine

马德拉酒 Madeira

酒水、饮料 Beverage

重复 Repeat

陈化（陈年）Age

领货单 Requisition Form

酒吧刀 Bar Knife

服务、出品 Serve

酒吧设置 Bar Set up

服务 Service

酒吧匙 Bar Spoon

摇和法、用摇酒器摇 Shake

酒吧台前的转凳 Bar Stool

量杯，烈酒杯 Shot Glass

账单 Bill

表现、表演 Show

搅和法 Blend

签单 Sign Bill

搅拌机 Blender

薄薄的一片 Slice

酒瓶 Bottle

闻味 Smell

酒桶 Bucket

调和法 Stir

繁忙 Busy

一边加原料，一边调和 Stir in

现金 Cash

盘点 Stock Taking

收银员 Cashier

仓库 Store

酒窖 Cellar

净饮 Straight up

检查表格 Check List

滤冰 Strain in

经冰镇的 Chilled

吸管 Straw

收吧 Close the Bar

任务二　酒吧服务员应具备的服务技能

在酒吧中，服务员的热忱固然重要，但还需要具备良好的服务能力。如遇到突发事件，客人心肌梗塞突然昏厥，如果等医务人员到来，客人生命恐怕会有危险。服务人员这时如果没有一点急救常识，纵有满腔热情也无济于事，因为其中涉及"能与不能"的技术性问题。因此，只有具备相应的服务能力，服务员才能为客人提供全方位的优质服务。那么，服务员应具备哪些能力呢？

一、语言能力

语言是服务员与客人建立良好关系、留下深刻印象的重要工具和途径。语言是思维的物质外壳，它体现服务员的精神涵养、气质底蕴、态度性格。客人能够感受到的最重要的两个方面就是服务员的言和行。

酒吧服务员在表达时，要注意语气的自然流畅、和蔼可亲，在语速上保持匀速，任何时候都要心平气和，礼貌有加。那些表示尊重、谦虚的语言词汇常常可以缓和语气，如"您、请、抱歉、假如、可以"等。另外，服务员还要注意表达时机和表达对象，即根据不同的场合和客人不同身份等具体情况进行适当得体的表达。

人们在谈论时，常常忽略了语言的另外一个重要组成部分——身体语言。根据相关学者的研究，身体语言在内容的表达中起着非常重要的作用。服务员在运用语言表达时，应当恰当地使用身体语言，如运用恰当的手势、动作，与口头表达语言联袂，共同构造出让客人易于接受和满意的表达氛围。

二、交际能力

酒吧是一个人际交往大量集中发生的场所，每一个酒吧服务员每天都会与同事、上级、下属特别是大量的客人进行广泛的接触，并且会基于服务而与客人产生多样的互动关系，妥善地处理好这些关系，将会使客人感到被尊重、被看重、被优待。客人这一感受的获得将会为经营的持续兴旺和企业品牌的宣传、传播起到不可估量的作用。良好的交际能力则是服务员实现这些目标的重要基础。

三、观察能力

酒吧服务人员为客人提供的服务有三种，第一种是客人讲得非常明确的服务需求，只要有娴熟的服务技能，做好这一点一般来说是比较容易的。第二种是例行性的服务，即应当为客人提供的、不需客人提醒的服务。第三种则是客人没有想到、没法想到或正在考虑的潜在服务需求。

能够善于把客人的这种潜在需求一眼看透，是服务员最值得肯定的服务本领。这就需要服务员具有敏锐的观察能力，并把这种潜在的需求变为及时的实在服务。而这种服务的提供是所有服务中最有价值的部分。第一种服务是被动性的，后两种服务则是主动性的，而潜在服务的提供更强调服务员的主动性。观察能力的实质就在于善于想客人之所想，在客人开口言明之前将服务及时、妥帖地送到。

四、记忆能力

在服务过程中，客人常常会向服务员提出一些如酒吧服务项目、星级档次、服务设施、烟酒茶、点心的价格或城市交通、旅游等方面的问题，服务员此时就要以自己平时从经验中得来的或有目的的积累成为客人的"活字典"、"指南针"，使客人能够即时了解自己所需要的各种信息，这既是一种服务指向、引导，本身也是一种能够征得客人欣赏的服务。

服务员还会经常性地碰到客人所需要的实体性的延时服务。即客人会有一些托付服务员办理的事宜，在这些服务项目的提出到提供之间有一个或长或短的时间差，这时就需要酒吧服务员能牢牢地记住客人所需的服务，并在稍后的时间中准确地予以提供。如果发生客人所需的服务被迫延时或干脆因为被遗忘而得不到满足的情况，对酒吧的形象会产生不好的影响。

五、应变能力

服务中突发性事件是屡见不鲜的。在处理此类事件时，服务员应当秉承"客人永远是对的"宗旨，善于站在客人的立场上，设身处地为客人着想，可以作适当的让步。特别是责任多在服务员一方的就更要敢于承认错误，给客人以即时的道歉和补偿。在一般情况下，客人的情绪就是服务员所提供的服务状况的一面镜子。当矛盾发生时，服务员应当首先考虑到的是错误是不是在自己一方。

六、营销能力

一名酒吧服务员除了要按照工作程序完成自己的本职工作外，还应当主动地向客人介绍其他各种服务项目，向客人推销。这既是充分挖掘服务空间利用潜力的重要方法，也是体现服务员的主人翁意识，主动向客人提供服务的需要。

虽然酒吧各服务部门设有专门的人员进行营销，但他们的主要职责是一种外部营销，内部营销则需要各个岗位的服务员共同来做。只有全员都关心酒吧的营销，处处感受一种市场意识，才能抓住每一个时机做好对客人的内部营销工作。这就要求服务员不能坐等客人的要求提供服务，而应当善于抓住机会向客人推销酒吧的各种服务产品、服务设施，充分挖掘客人的消费潜力。为此，服务员应当对各项服务有一个通盘的了解，并善于观察、分析客人的消费需求、消费心理，在客人感兴趣的情况下，使产品得到充分的知悉和销售。

任务三 宴会酒吧设计服务程序与标准

一、酒吧服务程序

（一）酒会前的工作程序

1. 人员安排

工作人员安排是在接到宴会部所发出的宴会编排表后，根据酒会的形式、规模和人数，决定使用多少个调酒师及实习生；再按照酒会的时间来确定工作人员上班工作时间。在中、大型酒会中（200人以上）、每个酒吧设置需调酒师2人，实习生1人；在小型酒会中，每个酒吧设置需调酒师1人，实习生1人。

2. 准备酒水

在酒会前一天要按酒会的来宾数、消费额来准备酒水的品种和数量；数量上可按每人每小时准备3.5杯饮料计算。晚餐酒会可按每人3杯饮料计算。每杯饮料220～280毫升。所有酒水应在酒会前2小时从仓库运到酒吧放好，以便有充足的时间来设置酒吧。

3. 预备酒杯

酒杯的数量要预备充足，可按酒会的人数乘以3.5，例如有一个300人的酒会，所需酒杯数量是1050只。酒会酒杯的品种多用果汁杯、高脚杯、柯林怀、啤酒杯这4种，其他杯用量很少。酒杯要在酒会前1小时全部洗干净，放入杯筛中，运到酒会场地。

4. 酒吧设置

按照宴会编排表的布置平面图设置酒吧，酒吧设置的方式也有许多种，主要是注重美观和方便工作两个要点。酒吧要在酒会前30分钟设置完毕，并且反复仔细检查。

酒吧摆设时使用宴会酒水销售表，将酒会中所使用的酒水品种、数量一一列出，调酒师可对照销售表选取酒水，检查摆设好的酒吧。

5. 调果汁和什锦水果宾治

酒会中用量最大的就是果汁与什锦水果宾治，这两种饮料要在酒会前半小时根据人数调好，通常可按每人1杯计算。调好后拿到酒会场地。

6. 提前倒饮料入杯

一般小型酒会可以在客人到来以后，按客人的要求为客人斟酒水。但是大、中型的酒会人数多，调酒员在数分钟内不可能同时供应100杯饮料，大多数的饮料要在客人到来前倒入杯中。中型酒会可提前10分钟开始将饮料倒入杯中，大型酒会可提前20分钟开始将饮料倒入杯中。宴会一开始，由宴会服务员将饮料端在托盘上送给客人，以免造成酒吧前拥挤。

7. 各就各位

所有工作人员在酒会开始前20分钟，必须整齐地穿好制服、站在自己的工作位置上，特别是大、中型酒会，由于酒吧摆设多，调酒师如不按编排位置站立岗位的话，场面就很难控制了。

（二）酒会中的吧台工作程序

1. 酒会开始时的操作

所有酒会在开始的10分钟是最拥挤的。到会的人员一下子拥入会场，如果饮料供应不及时的话，酒吧就有被挤垮的危险。第一轮的饮料，要按酒会的人数，在10分钟内全部完成，送到客人手中。大、小型的酒会，调酒师要在酒吧里，将酒水不断地传递给客人和服务员。负责酒会指挥工作的酒吧经理、酒吧领班等还要巡视各酒吧摆设，看看是否有吧台超负荷操作，如果有，应立即抽调人员支援。

2. 放置第二轮酒杯

酒会开始10分钟后，酒吧的压力会渐渐减轻。这时到会的人手中都有饮料了，酒吧主管要督促调酒员和实习生将空酒杯（干净的）迅速放上酒吧台、排列好，数量与第1轮相同。

3. 倒第二轮酒水

第二轮酒杯放好后，调酒师要马上将饮料倒入酒杯中备用，大约15分钟后客人就会饮用第二杯酒水。倒入杯后，酒杯及饮料必须排列好，按四方形或长方形。不能东一杯、西一杯，让客人看了以为是喝过或用剩的酒水。

4. 到清洗间取杯

两轮酒水斟先后，酒吧主管就要分派实习生到洗杯处将洗干净的酒杯不断地拿到酒吧补充，既要注意到酒杯的清洁，又要使酒杯得到源源不断的供应。

5. 补充酒水

在酒会中经常会因为人们饮用时的偏好而使某种酒水很快用完，特别是大、中型酒会中的果汁、什锦水果宾治和干邑白兰地。因此，调酒师要经常观察和留意酒水的消耗量，在有的酒水将近用完时就要分派人员到酒吧调制什锦水果宾治和其他饮料，以保证供应。

6. 酒会高潮

酒会高潮是指饮用酒水比较多的时刻，也就是酒吧供应最繁忙的时间。通常是酒会开始 10 分钟；酒会结束前 10 分钟；还有在宣读完祝酒词的时候。如果是自助餐酒会，在用餐前和用餐完毕也是高潮，这期间要求调酒师动作快，出成品多，尽可能在短时间内将酒水送到客人手中。

7. 应付特别事项

有时客人会要酒吧设置中没有的品种，如果是一般牌子的酒水，可以立即回仓库（酒吧仓库）去取，尽量满足客人的需要；如果是名贵的酒水，要先征求主人的同意后才能取用。

有时会打碎酒杯或翻倒饮料，这是经常发生的事情，这时要求临场的调酒师立即处理，决不可以袖手旁观。在人多的地方，碎玻璃杯及倒在地上的饮料很容易造成人员受伤，最好在数分钟内清理完华，也可以立即用餐巾盖上再处理。

其他的突发事件也要马上处理，如果自己处理不了，要立即上报经理。

8. 清点酒水用量

在酒会结束前 10 分钟，要对照宴会酒水销售表清点酒水，确切点清所有酒水的实际用量，在酒会结束时能立即统计出数字，交给收款员开单结账。

（三）酒会后的工作程序

1. 填写酒水销售表

酒会一结束，所有酒吧设置的酒水用量应立即清点清楚，并由调酒师开好消耗单，交到收款员处结账。这项工作要求数字准确、实事求是，不能乱填。许多客人对饮品的用量都很熟悉，简单计算即可知道数量是否合理，如果数字不合理会引起许多麻烦。调酒员一定要按照实际用量填写，不能报虚数。即使是实际用量很大，也要给客人合理的解释。否则在账单问题上会纠缠不清。

2. 收吧工作

客人结账后。调酒师要清理酒吧。将所有剩下的饮料运回仓库。用剩的果汁和什锦水果宾治要立即放入冰箱存放或调拨到其他酒吧使用。酒杯要全部送到洗杯机处清洗。洗完后再装箱，清点数量，记录消耗数字，其他完好的装箱后，退回给管事部。

3. 完成宴会销售表

宴会（酒会）结束后，调酒师需做一份（一式两联）宴会销售表，将酒会名称、时间、参加人数、酒水用量、调酒员签名等填好，第一联送交成本会计计算成本，第二联交酒吧经理保存。

二、酒吧服务标准

(一) 调酒服务标准

在酒吧,客人与调酒师只隔着吧台,调酒师的动作都在客人的目光之下,已经是一种表演性质的工作,因此不但要注意调制的方法、步骤,还要留意操作姿势及卫生标准。

1. 姿势、动作

调酒时要注意姿势端正、轻松、大方,不要弯腰或蹲下调制。任何不雅的姿势都直接影响到客人的情绪。动作要潇洒、轻松、自然、准确。用手拿杯时要握杯子的底部,不要握杯子的上部,更不能用手指接触杯口。调制过程中尽可能使用各种工具,不要用手。特别是不准用手来代替冰夹抓冰块放进杯中,不要有摸头发、揉眼、擦脸等小动作,也不准在酒吧中梳头、照镜子、化妆等。

2. 先后顺序与时间

调制出品时要注意客人到来的先后顺序,要先为早到的客人调制酒水。同来的客人要为女士和老人、小孩先配制饮料。调制任何酒水的时间都不能太长,以免引起客人焦急不悦。这就要求调酒师平时多练习,以使调制时动作快捷熟练。一般的果汁、汽水、矿泉水、啤酒可在 1 分钟内完成;混合饮料可用 1 ~ 2 分钟完成;鸡尾酒包括装饰品可用 2 ~ 4 分钟完成。有时五六个客人同时点酒水,可先一一答应下来,再按次序调制。一定要招呼客人,与客人有良好的互动。

3. 卫生标准

在酒吧调酒一定要注意卫生标准,稀释果汁和调制饮料用的水都要用冷开水,无冷开水时可用容器盛满冰块倒入开水也可使用。不能直接用自来水。调酒师要经常洗手,保持手部清洁。配制酒水时有时允许用手,例如拿柠檬片、做装饰物。凡是过期、变质的酒水不准使用。腐烂变质的水果及食品也禁止使用。要特别留意新鲜果汁、鲜牛奶和稀释后果汁的保鲜期,天气热更容易变质。

4. 观察、询问与良好服务

要注意观察酒吧台面,看到客人的酒水快喝完时要询问客人是否再加一杯;客人使用的烟灰缸是否需要更换;酒吧台表面有无酒水残迹,经常用干净湿毛巾擦抹;要经常为客人斟酒水;客人抽烟时要为他点火。让客人在不知不觉中获得各项服务。总而言之,优良的服务在于留心观察加上必要而及时的行动。在调酒服务中,因各国客人的口味、饮用方法不尽相同,有时客人会提出一些特别要求与特别配方,调酒师甚至酒吧经理也不一定会做,这时可以询问、请教客人怎样配制,力求满足客人需要。

5. 清理工作台

工作台是配制供应酒水的地方，位置很小，要注意经常性的清洁与整理。每次调制完酒水后一定要把用完的酒水放回原处，不要堆放在工作台上，以免影响操作。斟酒时滴下或不小心倒在工作台上的酒水要及时抹掉。专用于清洁、抹手的湿毛巾要叠成整齐的方形，不要随手抓成一团。

（二）待客服务标准

1. 接听电话

拿起电话，用礼貌术语称呼对方并给予适当的问候语。先报上酒吧名称，需要时记下客人的要求，例如订座、人数、时间、客人姓名、公司名称，要简单准确地回答客人的询问。

2. 迎接宾人

客人进入酒吧时，要主动地招呼客人。面带微笑向客人问好，并用手势引领客人进入酒吧。若是熟悉的客人，可以直接称呼客人的姓氏，拉近与客人的距离。如客人存放衣物，提醒客人将贵重物品和现金钱包拿回，然后给客人记号牌，由客人保管。

3. 引领客人入座

带领客人到合适的座位前，单个的客人喜欢到酒吧台前的酒吧椅就座，两个或几个客人可领到沙发或小台。帮客人拉椅子，让客人入座，一般女士优先。如果客人需要等人，可选择能够看到门口的座位。

4. 递上酒水单

客人入座后可立即递上酒水单（先递给女士）。如果几批客人同时到达，要先一一招呼客人坐下后再递酒水单。酒水单要直接递到客人手中，不要放在台面上。如果客人在互相谈话，可以稍等几秒钟，或者征求意见"打扰一下，先生、小姐，请问需要酒水单吗？"然后递给客人。要特别留意酒水单是否干净平整，千万不要把肮脏的或模糊不清的酒水单送给客人。

5. 请客人点酒水

递上酒水单后稍等一会儿，然后微笑地问客人"对不起，先生/女士，我能为您写单吗？""请问您要喝点什么呢？"如果客人还没有做出决定，服务员（调酒师）可以为客人提建议或解释酒水单。如果客人在谈话或仔细看酒水单，可以再等一会儿。客人请调酒师介绍饮品时，调酒师要先问客人喜欢喝什么味道的饮料再给以介绍。

6. 写酒水供应单

拿好酒水单和笔，等客人点了酒水后要重复说一遍酒水名称，客人确认了再写酒水供应单。供应单上要写清楚座号、台号、服务员姓名、酒水饮料品种、数量及特别要求。

7. 酒水供应服务

服务操作是整个酒品服务技术中最引人注目的工作，许多操作都是面对顾客的。因此，凡从事酒品服务工作的人，都要求有较好的操作技术、以求动作正确、迅速、优美。高超而又体察入微的服务员，常运用娴熟的操作技术来创造饮宴气氛，以求顾客精神上的满足。服务操作过程中，除了技术功底，还需要相当的表演天赋。在许多国家里，酒品服务是由专人来掌管的。人们出于尊重和敬佩，将有一定水平的酒品服务员称为"酒师"。在顾客眼里，酒师的魅力并不亚于文化界中的"明星"，酒品的服务操作是一项具有浓厚艺术色彩的专门技术。在酒品的服务中，通常包括以下的基本技巧。

（1）示瓶。在酒吧中，顾客常点用整瓶酒。凡顾客点用的酒品，在开启之前都应让顾客首先过目，一是表示对顾客的尊重，二是核实一下有无误差，三是证明酒品的可靠。基本操作方法是：服务员站立于主要饮者（大多数为点酒人或是男主人）的右侧，左手托瓶底，右手扶瓶颈，酒标面向客人，让其辨认。当客人认可时，方能进行下一步的工作，示瓶往往标志着服务操作的开始，是具有重要意义的环节。

（2）冰镇。许多酒品的饮用温度大大低于室温，这就要求对酒液进行降温处理，比较名贵的瓶装酒大多采用冰镇的方法进行处理。冰镇瓶装酒需用冰桶，用服侍盘托住桶底，以防凝结水滴沾污台布。桶中放入冰块（不宜过大或过碎），将酒瓶插入冰块内，酒标向上，之后，再用一块毛巾搭在瓶身上，连桶送至客人的餐桌上。一般来说，10分钟以后可达到冰镇的效果。从冰桶取酒时，应以一块折叠的餐巾护住瓶身，以防止冰水滴落弄脏台布或客人的衣服。

（3）溜杯。溜杯是另一种降温方法。服务员手持杯脚，杯中放一块冰，然后摇杯，使冰块产生离心力在杯壁上溜滑，以降低杯子的温度。有些酒品的溜杯要求很严，直至杯壁溜滑凝附一层薄霜为止。也有用冰箱冷藏杯具的处理方法，但不适用于高雅场合。

（4）温烫。温烫快酒不仅用于中国的某些酒品，有的洋酒也需要温烫以后才饮用。温烫有4种常见的方法。（其中水烫和燃烧常需即席操作）

①水烫：把即将饮用的酒倒入烫酒器，然后置入热水中升温。

②火烤：把即将饮用的酒装入耐热器皿，置于火上升温。

③燃烧：把即将饮用的酒盛入杯盏内，点燃酒液升温。

④冲泡：把即将饮用的酒用滚沸的饮料（水、茶、咖啡）冲入，或将酒液注入热饮料中。

（5）开瓶。世界各类酒品的包装方式多种多样，以瓶装酒和罐装酒最为常见。开启瓶塞瓶盖，打开罐口时应注意动作的正确和优美。

①使用正确开瓶器：开瓶器有两大类，一类是专开葡萄酒瓶塞的螺丝钻刀，另一类是专开啤酒、汽水等瓶盖的启子。螺丝钻刀的螺旋部分要长（有的软木塞长达 8～9厘米），头部要尖，另外，螺丝钻刀上最好装有一个起拔杠杆，以利于瓶塞拔起。

②开瓶时尽量减少瓶体的晃动：这样可避免汽酒冲冒，陈酒发生沉淀物窜腾。一般将酒瓶放在桌上开启，动作要准确、敏捷、果断。万一软木塞有断裂危险，可将酒瓶倒置，用内部酒液的压力顶住断塞，然后再旋进螺丝钻刀。

③开瓶声越轻越好：开任何瓶罐都应如此，其中也包括香槟酒。在高雅严肃的场合中，呼呼作响的嘈杂声与环境显然是不协调的。

④拔出的瓶塞要进行检查：看有否病酒或坏酒，原汁酒的开瓶检查尤为重要。检查的方法主要是嗅辨，以嗅瓶塞插入瓶内的那一部分为主。

⑤开启瓶塞（盖）以后，要仔细擦拭瓶口，将积垢脏物擦去。擦拭时，切忌将污垢落入瓶内。

⑥开启的酒瓶、罐原则上应留在客人的餐桌上：一般放在主要客人的右手一侧，底下垫瓶垫，以防弄脏台布；或是放在客人右后侧茶几的冰桶里。使用酒篮的陈酒，连同篮子一起放在餐桌上，但须注意酒瓶颈背下应衬垫一块餐巾或纸巾，以防斟酒时酒液滴出。空瓶空罐一律撤离餐桌。

⑦开启后的封皮、木塞、盖子等物不要直接放在桌上：一般给客人检查后可以用小盆盛之，在离开餐桌时一并带走，切不可留在客人面前。

⑧开启带汽或冷藏过的酒罐封口，常会有水汽喷射出来。团此，当客人面开拔时，应将开口一方对着自己，并用手握遮，以示礼貌。

（6）滗酒。许多远年陈酒有一定的沉淀物积于瓶底内，为了避免斟酒时产生混浊现象，需事先剔除沉渣以确保酒液的纯净。专门人员使用滗酒器滗酒去渣，在没有滗酒器时，可以用大水杯代替，方法如下：一是事先将酒瓶竖立若干小时，使沉渣积于瓶底，再横置酒瓶，动作要轻。二是准备一光源，置于瓶子和水杯的那一端，操作者位于这一端，慢慢将酒液滗入水杯中。当接近含有沉渣的酒液时，需要沉着果断，争取滗出尽可能多的酒液，剔除混浊物。

（7）斟酒。在非正式场合中，斟酒由客人自己去做，在正式场合中，斟酒则是服务人员必须进行的服务工作。斟酒有多种方式：桌斟和捧斟。

①桌斟。将杯具留在桌上，斟酒者立于饮者的右边，侧身用右手把握酒瓶向杯中倾倒酒液。瓶口与杯沿保持一定的距离。切忌将瓶口搁在杯沿上或高溅注酒，斟酒者每斟一杯，都需要换一下位置，站到下一位客人的右侧。左右开弓，手臂横越客人的视线等，都是不礼貌的做法。桌斟时，还需掌握好满斟的程度，有些酒需要少斟，有

些酒需要多斟，过多过少都不好。斟毕，持酒瓶的手应向内旋转90°，同时离开杯具上方，使最后一滴酒挂在酒瓶上而不落在桌上或客人身上。然后，左手用餐巾拭一下瓶颈和瓶口，再给下一位客人斟酒。

②捧斟。捧斟时，服务员一手指瓶，一手则将酒杯捧在手中，站立于饮者的右方，然后再向杯内斟酒，斟酒动作应在台面以外的空间进行，然后将斟毕的酒杯放在客人的右手处。捧斟主要适用于非冰镇处理的酒品。

至于手握酒瓶的姿势，各国不尽相同，有的主张手握在酒标上（以西欧诸国多见），有的则主张手握在酒标的另一方（以中国多见），各有解释的理由。服务员只要根据当地习惯及酒吧要求去做即可。

（8）饮仪礼仪。我国饮宴席间的礼仪与其他国家有所不同，与通用的国际礼仪也有所区别。在我国，人们通常认为，席间最受尊重的是上级、客人、长者，尤其是在正式场合中，上级和客人处于绝对优先地位。服务顺序一般先为首席主宾、首席主人、主宾、重要陪客斟酒，再为其他人员斟酒；客人围坐时，采用顺时针方向依次服务。国际上比较流行的服务顺序是：先为女宾斟酒，后为女主人斟酒；先为女士，后为男士；先为长者，后为幼者。女性处于绝对的受尊重地位。

（9）添酒。正式饮宴上，服务员要不断向客人杯内添加酒液，直至客人示意不要为止。在斟酒时，有些客人以手掩杯、倒扣酒杯或横置酒杯，都是谢绝斟酒的表示，服务员切忌强行劝酒，使客人难以下台。

凡需要增添新的饮品，服务员应主动更换用过的杯具，连用同一杯具显然是不合适的。至于散卖酒，每当客人添酒时，一定要换用另一杯具，切不可斟入原杯具中。在任何情况下，各种杯具应留在客人餐桌上，直至饮宴结束为止。当着客人的面撤收空杯是不礼貌的行为，如果客人示意收去一部分空杯，就另当别论。

客人祝酒时，服务员应回避。祝酒完毕，方可重新回到服务场所添酒。在主人游动祝酒时，服务员可持瓶尾随主要祝酒人，注意随时添酒。

8. 更换烟灰缸

取干净的烟灰缸放在托盘上，拿到客人的桌前，用右手拿起一个干净的烟灰缸，盖在台面上有烟头的烟灰缸上，两个烟灰缸一起拿到托盘上，再把干净的烟灰缸拿到客人的桌子上。在酒吧台，可以直接用手拿干净的烟灰缸盖在有烟头的烟灰缸上，两个烟灰缸一齐拿到工作台上，再把干净的烟灰缸放到酒吧台上。绝对不可以直接拿起有烟灰的烟灰缸放到托盘上，再摆下干净的烟灰缸，这种操作会使飞扬起来的烟灰有可能掉进客人的饮料里或者落到客人的身上，会造成意想不到的麻烦。有时，客人把没抽完的香烟或雪茄烟架在烟灰缸上，可以先摆上一个干净的烟灰缸并排在用过的烟灰缸旁边，把架在烟灰缸上的香烟移到干净的烟灰缸上，然后再取另一个干净的烟灰缸盖在用过的烟灰缸上，一齐取走。

9. 撤空杯或空瓶罐

服务员要注意观察，客人的饮料是不是快要喝完了。如果杯子只剩一点点饮料，而台上已经没有饮料瓶罐，就可以走到客人身边，问客人是否再来一杯酒水尽兴。如果客人要点的下一杯饮料同杯子里的饮料相同，可以不换杯；如果不同就另上一个杯子给客人。当杯子已经喝空后，可以拿着托盘走到客人身边问："我可以收去您的空杯子吗？"客人点头允许后再把杯子撤到托盘上收走。发现客人台面上有空瓶、空罐可以随时撤走。

10. 为客人点烟

看到客人取出香烟或雪茄准备抽烟时，可以马上掏出打火机或擦亮火柴为客人点烟。注意点着后马上关掉打火机或挪开火柴吹灭。燃烧的打火机或火柴不可以靠近客人，离开客人的香烟 10 厘米左右，让客人靠近火源点烟。

11. 结账

客人要求结账时，要立即到收款员处取账单，拿到账单后要检查一遍台号、酒水的品种、数量是否准确，再用账单夹夹好，拿到客人面前，有礼貌地说："这是您的账单，多谢。××元××角。"切记不可大声地读出账单上的消费额。有些做东的客人不希望他的朋友知道账单的数目。如果客人认为账单有误，绝对不能同客人争辩，应立即到收款员那里重新把供应单和账单核对一遍，有错马上改；并向客人致歉；没有错可以向客人解释清楚每一项目的价格，取得客人的谅解。

12. 送客

客人结账后，可以帮助客人移开椅子以便让客人容易站起来，如客人存放了衣物，根据客人交回的记号牌，帮客人取回衣物，记住问客人有没有拿错和是否少拿了自己的物品。然后送客人到门口，说"多谢光临"、"再见"、"欢迎下次光临"等；注意说话时要面带微笑，面向客人。

13. 清理台面

客人离开后，用托盘将台面上所有的杯、瓶、烟灰缸等都收掉，再用湿毛巾将台面擦干净，重新摆上干净的烟灰缸和用具。

14. 进纸餐巾

拿给客人的纸餐巾要先叠好插到杯子中。可叠成菱形或三角形，事先要检查一下纸餐巾是否有破损或带污点，将不平整或有破洞、有污点的纸餐巾挑出来。

15. 准备小食

酒吧免费提供给客人的配酒小吃（花生、薯片等）通常由厨房做好后取回酒吧中，并用干净的小玻璃碗装好。

16. 端托盘要领

用左手端托盘，五指分开，手指与手掌边缘接触托盘，手心不碰托盘；酒杯、饮料放入托盘的不要放得太多，以免把持不稳；高杯或大杯的饮料要放在靠近身子一边；走动时要保持平衡，酒水多时可用右手扶住托盘；端起时要拿稳后再走，端到客人面前要停稳后再取酒水。

17. 擦酒杯

擦酒杯时要用酒桶或容器装热开水（约80%）；将酒杯的口部对着热水（不要接触），让水蒸气熏酒杯直至杯中充满水蒸气时；用清洁和干爽的餐巾（镜布、口布）擦，手握酒杯底部，右手将餐巾塞入杯中，擦至杯子透明铮亮为止。擦干净后要对着灯光照一下，看看有无漏擦的污点。擦好后，手指不能再碰酒杯内部或上部，以免留下痕印。注意在擦酒杯时不可太用力，防止捏碎酒杯。

任务检测

一、选择题

1. 调酒师的工作内容包括(   )。

A. 准备工作　　　　　B. 调酒操作

C. 酒吧清洁　　　　　D. 收吧清理　　　　　E. 收银服务

2. 礼貌服务用语具有体现礼貌和提供服务的双重特性，是服务人员向宾客(   )，交流感情和沟通思想的重要交际工具。

A. 传递信息　　　　　B. 解答问题

C. 提出问题　　　　　D. 表达意愿

3. 调酒师应掌握的专业技能有(   )。

A. 调酒技能　　　　　B. 装饰物的制作

C. 设备的使用维护　　　D. 餐、酒具清洗　　　E. 与宾客沟通的技能

二、简答题

1. 优质服务的内涵是什么？

2. 简述白葡萄酒服务程序。

3. 宴会酒吧服务程序是什么？

项目七 酒吧设立与布局

📖 学习目标

知识目标

了解酒吧种类，掌握酒吧吧台的设置与配置，了解酒吧的吧台设置和门厅设计，掌握酒吧设备的日常管理。

技能目标

掌握酒吧吧台的设置与配置，能够熟练运用各种酒具。

📖 案例导入

成都酒吧，闲情部落

最初酒吧进入成都并未分什么清吧、迪吧，只是为了满足客人的需要，单纯的酒吧在以后的日子里，慢慢增设了许多节目。成都人好热闹，酒吧里也渐渐热闹起来，除了有传统的乐队驻唱，还为喜欢自我展现的客人设了 KTV 包间，由此兼了卡拉 OK 厅的功能；光是坐着喝酒，唱歌怎能让成都人满意呢？于是大厅中央开辟了舞池供客人们表现舞艺，由此兼了舞厅的功能；成都人好吃，个个都是美食客，光喝酒没有下酒菜当然不习惯，于是西洋情调的酒吧里不但有正宗川菜，而且有各种风味小吃供应，由此兼了餐馆的功能；不喝酒的人也来坐酒吧，为了他们，各种饮料和咖啡不可少，因此又兼了冷饮店和咖啡馆的功能。成都的酒吧功能齐全，俨然成了成都人的天堂。

兴许事物发展的规律总是物极而反，喜欢跟风的成都人能够迅速地接受并融入酒吧文化，也容易很快地喜新厌旧被别的一些新事物所吸引。也有一些成熟的成都人冷静下来，对酒吧拉开了一点距离审视，发现成都的酒吧在一个不很正常的环境中已经有了泛滥的迹象。那一段时间，酒吧的经营者们是焦虑的，为了挽回客人，几乎可以说是绞尽脑汁，花样百出，重新装修、举办有奖消费，逢年过节派送礼物，不时地请演艺界的名人来助兴。那一段时间，也就是 1990 年至 1998 年间，成都开了无数家酒吧，也关了无数家酒吧，开和关都是那么真实，好像没有人确切地知道成都人的消费心理。也就是经过数年的发展和反反复复，成都人给如今的酒吧下了清吧、迪吧等不同的界定。

清吧是相对的纯酒吧，客源主要是 30 岁以上的有一定文化修养的人，他们泡吧的目的不是为了找刺激，而是找一个富有人情味儿的可以把酒谈心、交朋结友或从容沉思、优雅怀旧的场所。迪吧则是酒吧向夜总会的蜕变，在里面玩的多是 30 岁以下的年轻人，他们的热情需要释放，他们的精力需要平衡，工余假日跑到迪吧去狂歌劲舞一番，痛快而惬意。

不过经历风雨兼程后的成都酒吧业，经营者们不再雾里看花，他们清楚地知道，保持自己的特色，留住相对固定的那一群老顾客才是立身之本。泡吧的成都人渐趋稳定，也已形成了自己的休闲习惯，盲目跟风的现象也许不会再重现。

任务一　酒吧吧台的设备与配置

吧台区是酒吧操作和酒水供应的中心。吧台区设备是否齐全、布置是否合理会直接影响酒吧的工作效率。所以，吧台区设备设施的配置以保证服务速度和饮品的质量，使调酒师工作得心应手为原则。

一、酒水制作及提供设备

（一）酒水制作设备

1. 果汁机（Fruit Juice Machine）

果汁机有多种型号，主要有两个作用：一是冷冻果汁；二是自动稀释果汁（浓缩果汁放入后可自动与水混合）。

2. 榨汁机（Electronic Squeezer）

用于榨鲜橙汁或柠檬汁以及各式各样的果汁。

3. 电动搅拌机（Electronic Blender）

用来制作含有鸡蛋、奶油等不易混合原料的酒水饮料。用电动搅拌机制备较黏稠的饮料，比用手工调制节约时间，而且原料混合得更为充分。

4. 混合机（器）（Electronic Mixer）

混合机也是一种混合食物的用具，它的用途很广，可以

图 7-1　电动搅拌机

磨咖啡、杏仁，调制蛋奶酱、冰激凌，把水果捣烂以榨果汁和饮料等。它与搅拌机的区别主要有以下两点：一是工作速度及结构不同，混合机的工作速度远远高于搅拌机的工作速度。搅拌机的工作速度通常为300~1300转/分，而混合机的工作速度可为3000~13000转/分；二是搅拌装置的结构不同，混合机的搅拌器是对短切刀。

5. 奶昔搅拌机（Blender Milk Shaker）

用于搅拌奶昔（用鲜牛奶加冰激凌搅拌而成的饮料）。

6. 电咖啡壶（Coffee Machine）

酒吧常使用的咖啡壶有渗滤式咖啡壶、滴漏式电咖啡壶、虹吸式电咖啡壶等。可根据需要使用。

7. 咖啡保温炉（Cofree Warmer）

将煮好的咖啡放在炉上，可保持较佳的饮用温度。

图7-2 滴漏式电咖啡壶

（二）酒水提供设备

1. 生鲜啤酒供应系统（Draft – Beer System）

该系统也称为啤酒配出器。一般在酒吧中，啤酒的消耗量比较大。啤酒配出器一则可提供富有营养的生鲜啤酒，二则可提高工作效率。常使用的啤酒配出器是设备构成较为简单的生啤机（Draught Machine），它分为两部分：气瓶和制冷设备。气瓶装二氧化碳用，输出管连接到生啤酒桶，有开关控制输出气压。工作时输出气压保持在25个大气压（有气压表显示）。气压低表明气体已用完，需另换新气瓶。其制冷设备是急冷型的，整桶的生啤酒无须冷藏，连接制冷设备后，输出来的便是冷冻的生啤酒，泡沫厚度也可由开关控制。生啤机不用时，必须断开电源，并取出生啤桶口的管子。生啤机需每15天由专门人员清洗一次。

2. 软饮料配出器（Handgun for a Soda System）

软饮料配出器也被称为苏打枪，用来提供苏打水、汤力水、可乐、雪碧、干姜水等软饮料，类似于生啤酒供应系统。软饮料配出器一可以提高工作效率，二可以保证饮品供应的标准量。但由于价格昂贵，国内酒吧中很少见到。

3. 自动酒水供应系统（Electeronic Dispensing System）

该系统的功能与软饮料配出器类似，主要用于供应酒吧常用酒。

（三）物品存放设备

1. 酒吧展示柜

酒吧展示柜（Tiered Liquor Display），亦即酒吧中吧台后的橱柜，通常陈列酒具、酒杯及各名品酒瓶。内侧镶嵌有玻璃镜，这样既可以增加房间深度，同时也可使坐在吧台前喝酒的客人通过镜子的反射，观赏酒吧内的一切，而调酒师也可借此间接地观察客人。

2. 酒杯储藏柜

酒杯储藏柜（Cup Storage）是用来摆放客人使用的酒杯的，随用随取。有些酒吧在

图 7-3　酒吧展示柜

吧台的上方吊挂很多酒杯，这些酒杯主要是起装饰作用的，不能用来流通使用。其主要原因一是不卫生，二是不方便取用。

3. 附有酒瓶舱的储冰槽

调酒时会使用到大量的冰块，因此，很多酒吧会事先制作出一定量的冰块放置在储冰槽中，方便调酒师随时将冰块加至饮品中，同时在储冰槽旁配置酒瓶舱放置酒水，这个设备就是附有酒瓶舱的储冰槽（Ice Chest with Bottle wells）。这个设备的功能主要有：一是可稳定酒瓶，不致被随手碰倒；二是可借助储冰槽的槽壁保持酒的冷却。

4. 瓶酒储藏柜

瓶酒储藏柜（Liquor Storage）主要用于存放烈性酒、红葡萄酒等无须冷藏存放的酒品及其他调酒服务用品。

5. 干品储藏柜

干品储藏柜（Dry Storage）主要用于存放干果、小食品等。

（四）制冷设备

1. 冰箱

冰箱（Refrigerated Storage），是酒吧中用于冷藏酒水饮料，保存适量酒品和其他调酒用品的设备。如果是较大的需要配备两个冰箱的酒吧，可以一个用于冷藏白葡萄酒、香槟、玫瑰红葡萄酒、啤酒及各种水果原料，另一个存放软饮料、配料、装饰物等。如果只配备一个，冰箱内部要进行合理的分层分隔，以便存放不同种类的酒品和调酒用品。柜内温度要求保持在 4℃ ~8℃。

2. 立式冷柜

立式冷柜（Wine Cooler），用于专门存放香槟和白葡萄酒。其全部材料都是木制的，里面分成横竖成行的格子，香槟及白葡萄酒横插入格子存放。温度保持在4℃~8℃。

3. 上霜机

上霜机（Glass Chiller），用来冰镇酒杯的设备，以帮助酒水达到最佳饮用效果。

图7-4 立式冷柜

（五）制冰设备

1. 制冰机

制冰机（Ice Cube Machine），是酒吧中用于制作冰块的机器，制冰机是酒吧中必不可少的一个设备，因为冰块的质量会直接影响到所制作的酒水的质量，因此酒吧应尽可能配备制冰机。制冰机又称冷粒机，是一种专门生产小块食用冰的冷冻设备，所制的冰粗大块的为28mm×28mm×20mm；中粒的为25mm×25mm×20mm。形状有长方体、正方体、棱柱、棱台、圆柱、圆台、薄片等。四方体形的冰块使用起来较好，不易融化。较好的制冰机往往还配有碎冰机。

图7-5 制冰机

2. 碎冰机

碎冰机（Crushed Ice Machine），是用来将冰块根据需要制作成小颗粒冰的机器。它可以将冰块粉碎，得到不规则的细冰粒，或粉碎成极小的薄冰"雪花"（也称刨冰）。

（六）清洗设备

1. 洗杯机

洗杯机（Washing Machine）用来清洗杯具。将酒杯放入杯筛中再放进洗杯机里，洗杯机中有高温蒸汽管和自动喷射装置，调好程序按下相应的按钮，即可清洗。有些较先进的洗杯机还有自动输入清洁剂和催干剂的装置。洗杯机有多种型号，可根据需要选用：较大的洗杯机，可放入整盘的杯子进行清洗；每次只能洗一只杯子的小型旋转式洗杯机，可放在吧台边上，方便调酒师随

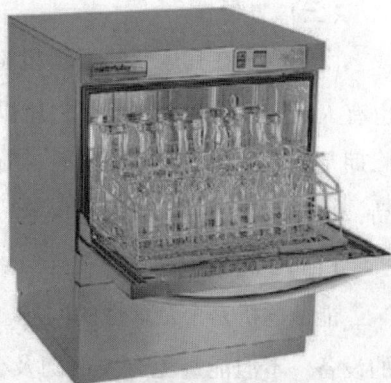

图7-6 洗杯机

时使用。

2. 带有滴水板的三格洗涤槽

带有滴水板的三格洗涤槽（Three – compartment Sink with Drain – boards）可用来作为手工方式清洗水杯的设备。带有滴水板的三格洗涤槽，包括洗涤槽（内有自动洗涤刷）、冲洗槽和消毒槽，分别具有初洗、刷洗和消毒功能。滴水板在洗涤槽两侧，可将清洗过的水杯放在滴水板上自然风干，确保酒杯绝对干净。

3. 洗手池

洗手池（Hand Sink）即调酒师及服务人员的专用洗手池。

二、吧台区设备设施的配置原则

设备的配置是酒吧经营及管理的一个重要问题，应由酒吧经理负责此项工作，并组织有关人员进行综合评估。选择设备时不仅要考虑技术上的先进，经济上的合理，而且在布局时要考虑最后组合原则。下面是酒吧设备配置应考虑的几个原则。

（一）适用性

酒吧所购置的设备其各项性能指标都能达到酒吧经营的要求，这一点是最基本的。同时要看这种性能可维持多长时间。对设备性能的考察，一是在可能情况下了解机械设备实际工作的情况；二是争取试用后再购买；三是多方面了解用过此种设备的客户的体会。

（二）美观性

这是由酒吧经营自身的特点决定的。设备设施的外观应与酒吧的风格、档次、气氛布置相协调，并要以高雅、做工精细、容易保洁为标准。

（三）方便性

由于酒吧在其运营的组织机构中不可能有较多的专业技术人员，同时，酒吧行业也有人员流动性较大的特点，所以，酒吧的设备设施应尽可能地体现操作及使用方便、修理及保养方便的原则。同时，对于同性能的设备，应尽可能地购买本国、本地的产品，这样便于售后的维修和保养。

（四）节能性

能源危机是个全球性的问题。酒吧在购置设备时同样应考虑这个问题。节能性好的设备，不但能避免有关部门及公众的投诉，而且能降低酒吧成本，提高经济效益。节能性好的设备，表现为效率高，能源利用率高，而能源消耗量低。

（五）低噪声

噪声问题直接关系到酒吧经营环境及经营气氛，因而也直接影响顾客的消费情绪。所以，设备噪声的大小应是酒吧经营者关注的问题。

任务二 酒吧吧台的设置和门厅设计

一、吧台设置

吧台设置要因地制宜，在布置吧台时，一般要注意以下几点。

（一）要视觉显著

即客人在刚进入时便能看到吧台的位置，感觉到吧台的存在，因为吧台应是整个酒吧的中心，酒吧的标志，客人应尽快地知道他们所享受的饮品及服务是从哪儿发出的。所以，一般来说，吧台应在显著的位置，如进门处、正对门处等。

（二）要方便服务客人

即吧台设置对酒吧中任何一个角度坐着的客人来说都能得到快捷的服务，同时也便于服务人员的服务活动。

（三）要合理地布置空间

尽量使一定的空间既要多容纳客人，又要使客人并不感到拥挤和杂乱无章，同时还要满足目标客人对环境的特殊要求。在入口的右侧，较吸引人的设置是将吧台放在距门口几步的地方，而在左侧的空间设置半封闭式的火车座，同时应注意，吧台设置处要留有一不定期的空间以利于服务，这一点往往被一些酒吧所忽视，以至于使服务人员与客人争占空间，并存在着服务时由于拥挤将酒水洒落的危险。

（四）酒吧结构

因酒吧的空间形式、结构特点不一样，吧台最好是由经营者自己设计，所以经营者必须要了解吧台结构。

1. 吧台设计类型

吧台就其样式来说主要有三种基本形式，其中最为常见的是两端封闭的直线形吧台。这种吧台可突入室内，也可以凹入房间的底端。直线吧台的长度没有固定尺寸，一般认为，一个服务人员能有效控制的最长吧台是 3 米。如果吧台太长，服务人员就要增加。

另一种形式的吧台是马蹄形，或者称为"U"形吧台。吧台伸入室内，一般安排 3 个或更多的操作点，两端抵住墙壁，在"U"形吧台的中间可以设置一个岛形储藏室用来存放用品和冰箱。第三种吧台类型是环形吧台或中空的方形吧台。这种吧台的中部有个"中岛"供陈列酒类和储存物品用。这种吧台的好处是能够充分展示酒类，也能为客人提供较大的空间，但它使服务难度增大。若只有一个服务人员，则他必须照看四个区域，这样就会导致服务区域不能在有效的控制之中。

2. 吧台设计注意事项

为了操作方便及视觉的美观，吧台在设计时应注意以下几点：

酒吧是由前吧、操作台（中心吧）及后吧三部分组成。

吧台高度为 1~1.2 米，但这种高度标准并非为绝对真理，应随调酒师的平均身高而定。

前吧下方的操作台，高度一般为 76 厘米，但也并非一成不变，应根据调酒师身高而定。一般其高度应在调酒师手腕处，这样比较省力。操作台通常包括下列设备：三格洗涤槽（具有初洗、刷洗、消毒功能）或自动洗杯机、水池、拧水槽、酒瓶架、杯架，以及饮料或啤酒配出器等。

后吧高度通常为 1.75 米以上，但顶部不可高于调酒师伸手可及处，下层一般为 1.10 米左右，或与吧台（前吧）等高。后吧实际上起着储藏、陈列的作用，后吧上层的橱柜通常陈列酒具、酒杯及各种酒瓶，中间多为配制混合饮料的各种烈酒，下层橱柜存放红葡萄酒及其他酒吧用具。安装在下层的冷藏柜则作冷藏白葡萄酒、啤酒以及各种水果原料之用。

前吧至后吧的距离，即服务人员的工作走道，一般为 1 米左右，且不可有其他设备向走道突出。顶部应装有吸塑板或橡皮板顶棚，以保证酒吧服务人员的安全。走道的地面铺设塑料或木头条架，或铺设橡垫板，以减少服务人员长时间站立而产生疲劳。

二、门厅设计

最规范的入口门厅从门入口起就应直接延伸，一进门就应马上看到吧台、操作台。门厅本身又具备宣传作用，从外观上应非常吸引人。

门厅一般都有交通、服务和休息等功能，它是客人对酒吧产生第一印象的重要空间，也是形成格调的地方，客人对酒吧气氛的感受及定位，往往是在门厅，所以它是酒吧必须进行重点装饰陈设的场所。

酒吧门厅是接待客人的场所，所以其布置必须有产生温暖、热烈、深情的接待氛围，又要求美观、高雅、不宜过于复杂，还要根据酒吧的大小、格式、墙壁、家具装饰色彩，选用合适的容器装饰酒。

门厅是重要的"交通枢纽"，人流频繁，来去匆匆，不宜让客人过多停留，所以厅内陈设宜采用观赏性的艺术陈设，技艺精湛、精雕细刻、内容丰富需要细加欣赏的艺术品不宜在此处陈设。

在灯光方面，无论是何种格调的大厅，都适宜采用明亮、舒适的灯光，而形成明亮的空间，产生一种凝聚的心理效果。厅中的主要家具是沙发，根据需要在休息区域内排列组合，或置于门厅的中心一侧，可以是固定性、常规性地布置于某区域，也可以是根据柱子的位置设置沙发，但其形式和大小要以不妨碍交通为前提，并要与门厅的大空间相协调。与门厅相协调并同样重要的是外部招牌及标志的设置，它是吸引目标客人最重要的部分，同时要根据目标客人的特殊心理需要而设计。

酒吧创造的不是表面装饰材料的粘接，而是根据其功能分区，不同标志以及文化色彩整理出一个适合客人特殊需求的厅内装饰，大厅的风格并不突出，但要以大方的线条和色彩画出一个美妙的厅内空间。

任务三 酒吧设备管理

一、全面了解酒吧设施和酒吧设备

酒吧设施设备是酒吧固定资产的重要组成部分，对酒吧的正常营业起着举足轻重的作用，是酒吧成本控制的一个方面。所以，作为酒吧管理人员，必须对各种酒吧设施和酒吧设备了如指掌，特别要掌握酒吧设备的正确使用方法，全面发挥它们的功效。减少酒吧设备的使用故障和损坏，为酒吧的正常经营提供保障。

二、对员工进行培训

许多酒吧的员工培训中，管理者只重视酒水知识和酒吧服务技巧的讲解，忽视酒吧设备操作、管理和维护方面的知识。因为培训不充分，导致工作中酒吧设备损坏及其使用寿命缩短，使酒吧受到巨大的损失。因此，酒吧设备的使用方法和维护常识应纳入员工的培训课程，要结合实物进行详细的讲解，同时配合操作演示。这是酒吧成本控制的另一个方面。

三、加强酒吧设备使用的监督力度

在工作中不断进行监督检查，发现故意损坏酒吧设备的要严肃处理，对不正确使用酒吧设备的要予以制止，确保员工在工作中正确使用酒吧设备。

任务检测

一、选择题

1. 酒吧有多种分类方法，下列不属于按服务方式分类的是（ ）。

A. 立式酒吧　　　B. 宴会酒吧　　　C. 外卖酒吧　　　D. 纯饮品酒吧

2. 下列哪一项不属于前吧的设备（ ）。

A. 三格洗涤槽及滴净板　　　　　B. 洗手池

C. 酒吧展示柜　　　　　　　　　D. 电咖啡壶

3. 吧台区设备设施配置的最基本原则是（ ）。

A. 节能性　　　B. 美观性　　　C. 适用性　　　D. 低噪性

4. 酒吧的经营必须要对社会有所贡献，得到社会的认可，以获得（ ）。

A. 社会效益目的　　　　　　　　B. 经济效益目的

C. 生态效益目的　　　　　　　　D. 发展目的

5. （ ）是整个酒吧的中心，要求视觉显著。

A. 吧台　　　B. 舞台　　　C. 音控室　　　D. 座位区

二、简答题

1. 酒吧的分类方式有哪些？有哪些酒吧类型？

2. 酒吧的经营特点是什么？

3. 酒吧吧台设置的原则有哪些？

项目八   酒单的设计与筹划

学习目标

知识目标

初步了解酒单，了解酒单的实施原则，了解酒单的设计原则。

技能目标

掌握酒单的设计标准和原则，能够设计简单的酒单。

案例导入

葡萄酒酒单

想象一下，你坐在一家高级餐厅里，旁边是你最重要的客户，而你面前放着一本比大学教科书还要厚的葡萄酒酒单，那么你如何才能挑选出合适的酒？这就需要你首先了解一下葡萄酒酒单的三种组织方式。

1. 按照葡萄品种编写的酒单

这种类型的酒单是按照酿酒用的主要葡萄品种组织而成的。它可能还会按照国家或洲区进一步细分。美国人习惯先考虑葡萄品种再看原产地。尽管有条例禁止顶级葡萄酒将葡萄品种列在标签上，但是很多欧洲国家现在正努力提高对葡萄品种的关注度。在酒单中受欢迎的葡萄品种，如霞多丽、长相思、黑皮诺、赤霞珠会列在上面；还有酿造红白葡萄酒的其他葡萄品种的列表。那些知名度不太高的葡萄品种列表也很特别，在这部分，也总能找到一些物美价廉的酒。

2. 按照地域编写的酒单

这类酒单由原产国家组织而成，往往还有更加具体的分支，像华夏酒报、中国酒业风向标，这是传统型的葡萄酒酒单。如果你喜欢法国葡萄酒，这种类型的酒单找起来就很容易：找到法国葡萄酒列表，然后看看上面有哪些地区或葡萄就可以选择了。在这种类型的酒单上，葡萄品种可能列在酒的旁边。来自美国的大部分葡萄酒酒标上通常要列上葡萄品种，所以对他们来说这不是问题。但是，欧洲葡萄酒行业总是关注葡萄酒的产地，并认为我们知道生长于该产地的葡萄，所以尽管勃艮第的主要葡萄品种是霞多丽和黑皮诺，但他们不会显示在勃艮第优质葡萄酒的酒瓶上。

3. 按气味变化编写的酒单

这种酒单是一种相对较新的类型，由气味和酒体的变化组织而成。典型的一种分类可能是干、轻度酒体的白葡萄酒。这个分支上的酒可能会从中度到饱满酒体排列。这就使得用餐者可以寻找他们想要喝的葡萄酒，然后在相同风味的酒和酒体的列表中选择一款，你最喜欢的葡萄酒或国家可能列在很多不同的分类里。一旦你掌握了这类酒单的窍门，他们就会很有意思。他们不需要任何专门的地理或关于葡萄的知识，只需知道自己喜欢的是什么。

去餐厅吃饭，碰到百分之八十的酒单都会是地域或葡萄品种类型的，但气味变化型的酒单可能成为将来的趋势。

任务一　酒单概述

酒单就是酒吧所提供的酒水和服务的目录。酒吧将自己所提供的具有各种不同口味的饮品、小吃、果品、食品等，经过科学的组合，排列于纸张上，供光临酒吧的顾客进行选择。酒单的定制和设计对酒吧来说是至关重要的。酒单的内容由名称、数量、价格及描述四部分组成。

一、名称

名称必须通俗易懂，冷僻、怪异的字尽量不要用。命名时可按饮品的原材料、配料、饮品、调制出来的形态命名，也可以按饮品的口感冠以优美的名称，还可针对客人的心理，抓住饮品的特色加以夸张等。

二、数量

应给客人明确的说明，是一盎司，还是一杯及它是多大的容量。客人对不明确的信息品种总是抱着怀疑及拒绝的态度，应告诉客人这些相关的信息，让客人在消费中比较，并提出意见建议。

三、价格

客人如果不知价格，便会使客人无从选择。在餐厅中标着"时价"的菜品，客人很少点用，道理是一样的。所以，在酒单中，各类品种必须明确标价，让客人可以自由选择。

四、描述

对某些新推出或引进的饮品应给客人明确的描述，客人了解其配料、口味、做法及饮用方法，对一些特色饮品可配彩图，以增加真实感。

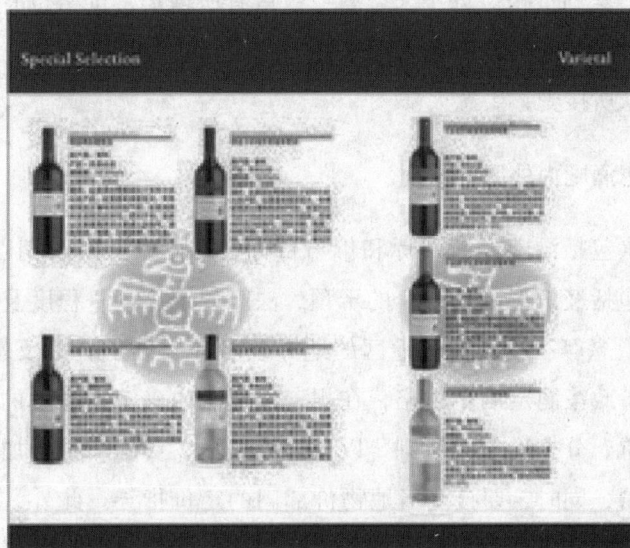

图 8-1 酒单

任务二 酒单的实施策略

一、价格反映产品价值的原则

酒单上饮品是以其价值为主要依据制定的，其价值包括三部分：①原材料消耗的价值，设备、服务设施和家具用品等耗费的价值；②以工资、奖金等形式支付给劳动者的报酬；③以税金和利润形式为企业和国家提供的积累。档次高的酒吧，其定价适当高些，因为该酒吧的各项费用的投入高。地理位置好的酒吧比地理位置差的酒吧因地租较高，其价格也可以略高一些。

二、适应市场供求规律的原则

就一般市场供求规律而言，酒单的价格要围绕价值的运动，是在价格、需求和供给之间的相互调节机制下实现的，表现为以下几个方面。

当某种商品的供应量一定时，其需求量增加，价格会倾向上涨；其需求量减少，价格则趋于下降。这是需求规律。

当某种商品的需求量一定时，其供应量增加，价格就会下降；其供应量减少，价格就会上升。这是供给规律。

前几年，我国酒吧因高档酒吧数量太少，难以满足人们的需求，使酒吧饮品价格订得过高，形成了暴利价格。近年来，酒吧数量有所增加，价格也有所下降，但总体来说，酒单的定价还是超出了市场的需求能力及消费者的消费水平。近年出现的迪厅吧的价格较为大众所接受，生意火暴。

三、综合考虑酒吧内外因素原则

酒吧内部因素包括酒吧经营目标和价格目标、酒吧投资回收期以及预期收益等；酒吧外部因素则包括经济形势、政府的干预、法律规定、竞争程度及竞争对手定价状况、顾客的消费观念等。我国很多地区的地方政府都制订了有关反暴利法规，所以，要根据国家的物价政策制定酒单价格，在规定的范围内确定本酒吧的毛利率。定价人员要贯彻按质论价、分等论价的原则，以合理的成本、费用和税金加合理利润的原则来制订酒单的定价，同时，要接受当地物价部门的定价指导。此外，价格与产品政策之间的关系、价格与广告推销策略之间的关系、价格与销售渠道策略之间的关系，也都应认真加以考虑。

四、灵活机动的原则

现代企业强调价格决定的动态性和灵活性。酒吧的定价要求在依据上述原则的前提下，考虑形成定价的各种因素。在市场不断变化的情况下，酒吧只有根据市场情况灵活地制订和调整价格，才能使酒单的定价不断趋于合理。

任务三　酒吧酒单筹划与设计

一、酒单制定依据

（一）目标客人的需求及消费能力

任何企业，不论其规模、类型和等级，都不可能具备同时满足所有消费者需求的能力和条件，企业必须选择一群或数群具有相似消费特点的客人作为目标市场，以便更好、更有效地满足这些特定客群的需求，并达到有效吸引客群、提高赢利能力，酒吧也一样。如：有的酒吧以吸引高消费的客人为主，有的酒吧以接待工薪阶层、大众消费为主；有的酒吧以娱乐为主，吸引寻求发泄、刺激的客人；有的酒吧以休息为主；有的酒吧办成俱乐部形式，明确地确定了其目标客人；度假式酒吧的目标客人是度假旅游者，车站、码头、机场酒吧的目标客人是过往客人，市中心酒吧的目标客人为本市及当地的企业和个人。而不同客群的消费特征是不同的，这便是制定酒单的基本依据。尽管企业选定的目标市场都由具有相似消费特点的客人组成，但其中不同的个人往往有着不同的心理消费需求，如有的人关心饮品的口感，有的人关心的可能是价格，有的人关心酒吧的环境，有的人注重所享受的服务，有的则是消费的便利性等。总之，只有在及时、详细地调查了解和深入分析目标市场各种特点和需求的基础上，酒吧才能有目的地在饮品品种、规格水准、价格、调制方式等方面进行计划和调整，从而设计出为客人所乐于接受和享用的酒单内容。

（二）原料的供应情况

凡列入酒单的饮品、水果拼盘、佐酒小吃，酒吧必须保证供应，这是一条相当重要但极易被忽视的餐饮经营原则。某些酒吧酒单上虽然丰富多彩、包罗万象，但在客人需要时却常常得到这没有那也没有的回答，导致客人的失望和不满，直接影响到酒吧的信誉度。这通常是原料供应不足所致，所以在设计酒单时就必须充分掌握各种原料的供应情况。

（三）调酒师的技术水平及酒吧设施

调酒师的技术水平及酒吧设施在相当程度上也限制了酒单的种类和规格，不考虑这些因素而盲目设计酒单，即使再好也无异于"空中楼阁"。如果酒吧没有适当的厨房空调设施，强行在酒单列出油炸类食品，当客人需要制作时，会使酒吧油烟四漫而影响客人消费及服务工作的正常进行；如果调酒师在水果拼盘方面技术较差，而在酒单上列出大量时髦性造型水果拼盘，只会在客人面前暴露酒吧的缺点并引起客人的不满。

另外，酒单上各类品种之间的数量比例应该合理，易于提供的纯饮类与混合配制饮品应搭配合理。

（四）季节性考虑

酒单制作也应考虑不同季节，客人对饮品的不同要求，如冬季客人消费热饮，则酒单品种应作相应调整，大量供应如热咖啡、热奶茶等，甚至为客人温酒；夏季则应以冷饮为主，供应冰咖啡、冰茶、冰果汁等，这样才能符合客人的消费需求，使酒吧有效地销售其产品。

（五）成本与价格考虑

饮品作为一种商品是为销售而配制的，所以其销售应考虑该饮品的成本与价格。成本与价格太高，客人不易接受，该饮品就缺乏市场；如压低价格，影响毛利，又可能亏损。因此在制定酒单时，必须考虑成本与价格因素。从成本的角度来说，虽然在销售时已确定了标准的成本率，但并不是每一种饮品都符合标准。在制定酒单时，既要注意一种饮品中高低成本的成分搭配，也要注意一张酒单中高低成本饮品的搭配，以便制定有利于竞争和市场的推销价格，并保证在整体上达到目标毛利率。

（六）销售记录及销售史

酒单的制作不能一成不变，应随客人的消费需求及酒吧销售情况的变化而改变，即动态地制作酒单。如果目标客人对混合饮料的消费量大，就应扩大此类饮料的种类；如果对咖啡的销售量大就可以将单一的咖啡品种扩大为咖啡系列，同时将那些客人很少点要的，或根本不要而又对储存条件要求较高的品种从酒单上删除。

二、酒单制作技巧

一个好的酒单设计，要给人秀外慧中的感觉，酒单形式、颜色等都要和酒吧的水准、气氛相适应，所以，酒单的形式应不拘一格。酒单的形式可采用桌单、手单及悬挂式酒单三种。从样式看可采用长方形、圆形，或心形、椭圆形等样式。

（一）桌单

桌单是将具有画面、照片等的酒单折成三角或立体形，立于桌面，每桌固定一份，客人一坐下便可自由阅览，这种酒单多用于以娱乐为主及吧台小、品种少的酒吧，简明扼要，立意突出。

（二）手单

手单最常见，常用于经营品种多、大吧台的酒吧，客人入座后再递上印制精美的酒单。手单中，也可采用活页式酒单，活页式酒单便于更换。如果调整品种、价格、撤换活页等，用活页酒单就方便多了，也可将季节性品种采用活页，定活结合，给人以方便灵活的感觉。

（三）悬挂式酒单

悬挂式酒单一般在门庭处吊挂或张贴，配以醒目的彩色线条、花边，具有美化及广告宣传的双重效果。

酒单不仅是酒吧与客人间沟通的工具，还应具有宣传广告效果。客人不仅是酒吧的服务对象，也是义务推销员，有的酒吧在其酒单扉页上除印制精美的图案外，还配以优美的小诗或祝福语，具有文化气息。同时，加深酒吧的经营立意，并拉近与客人间的心灵距离。

同时，酒单上也应印有酒吧的简介、地址、电话号码、服务内容、营业时间、业务联系人等，以增加客人对酒吧的了解，发挥广告宣传作用。

三、酒单设计的注意事项

（一）规格和字体

酒单封面与里层图案均要精美，且必须符合酒吧的经营风格，封面通常印有酒吧的名称和标志。酒单尺寸的大小要与酒吧销售饮料品种的多少相对应。

酒单上各类品种一般用中英文对照，以阿拉伯数字排列编号和标明价格。字体印刷端正，使客人在酒吧的光线下容易看清。件类品种的标题字体与其他字体有所区别，既美观又突出。

（二）用纸选择

一般来说，酒单的印制从耐久性和美观性方面考虑，应使用重磅的铜版纸或特种纸。纸张要求厚并具有防水、防污的特点。纸张的颜色有纯白、柔和素淡、浓艳重彩之分，通过不同色纸的使用，使酒单增添不同色彩。此外，纸张可以用不同的方法折叠成不同形状，除了可切割成最常见的正方形或长方形外，还可以特别设计成各种特殊的形状，让酒单设计更富有趣味性和艺术性。

（三）色彩运用

色彩设计，需根据成本和经营者所希望产生的效果来决定用色的多少。颜色种类越多，印刷的成本就越高；单色菜单成本最低。

酒单设计中如使用两色，最简便的办法是将类别标题印成彩色，如红色、蓝色、棕色、绿色或金色，具体商品名称用黑色印刷。

四、酒单定价原则

（一）价格反映产品价值的原则

酒单上饮品是观其价值为主要依据制定的，但层次高的酒吧，其定价较高些，因为该酒吧的各项费用高；地理位置好的酒吧比地理位置差的酒吧，因店租较高，其价格也可以略高一些等。

（二）适应市场供需规律的原则

就一般市场供需规律，价格围绕价值的运动，是在价格、需求和供给之间的相互调节实现的。

（三） 综合考虑酒吧内外因素原则

酒吧内部因素。包括酒吧经营目标和价格目标、酒吧投资回收期以及预期效益等。酒吧外部因素。要考虑经济趋势、法律规定、竞争程度及竞争对手定价状况、客人的消费观念等。

五、其他事项

设计酒单时还应注意以下问题：

（1）一般是将受客人欢迎的商品或酒吧计划重点推销的酒品放在前几项或后几项，即酒单的首尾位置及某种类的首尾位置。

（2）更换酒单的品名、数量、价格等需要随时更换，不能随意涂去原来的项目或价格换成新的项目或价格。如随意涂改，一方面会破坏酒单的整体美，另一方面会给客人造成错觉，影响酒吧的信誉。所以，如果更换，必须更换整体酒单，或从一开始的设计上针对可能会更换的项目采用活页。

（3）筹划设计酒单关键是要"货真价实"，即表里一致，不能只做表面文章，华而不实。

☕ 任务检测

一、选择题

1. （　　）是酒吧经营计划的执行中心、是酒吧经营计划的实施基础。

A. 酒单　　　　　B. 酒吧　　　　　C. 酒水　　　　　D. 酒会

2. （　　）最常见，常用于经营品种多、大吧台的酒吧，客人入座后再递上印制精美的酒单。

A. 手单　　　　　B. 桌单　　　　　C. 悬挂式酒单　　　D. 西餐厅酒单

3. 市场有同类饮品的情况下可将产品价格定得很低，目的是为使产品迅速地被消费者接受，使酒吧能迅速打开和扩大市场，尽早在市场上取得领先地位，该策略属于（　　）。

A. 市场暴利价格策略　　　　　　B. 市场渗透价格策略

C. 短期优惠价格策略　　　　　　D. 垄断价格策略

4. （　　）是沟通客人和酒吧经营者的桥梁，是酒吧无声的推销员。

A. 调酒师　　　　B. 酒吧音乐　　　C. 酒单　　　　　D. 酒吧饮品

5. （　　）是酒单的中心内容，直接影响客人对酒水的选择。

A. 酒水品种　　　B. 酒水名称　　　C. 酒水价格　　　D. 酒品介绍

二、简答题

1. 酒单的作用有哪些?

2. 按照酒吧的经营特色,酒单可以分为哪几种类别?

3. 酒单策划的步骤有哪些?

项目九 酒吧经营与营销管理

学习目标

知识目标

了解酒吧经营计划的特点和内容、酒吧经营计划的任务、酒吧营销管理等知识，使学习者对酒吧经营和营销有初步的了解。

技能目标

掌握酒吧经营计划的相关内容和酒吧营销的原则和策略。

案例导入

酒吧 "搞怪" 营销策划案例之 "喝好不喝醉" 让顾客尽兴而归

似乎去酒吧喝酒就是图个开心喝个痛快，"喝好不喝醉"看上去似乎不真实。经营酒吧的人一般都是希望客人喝的酒水越多越好，这样自己所赚的钱才能够越多。但是在德国有一家酒吧却在经营法则中明确表示绝不能让客人喝醉酒。该家酒吧所供应的各种美酒通常都是经过特殊处理的，虽然酒香浓郁，但所含酒精度很低，顾客即使开怀畅饮，也不易喝醉，因此吸引了大批顾客。来该家酒吧喝酒的客人也都是好奇而来，尽兴而归，而且回头率相当高。特别是那些厌恶丈夫酗酒的妻子，更是喜欢这家酒吧，有的还经常陪着丈夫来就餐。

看到这里大家感觉这则酒吧营销策划如何呢？

任务一 酒吧经营计划的特点和内容

酒吧经营计划是根据市场供求关系，在分析酒吧内外客观环境的基础上，对酒吧管理的任务和目标及其实现措施所做的安排。它是酒吧经营思想、经营目标、方针及经营策略的具体化，是酒吧经营活动的总纲。

一、酒吧经营计划的特点

（一）经营计划的决策性

经营计划是以酒水销售企业作为相对独立的商品生产者和经营者为前提，根据企业外部环境和内部实力制定和编制的，它直接关系到企业的生存与发展。因此，经营计划要求企业主动研究市场，找到独特的经营领域，发挥优势，体现企业的进取精神。

（二）经营计划的目标性

从本质上说，计划管理就是确定目标，组织业务活动的开展，保证计划指标的实现。因此，酒吧经营计划必须以企业经营方针为指导，分析客观环境，掌握市场供求关系的变化，做好预测，实现企业与外部环境的动态平衡，并获得良好的经济效益和社会效益。因此，酒吧经营计划实质上是目标管理的具体运用。

（三）经营计划的层次性

酒吧经营计划有店级计划、基层作业计划，酒吧部门内部还有原料采购计划、生产计划、餐饮销售计划、成本计划等。从计划指标的安排，各级、各部门、各餐厅的计划都是相互联系、相互依存的。

（四）经营计划的综合性

酒吧经营计划业务上涉及采购、储藏、生产和销售，内容上涉及各级、各部门的收入、成本、费用和利润，计划的贯彻执行涉及业务管理的全过程，体现在供、产、销活动的各个方面。因此，酒吧经营计划必须以经济效益为中心、以销售预测为起点、以业务经营活动为主题、以经营措施为保证，具有较强的综合性。

（五）经营计划的操作性

酒吧经营计划能够使每一个部门与员工明确自己的具体工作任务，找到相应的具体工作方法，从而脚踏实地的开展工作。经营计划的操作性，通过把工作目标分解为可评价的任务指标，把工作条件落实为可测量的资源配置，把工作途径确定为可规范的行为方式，使企业战略转化为具体生动的员工行动。

（六）经营计划的激励性

酒吧经营计划使企业利益和职工个人利益有机结合，使企业成员为了一个共同目标，形成一股强大的动力，即激励企业全体员工为提高企业经营效益而努力。

二、酒吧经营计划的要求

（一）重视协调性

计划既要注重酒吧内部各环节、各部门之间的相互协调，又要注重酒吧与外部环境条件之间的充分协调。协调计划的根本目的是使酒吧的既定目标得以实现。每种计划的指标都存在一个可以接受的范围。协调计划的最终结果应能使酒吧获得最大限度的效益。

（二）加强灵活性

（1）酒吧计划指标要留有余地。①要积极。经过努力可以办到的事，要尽量安排，努力争取办到。②要可靠。酒吧计划指标要以酒吧资源条件做保证，能够通过努力实现。尽力而为和量力而行相结合，使酒吧计划既具有先进性又具有科学性。

（2）要有应变措施。只有这样，才不会致使酒吧经营在出现紧急或意外事件时无所适从。

（3）要有备选方案，如某酒吧在 2011 年第三季度有 3 套（A、B、C）短期计划。A 计划是"激进的"，B 计划是"基本的"，C 计划是"保守的"。

（三）消除计划隔阂

"计划隔阂"是指存在于酒吧经营企业内部各部门和个人之间的有关期望、目标和基本观念的分歧。各个部门和个人之间的出发点不同，他们对于酒吧计划的目标、步骤等的理解也会不同，这也会导致计划隔阂的产生。

（四）填补酒吧计划的空隙

"计划空隙"是指酒吧经营企业内部由于缺乏充分的信息沟通而造成的某些管理层次对总目标，计划的前提、策略、政策，上下级的计划等方面的不了解。要做到以下几点：①企业经营计划信息应当尽可能具体和详尽；②上级主管人员应向下级阐明并解释计划；③尽可能地给下级参与计划的机会，让计划工作人员和主要下级人员一起制订计划、建立计划工作委员会、成立管理俱乐部。

三、酒吧经营计划的内容

酒吧经营计划的内容是根据市场状况、竞争态势和业务活动的需要来确定的。从不同的角度考虑，主要包括以下几个方面的内容。

（一）销售计划

销售市场营销的前提和基础，也是市场营销的本质表现和各种交易行为的直接反映。它根据市场要求，分析企业的档次和结构、接待对象、接待能力来制定的，其主要内容包括接待人次、座位周转率、人均消费，产品种类、销售总收入，销售利润等。

（二）原材料计划

酒水、调酒用品等原材料供应保证酒吧产品生产需要，完成销售计划的前提和保证，其计划指标是以原材料采购为主。由于酒水原材料种类很多，难以确定各种原材料的具体需要量，因此计划的内容主要包括采购成本、库房储备、资金周转、期末库存等。

（三）产品生产计划

酒吧产品生产计划是以酒吧销售计划为基础，通过计划指标的分解来制订的。以短期计划为主，其内容包括：花色品种的安排、酒吧原材料消耗、任务安排、单位产品成本控制等。

（四）酒吧服务计划

酒吧服务过程就是酒吧产品销售过程。酒吧服务质量是酒吧管理的生命，它直接影响客人需求产品的销售和营业收入。酒吧服务计划是以提高服务质量、扩大产品销售为中心，根据酒吧类型、环境和接待服务规划来制定。

计划的内容主要包括服务程序安排、服务质量标准、人均接待人次、职工人均创收、优质服务达标率和客人满意度等。

（五）经营利润计划

酒吧管理的最终目的是满足个人需求的前提下，获得优良的经济效益，其经济计划又称财务计划，本质上是一个利润计划。它根据酒吧生产销售、劳动工资、成本等计划编制，对保证企业的经营和合理使用资金起到重要作用。酒吧经营利润计划主要包括营业收入计划、营业成本计划、营业费用计划和营业利润计划，是酒吧生产经营状况的综合反映。

（六）技术组织措施计划

技术组织措施计划规定酒水经营企业在计划年度内调酒师等改进调酒技术，技艺和组织的各项措施的项目、进度、预期的经济效果及实现措施所需的人力、材料、费用和负责人及执行单位。技术组织措施计划实施是酒吧实现产品生产计划和服务计划等的技术组织保证，对企业发挥内部潜力、改造薄弱环节和增产节约起重要作用。

任务二　酒吧经营计划的任务

酒吧经营计划的任务是通过计划编制、计划的执行和对计划的控制来反映的，它体现在业务管理过程的始终。具体任务包括以下几个方面。

一、分析经营环境与收集计划资料

经营环境分析主要是指市场环境；计划资料收集主要包括酒吧顾客接待人次、增长比率、停留天数、旅客流量等对酒吧计划目标的影响；酒吧近年来的营业收入、营业成本、营业费用、营业利润、成本率、费用率、利润率等各项指标的完成结果及其变化规律。将这些资料收集起来，经过分析整理，同市场环境结合，为编制酒吧经营计划提供客观依据。

二、预测计划目标，编制计划方案

酒吧经营计划的内容和结果最终通过收入、成本、费用和利润等计划指标反映出来。预测计划目标，编制计划方案重点是做好以下五个方面的工作。

①根据市场动向、特点和发展趋势，以调查资料为基础，预测酒吧的上座率、接待人次、人均消费和营业收入。

②分析食品原材料消耗，制定各酒吧标准成本，预测成本额、成本率，确定成本降低率指标。

③根据业务需要和计划收入，分析流通费用构成及其比例关系，预测各项费用消耗，确定费用降低率指标。

④分析营业收入、营业成本、营业费用和营业利润的相互关系，预测利润目标。

⑤在上述预测分析的基础上，编制酒吧计划方案，初步确定各项计划指标。

三、搞好综合平衡，落实计划指标

实事求是、综合平衡是计划管理的基本原则。酒吧计划方案完成后，还要搞好综合平衡，落实计划指标。其具体任务是：审查收入、成本、费用和利润的相互关系；审查采购资金、储备资金、周转资金的比例关系，使之保持衔接和协调；审查收入、成本、费用和利润在各部门之间的相互关系，使资源分配和计划任务在各部门之间保持协调发展。

在此基础上，通过召开计划会议，经过分析讨论，做出计划决策，形成各项计划指标，为业务经营活动的开展提供客观依据。

四、发挥控制职能，完成计划任务，其重点是做好三个方面的工作

①以酒吧及厨房为基础，分解计划指标，明确各级、各部门及其各月、各季具体奋斗目标，将全体职工的注意力引导到计划任务上来，共同为完成计划任务而努力工作。

②建立信息反馈系统，逐日、逐周、逐月、逐季统计计划指标完成结果，发现问题，纠正偏差，发挥计划控制职能。

③根据各级各部门计划完成结果，合理分配劳动报酬，奖勤罚懒，择优汰劣，保证计划任务的顺利完成。

任务三　酒吧营销管理

对于酒吧而言，酒吧营销是指酒吧经营者为促成顾客购买、消费，实现酒吧经营目标而展开的一系列有计划、有组织的活动。换句话说，酒吧营销是酒吧通过一系列营销活动不断跟踪顾客需求的变化，及时调整企业整体经营活动，努力获得顾客需要，获得顾客信赖，通过顾客的满意来实现酒吧经营目标，达成公众利益与酒吧利益的一致。

一、营销的目的

酒吧要在市场中树立自己的形象，使目标市场顾客能在较短的时间内了解其经营理念、服务思想、服务特色、服务品种，就必须通过一系列的推销手段向顾客展示自己的产品和服务，不断增加酒吧的知名度，使顾客从视觉、心理感知和消费行为上认同酒吧。

（一）树立良好的社会形象

形象策划是酒吧营销工作的必要前提和基础，最佳的酒吧形象维护手段是酒吧的营销行为。酒吧营销最直接的目的是扩大酒吧的知名度和吸引力，使其在市场上树立起良好的形象，赢得消费者的信赖和好感。

①提升酒吧知名度。一个成功的酒吧必须在当地市场上有一定的知名度，让顾客或大众了解酒吧的名称、位置、提供的服务内容和服务特色。要想做到你无我有、你有我优、你优我变的程度，酒吧需要进行经营手段上的创新。

②提升酒吧美誉度。酒吧通过提供高质量的酒水和一流的服务来满足顾客的需要，提升自身的社会形象和市场口碑，让顾客从心理和行为上喜爱酒吧的产品和服务。

③赢得顾客的认同和信赖。酒吧通过提供产品、服务以及各种宣传活动，让顾客了解酒吧的价值观念、质量标准、服务特点等（即酒吧的经营理念识别和行为识别），使顾客认同酒吧的经营思想和服务理念。

（二）促进酒吧的内部管理

酒吧做好营销工作的前提是理顺各类关系，明晰管理思路，这显然会对酒吧的内部管理产生积极的促进作用。

①创造有利于销售和管理的良好环境。酒吧对营销细节的重视体现在内部环境上，要求从整体到局部，乃至每一个角落、每一个细节，都要使顾客觉得赏心悦目。在消费的同时能够感觉到特有的气氛，使人觉得物超所值。这种环境可以让员工身心愉悦，也可以有效地调动员工工作的积极性和主动性。

②改善员工的整体形象与素质。酒吧开业后，员工在纪律、条件、环境的约束下，会尽心尽责地工作。经过一段时间适应后，会出现工作懒散、纪律松懈等情形，对工作的开展有一定的阻力。所以，既要在员工的整体纪律与心理素质上加强培训，培养员工的集体荣誉感和自豪感，同时还应通过不间断的营销活动改善员工精神面貌，进而提升酒吧形象。

③提高并稳定酒吧服务质量。提高服务员的工作积极性，这是优质服务的首要前提。这时候可以发挥营销活动中的激励措施，结合意见卡等手段，内部人员管理打破常规的模式，奖惩分明，待遇差异，使每个人都有危机感，同时也有收获的喜悦。

（三）促成顾客的购买行为

①吸引顾客的注意力。酒吧通过特色活动来吸引顾客注意力，增强顾客对酒吧的兴趣。

②激起顾客的购买欲望。酒吧是人们精神享受的场所，消费者的购买欲望在特定的环境下会受到其消费情感的左右。如果营销能够使顾客确信能从酒吧产品中得到最大限度的精神享受，就能够激起顾客的购买欲望。

③促成顾客的消费行为。通过酒吧的营销活动，使顾客基本了解酒吧的产品和服务，并对此有了较高的购买欲望后，就实现了促成顾客消费行为的目的。

④稳定酒吧的销售业绩。酒吧数量的迅速增加带来了竞争强度的加大，酒吧销售的起伏变化是由于顾客不稳定的消费引起的。酒吧要通过营销活动，使更多的顾客对酒吧及服务项目产生好感，逐步培养顾客的忠诚度，从而达到稳定销售的目的。

二、确定目标顾客

酒吧在对顾客类型进行鉴别后，经营上的针对性会更明显。只要把不同的目标市场顾客分开，就可以为不同的目标市场顾客服务。通常情况下，人们来酒吧消费的目的各不相同，享受酒水饮料不是最原始的动机。可以根据顾客到酒吧的不同目的，将顾客分成不同的类型：

（一）以就餐消费为主的普通型顾客

这类顾客光顾酒吧的主要目的是享用一顿美味，酒类（鸡尾酒、白酒或餐后酒）消费只是需求的一小部分，消费酒水可增加顾客体验的整体乐趣。

（二）以随机消费为主的过路型顾客

这类顾客通常为了使自己恢复精力，随机到路边的酒吧做短暂休息，他们往往是"一次性"的顾客。那些在酒吧里等飞机、火车或约会朋友的顾客往往属于此类。为这些顾客提供服务的酒吧通常位于办公楼或工厂附近，有些还建在汽车站、火车站、机场或酒店的休息室内。

（三）以娱乐消费为主的休闲型顾客

这类顾客有闲暇时间放松心情，他们经常光顾酒吧寻找刺激、变化或者诉求情感。有时，这类顾客一个晚上也许会光顾几个不同的酒吧，但如果某个酒吧的娱乐项目、酒水等都不错的话，他们会一整晚都待在同一酒吧，甚至成为酒吧的回头客。

（四）以情感消费为主的生活型顾客

有些熟识的人经常聚集在某个酒吧里，享受生活、放松心情。这类顾客在酒吧消费最原始的目的是与自己熟识并喜欢的人在一起。在酒吧里，顾客们觉得像在家里一样心情舒适，一种恬静的消费氛围能给顾客以归属感。

三、分析市场环境

（一）选择恰当的地址

酒吧选址时要注意选择与目标市场邻近的地点，同时，还要注意所选地点潜在顾客的数量及是否存在竞争等问题。具体的选择方法，应由酒吧的顾客市场来决定。如果目标顾客市场是就餐者，则应选择居民区、工作区或两者兼有的地区；如果目标顾客市场是娱乐消遣顾客，则最好选择一个时尚、繁华的地点；对于过路顾客来说，酒吧应选择坐落于过路顾客经常经过的路线上；而对于常客来说，则应选择常客居住的临近场所。

（二）了解潜在的顾客市场

一旦酒吧经营者对于选址问题有了一个整体构架，就应着手了解所选地点是否存在足够的潜在顾客市场。例如：考察人口稠密度、年龄、性别、职业、家庭大小、收入、民族构成、外出就餐花费等统计资料。

（三）分析市场竞争环境

要正确地选址并调查市场潜力，酒吧还要对市场竞争进行分析，看看所选地区顾客需求被满足的程度。调查此地为目标市场服务的所有酒吧，研究它们的产品，估计一下销售量，并把这些酒吧与自己的构想进行对比，考察存在的竞争和市场潜力，看看此地区是否还有发展空间。

（四）分析财务计划的可行性

对企业所选地区及目标市场进行财务计划可行性分析，估算全部资金需求，包括土地和建筑物费用、家具设施费用、开业费用以及开业之初的经营亏损储备金。另外，还要做一个详细的经营计划（包括酒品目录、员工、工时等）和经营预算。在计算销售额时应保守一些，而在估算费用时则应留有较大的浮动额。如果根据期望利润率得出入不敷出的结果，则该地区及目标市场的项目计划为不可行。

四、酒吧营销策略

（一）酒吧形象营销

1. 环境形象营销

一个高品位的酒吧应该营造高品位的环境气氛。酒吧是供人们休闲娱乐的场所，应该营造出温馨、浪漫的情调，使顾客忘记烦恼和疲惫，在消费的过程中获得美好的感受。

（1）酒吧的环境卫生

酒吧卫生在顾客眼中比餐厅卫生更重要。因为酒吧供应的酒水都是不加热直接提供的，所以顾客对吧台卫生、桌椅卫生、器皿洁净程度、调酒师及服务人员的个人卫生习惯、洗手卫生等非常重视。

（2）酒吧的氛围和情调

调酒吧的氛围和情调对一个酒吧酒水的营销也能起促进作用，氛围和情调是酒吧的特色，是一个酒吧区别于另一个酒吧的关键因素。酒吧的氛围通常是由装潢和布局、家具和陈列、灯光和色彩、背景音乐及活动等组成。酒吧的氛围和情调要突出主题，营造独特的风格，以此来吸引客人。

2. 员工形象营销

酒吧员工的仪容、仪表等外在形象，以及员工的工作态度和精神面貌都直接影响酒吧在顾客心目中的形象，影响着顾客的选择与消费，酒吧员工形象营销是酒吧酒水营销的一个很重要方面。

（1）着装

酒吧员工应按酒吧要求着装，保持整洁、合身，反映出岗位特征。

（2）神态

酒吧员工应通过面部表情及眼神变化来吸引顾客，即眼神中应充满自信的神采。

（3）语言

酒吧员工应通过礼貌的语言来表达对顾客的关心和重视，让顾客感到酒吧员工在时时关注着他的需求。

（4）服务规范

酒吧员工标准的服务规范，体现了酒吧的团体精神和员工的合作精神，能给客人一种训练有素的感觉，有利于加强本酒吧在顾客心目中的形象。

（5）工作态度

酒吧员工的工作态度和精神面貌，应给客人留下深刻的印象，强化酒吧的形象，吸引消费者再次光临。

每一个员工都是推销员，他们的外表、服务和工作态度都是对酒吧产品的无形推销。酒吧的良好气氛也有利于酒水的推销。如果酒吧装潢讲究，员工勤于清洁卫生，而调酒师仪容却不端正的话，一切努力都是枉费。

3. 店面形象营销

酒吧的店面形象营销是通过名称、招牌及宣传广告使大众了解酒吧，从而达到销售的目的。

（1）酒吧名称

酒吧名称既要适合其目标市场顾客层次，又要适合酒吧的经营宗旨和情调，只有这样才能树立起酒吧的形象。

（2）酒吧招牌

酒吧的招牌是十分重要的宣传工具，尤其在晚间，酒吧的招牌要非常醒目，这是吸引顾客最直接的宣传形式。酒吧的招牌设计一般要求字体美观且符合酒吧风格，容易引起顾客的注意，加深印象。文字排列要避免误会和混淆不清。酒吧招牌中一般带有"Bar"、"Club"等字样。

（3）酒吧宣传广告

酒吧为了扩大影响，增加销售，常需要印一些广告宣传品放在桌上、柜台上或店内的墙上。精美的广告制品往往让人爱不释手，从而对酒吧产生难以忘怀的印象。

（二）酒吧关系营销

关系营销，又称为顾问式营销，指酒吧在赢利的基础上，建立、维持和促进与顾客和其他伙伴之间的关系，以实现参与各方的目标，从而形成一种兼顾各方利益的长期关系。

关系营销是与关键顾客建立长期的令人满意的业务关系的活动，应用关系营销最重要的是掌握与顾客建立长期良好业务关系的种种策略。

1. 明确专人管理顾客关系

根据酒吧经营与管理的需要，酒吧可明确专人从事顾客关系管理，其职责是制订长期和年度的客户关系营销计划，制订沟通策略，定期提交报告，落实酒吧向顾客提供的各项利益，处理可能发生的问题，维持同顾客的良好业务关系。

2. 加强酒吧与顾客的联系

酒吧通过员工与顾客的密切交流增进友情，强化关系。如经常邀请重要顾客参加各种娱乐活动，使双方关系逐步密切；记住主要顾客及其夫人、孩子的生日，并在生日当天赠送鲜花或礼品以示祝贺。

3. 组织频繁消费奖励活动

频繁消费奖励活动是指向经常消费或大量消费的顾客提供奖励的活动，奖励的形式有折扣、赠送商品、奖品等。

4. 建立顾客俱乐部吸引顾客

酒吧可以组织顾客成立一些主题俱乐部（如运动、商务等），吸收有一定消费量或支付会费的顾客成为会员。在我国，由于顾客俱乐部形式较为少见，受到邀请的顾客往往感到声誉、地位上的满足，因此很有吸引力。酒吧不但可以借此赢得市场占有率和顾客忠诚度，还可提高美誉度。

5. 收集和建立"顾客档案"

酒吧在实施顾客基本资料收集调查的基础上，建立顾客档案卡，并对重要客户建立贵宾卡，以形成一套完整的"顾客档案"管理系统。

6. 及时关注顾客流失现象

及时关注顾客流失现象可按照以下步骤进行：

①测定顾客流失量、率。

②找出顾客流失的原因。按照退出的原因可将退出者分为价格退出者、产品退出者、服务退出者、市场退出者、技术退出者、政治退出者等类型。

③测算流失顾客造成利润损失。

④确定降低流失率所需的费用。如果这笔费用低于所损失的利润，就值得支出。

⑤制定留住顾客的措施。造成顾客退出的某些原因可能与酒吧无关。如顾客离开该地区等。但由于酒吧或竞争者的原因而造成的顾客退出，则应引起警惕，采取相应的措施扭转局面。

酒吧应经常性地测试各种关系营销策略的效果、执行过程中的成绩与问题等，持续不断地改进工作，在高度竞争的市场中建立和加强顾客忠诚。

（三）氛围营销

酒吧氛围是指顾客对酒吧的整体印象，即在酒吧的所见、所感、所闻等感觉印象和相应的心理反应。在策划酒吧氛围时，应从目标顾客的角度来审视酒吧，要能够了解客人对生活的理解，并在酒吧氛围中体现出来。

1. 酒吧有形因素的营销

在有形因素中，外观与舒适程度是最重要的。外观对顾客具有最直接的影响力，因此酒吧管理者应注重入口处及酒吧内部的整洁。对制服，玻璃器皿，洗手间，桌面等细节也要给予足够的重视。酒吧装饰物的选择也很重要。选择何种装饰物要由酒吧的整体氛围、酒吧的个性及形象来决定。

2. 酒吧无形因素的营销

有形因素创造顾客对酒吧的第一印象，而顾客的体验则形成了第二印象，而且比第一印象更持久、更深刻。顾客对于酒吧服务的反映是由酒吧招待客人、提供产品及服务的方式决定的。顾客希望受到诚恳的欢迎、快捷而有效的服务，而且乐于感觉到自己的需求受到服务人员的重视。所以，这种人际氛围因素是酒吧吸引回头客、达到顾客满意并建立口碑的重要手段。

良好的人际氛围来源于员工的服务能力与服务质量，依赖于酒吧经理为人处世的个人能力。同时，良好的人际氛围还取决于员工在酒吧中工作得是否开心。与酒吧管理格格不入的员工很有可能把挫败感及愤怒带入与顾客的关系中。

成功的经营者经常会对酒吧的旧貌做一些改进，比如刷油漆、贴壁纸、买新家具、开辟一个天井或者完全翻新设备。顾客对酒吧内的污渍很敏感。酒吧内剥落的油漆、褪色的地毯、灌木丛中的杂草以及停车场地面上坑洼不平都很容易使顾客怀疑酒吧的卫生状况。相反，崭新而干净的酒吧环境、井然有序的经营秩序、优质的产品及温馨的服务是能够吸引顾客的。

（四）酒吧口碑营销

良好的口碑是酒吧所能利用的吸引顾客最有效的间接营销技巧。口碑是消费过酒吧产品的顾客告知其他人酒吧的情况。酒吧希望顾客给予自己正面的评价，酒吧经营者要采取多种措施使酒吧建立正面的口碑。

通过奇特的装饰性物品、展示性的艺术品、吸引人的各种展览、好名字、带有酒吧标识的附赠物品等，保持自己的差异性、优质性、特殊性，丰富顾客的传播内容，建立酒吧口碑。重要的是，酒吧能够为顾客提供一种难以忘怀的东西，例如酒吧内的景色、非常奇妙的餐前小吃以及自动点唱机中播放的老歌等。

通过特殊酒品建立酒吧口碑。如酒吧调制出了一种新的酒品，然后用特殊的玻璃杯盛装，酒吧可以吸引顾客注意力并成为人们谈论的焦点。

通过个性化服务、满足顾客需要建立酒吧口碑。个性化服务是酒吧营销的一种手段，如酒吧经理亲自迎接重要顾客，员工同样温暖的个性化服务，都能较好地满足顾客需要，满意的顾客会主动为酒吧介绍新客人。

☕ 任务检测

一、选择题

1. 经营计划的( )特性要求酒吧必须主动研究市场，找到独特的经营领域，发挥优势，体现企业的进取精神。

A. 目标性 B. 综合性 C. 决策性 D. 适应性

2. 酒吧行业竞争异常激烈，市场行情变幻莫测，企业的正常运转需要内部各部门、全体员工的配合。只有这样，酒吧才能成功。以上体现了酒吧经营计划的( )。

A. 加强灵活性 B. 重视协调性

C. 消除计划隔阂 D. 填补计划空白

3. ( )是酒水经营企业编制经营计划的重要依据，它规定企业在计划年度内销售产品的品种、数量、销售收入、销售利润等，是保证企业利润计划实现的关键。

A. 生产计划 B. 销售计划 C. 物资供应计划 D. 财务计划

4. 酒吧可以组织顾客成立一些主题俱乐部（如运动、商务等），吸收有一定消费量或支付会费的顾客成为会员，这种营销策略是( )。

A. 关系营销 B. 形象营销 C. 氛围营销 D. 口碑营销

5. 顾客有闲暇时间放松心情，他们经常光顾酒吧寻找刺激、变化或者诉求情感。这种顾客的类型是( )。

A. 以就餐消费为主 B. 以随机消费为主

C. 以娱乐消费为主 D. 以情感消费为主

二、简答题

1. 酒吧经营计划的特点有哪些？

2. 酒吧经营计划的内容、任务分别有哪些？

3. 酒吧营销的目是什么？

4. 酒吧关系营销有哪些措施？

项目十　酒吧成本管理

学习目标

知识目标

了解酒吧成本构成，掌握酒水经营成本控制的内容，掌握酒吧日常成本管理与成本控制的内容，酒水生产管理的标准化。

技能目标

掌握酒水成本控制的内容和方法，熟悉酒水原料的采购验收程序。

案例导入

原材料采购运输卫生制度

1. 采购人员必须熟悉本企业所用的各种食品与原料的品种及相关的卫生标准、卫生管理办法和其他法律法规要求。掌握必要的食品感官检查方法。

2. 采购原料应遵循用多少定多少的原则。采购的原料及成品必须色、香、味、形正常，水果要保持其新鲜度。

3. 采购人员不得采购不符合卫生标准要求的原料。禁止采购下列原料：①有毒、有害、腐烂变质、酸臭、霉变、生虫、污秽不洁、混有异物或者其他感官性状异常的原料；②无检验合格证明的原料；③超过保质期限及其他不符合食品标签规定的原料；④无卫生许可证的食品生产者供应的原料。

4. 采购人员采购时应向供应商索取发票等购货凭据，并做好采购记录，便于溯源；向原料生产单位、批发市场等批量采购原料时，还应索取食品卫生许可证、检验（检疫）合格证明等。

5. 采购定型包装食品和食品添加剂，食品商标（或说明书）上应有品名、厂名、厂址、生产日期、批号或者代号、规格、配方或者主要成分、保存期（保质期）、食用或者使用方法等中文标识内容。

213

6. 采购酒类、罐头、饮料、乳制品、调味品等食品，应向供方索取本批次的检验合格证或检验单。

7. 所采购的食品容器、包装材料和食品用工具、设备必须符合卫生标准和卫生管理办法的规定，有检验合格证。

8. 所采购用于清洗食品和食品用工具、设备的洗涤剂、消毒剂必须符合相关的国家卫生标准和要求。

9. 所采购的进口食品，食品添加剂，食品容器、包装材料和食品用工具及设备，必须符合相应的国家卫生标准和卫生管理办法的规定，有口岸进口食品卫生监督检验机构出具的检验合格证明，外文包装配有中文标识。

10. 运输工具应具有防雨、防尘设施，应专用并保持清洁，符合卫生要求。

11. 运输过程严禁与其他非食品混装、混运，防止交叉污染。

12. 搬运操作应轻拿轻放，尽量避免原材料的损伤及其包装物的损伤。

13. 对未加工的土产品原料的搬运操作要尽量减少损伤，以免原料在储存期间因此而发生霉变、腐烂的异常。

14. 对密封要求严格的原辅料，不能损伤包装物。对已穿孔的原辅料包装物，立即采取有效密封措施或给予优先使用。

任务一　酒吧成本的构成

酒吧成本是酒吧产品定价的基础，直接影响酒吧的利润和竞争能力。复杂的酒吧成本一经分解就可反映出更多的信息，把其中分解的各个组成部分再进一步分解或组合，可得到有助于成本控制决策的信息依据，以便发现成本控制重点。

一、酒水成本概念

酒水成本就是指酒水在销售中的直接成本，实际上就是酒水的采购价格。

（一）酒吧成本组成

指酒吧经营酒水产品时发生的各项费用支出，包括酒水成本、各种小食品、装饰品与调味品成本、人工成本、能源成本、设备折旧费及管理费等。

（二）零杯酒成本核算

每盎司酒的成本 = 每瓶酒的进价/每瓶酒的容量（盎司）– 允许流失量（盎司）

（三）鸡尾酒成本核算

鸡尾酒成本 = 基酒的成本 + 辅料成本 + 配料和装饰物成本

（四）酒水原料成本率

$$酒水成本率 = 酒水成本/酒水售价 \times 100\%$$

（五）酒水产品毛利额

$$酒水毛利额 = 酒水售价 - 酒水直接成本$$

（六）酒水产品毛利率

$$酒水毛利率 = 酒水毛利额/酒水售价 \times 100\%$$

（七）企业每日成本核算

首先对酒吧每日入库的酒水及其他原料进行统计，然后统计当日酒水销售情况及库存酒水数量，再根据各种统计数据计算出当日酒吧的实际成本、成本率、毛利率、毛利额等。

（八）工作效率计算与分析

酒水流通过程包括以下主要环节，即酒水的采购、验收、储藏、发放，酒水的配制和酒水的销售服务等。在这些环节中，每进行一步都必须采取严格的管理措施，杜绝任何不利于成本控制的现象发生。

酒水的控制是从采购开始的，没有合格的酒水原料等于成本控制的失败，在控制酒水采购质量前必须制订酒水标准采购规格，采购规格制定以后，应分送有关部门，这样可以保证酒吧的酒水原料的质量和价格，以控制酒水的成本。

为了有效地控制酒水成本，饭店和餐饮业都非常重视酒水的采购价格。通常，企业至少取得三家供应商的报价，通过与供应商谈判价格后，选择最低报价的供应商。

二、酒水经营成本控制内容

（一）原料成本控制

原料成本是酒水经营的主要成本，它包括各种酒、果汁、咖啡、茶、碳酸饮料和制作鸡尾酒配料的各种成本。原料成本控制的主要内容包括：原料采购控制、原料使用控制。在酒水经营中，首先是原料应符合企业规定的质量标准，达到价廉物美。采购员应本着同价论质、同质论价、同价同质论费用的原则，合理选择原料。严格控制因急需而购买的高价原料。从管理制度上规定原料价格，并且要求有效地控制采购运输费。采购员应尽量在当地采购，就近取材，减少中转环节，优选运输方式和路线，提高装卸技术，避免不必要的包装，降低采购费用。此外，原料使用控制是成本控制的第二个重要环节。企业应建立领料制度，规定领料数量、填写领料单。酒水仓库应根据领料制度发放酒水。调酒师应控制酒水使用数量，避免使用不当，做好使用记录。

酒水经营企业应实施日报和月报成本控制，并要求按经营班次填报成本。通过各种措施对酒水原料成本经营控制。

（二）人工成本控制

人工成本控制主要包括用工数量控制和职工工资总额控制。人工成本控制是对企业经营的总工时和工作人员的工资率控制。所谓用工数量指用于生产、服务和经营的工作时间数量。工资率是酒水经营的全部职工的工资总额除以工时数量。现在酒水经营管理应从实际经营出发，充分挖掘职工潜力，合理地进行定员定编，控制非生产和非经营用工，防止人浮于事，以先进合理的定员、定额为依据控制服务和经营人数，使工资总额稳定在合理的水平上。

1. 用工数量控制

在人工成本控制中，管理人员应对企业职工数量进行控制。做好用工数量控制应尽量减少缺勤工时、停工工时、非生产和非服务工时，提高职工出勤率、劳动生产率及工时利用率，严格执行劳动定额。

2. 工资总额控制

为了控制好人工成本，管理人员应控制好企业工资总额，并逐日按照每人每班的工作情况，进行实际工作时间与标准工作时间的比较和分析，作出总结和报告。

（三）能源成本控制

能源成本是酒水经营企业不可忽视的成本。在酒水经营中，能源成本占有一定的数额。酒水经营企业的能源消耗主要是电和水。尤其是在电的消耗方面相当高。控制能源成本主要是教育和培训职工，使他们重视节约能源，懂得节约能源的方法。

（四）经营费用控制

除了原料成本、人工成本和能源成本，酒水经营企业还有许多支出项目，如固定资产折旧费，设备保养和维修费，酒具、用具与低值易消耗品费，绿化费及因销售发生的各项费用。这些费用有的属于不可控制成本，有的属于可控成本。经营费用的有效控制只能通过企业日常管理才能实现。

任务二　酒吧日常成本管理与成本控制

酒吧要在日趋激烈的市场竞争中立于不败之地，必须提高酒吧成本管理水平，强化酒吧的日常成本管理。从酒吧成本形成来看，酒吧成本涉及酒吧业务经营的各个环节、各个方面，甚至涉及每一个细小的酒吧管理和酒吧服务行为，所以要以系统、成套的制度，有效、规范的监督来达到对酒吧日常经营成本管理的目的。

一、树立酒吧全体员工日常成本管理的意识

酒吧成本费用发生于酒吧业务经营活动的过程中，因此每个生产环节、每个工作岗位既是酒吧成本费用的支出者，又是酒吧成本费用的有效控制者。只有全体员工从上到下都树立起成本控制的责任意识，组成一个全员成本管理的群体，才能做到最有效的成本管理。没有全员性的参与，要想实现酒吧成本管理的目标只能是空谈。因此，酒吧要向广大员工宣传和培养成本意识，加强酒吧成本观念，把酒吧成本控制转化为日常工作中的一种潜意识，对各级各部门以及每个员工要尽可能地下达成本、费用指标，以达到降低成本的目的。

二、制定严格规范的原料成本管理制度

（一）建立原料采购计划和审批流程

①酒吧主管每日根据本部门的需求、物资储备情况确定物资采购量，并填制"清购单"报送采购部门，减少无计划采购。

②仓库部门在各种物品库存量到达最低界线时填写"清购单"。采购计划由采购部门制定，报送财务部经理并呈报总经理批准后，以书面方式通知供货商。

（二）建立严格的采购询价报价体系

财务部设立专门的物价员，定期对日常消耗的原辅料进行广泛的市场价格咨询，坚持货比三家的原则，对物资采购的报价进行分析反馈，发现有差异时要及时督促纠正。根据市场行情每半个月公开报价一次，并召开定价例会，定价人员由使用部门负责人、采购员、财务部经理、物价员、库管人员组成，从供应商所提供物品的质量和价格两方面对其进行公开、公平的选择；对新增物资及大宗物资，须附有经批准的采购单才能报账。

（三）建立严格的采购验货管理制度

1. 确立明确的验收标准

验收控制的目的，是根据酒吧自己制定的原料质量规格，检验购进原材料，核对购进原料的价格、数量与报价和订货是否一致，并且将收到的各种原料及时送至仓库。因此，验收控制是把好原材料进入酒吧的第一关。采购验收人员要对数量、质量标准与采购订单与报价进行验收把关。对于质量差、超预订的原料坚决给予退回。

2. 严格验收程序

货品到后，验收人员要根据订货单的内容做好两项工作：盘点数量和检查质量。验货结束后，库管员要填写验收单据。验收工作完成后，将收货单和发票订在一起，

送交财务部负责核准付款的人员。

（四）建立严格的报损报丢管理制度

对于酒水原料的变质、损坏、丢失应该制订严格的报损报丢制度，并制订合理的报损率，报损由部门主管上报财务库管，按品名、规格填写报损单，报损品种须由酒水经理鉴定分析后，签字报损。对于超过规定报损率的要说明原因。

（五）建立严格的出入库及领用管理制度

制订严格的库存成本管理制度出入库手续，以及领用制度。酒吧所需购入的物资均须办理验收入库手续，所有的出库须先填领料单，由部门负责人签字后生效。严禁无单领料或白条领料，严禁涂改领料单。由于领用不当或安排使用不当造成霉变、过期等浪费现象，一律追究相关人员责任。

三、强化酒吧业务经营成本管理的基础工作

酒吧业务经营及成本管理的基础工作是酒吧成本管理工作能否见成效的重要环节。

（一）建立健全酒吧成本管理的原始记录

原始记录是直接反映酒吧业务经营活动的最初记录资料，如各种材料的领用记录、工时耗用记录、考勤记录、费用开支记录等。它们是正确计算费用、成本，考核经济责任的依据。因此，原始记录必须全面、完整、正确、及时，要符合生产经营的需要。加强对原始凭证，尤其是发票、支票收据的管理，保证成本核算信息源头的真实、合法。做好原始记录工作是加强酒吧成本管理的一个重要方面。

（二）根据酒吧成本管理自身的实际情况，建立健全钱、财、物的管理制度

建立成本、成本计划、材料采购成本、消耗定额、收发料手续、费用开支标准、计量、计价等制度，从根本上扭转不讲成本、不计盈亏、采购无计划、用料无定额等无章可循的混乱现象。

四、制定标准化酒吧成本核算体系

（一）制定切实可行的酒吧成本核算和酒吧成本控制制度

实行目标成本核算。酒吧业务应根据其具体情况，通过调查研究，制定出合理的标准成本，作为企业的目标成本。目标成本确定后，再逐级分解，下达到责任单位、责任者，认真落实，并加强监督，定期检查目标的执行情况。酒吧目标成本管理核算，有利于酒吧成本管理之间进行比较，发现酒吧管理工作的薄弱环节；也有利于酒吧开展成本预测、决策、分析和比较。

（二）合理制订酒吧的毛利率

酒吧要根据自身的规格、档次以及市场行情合理制定毛利率，制定毛利率时既要认真研究客人的消费心理，考虑顾客对付出价格却想要获取比付出价格更多价值的要求，同时也要满足酒吧获取合理利润的愿望。

（三）定期进行科学而准确的酒吧成本管理分析

财务部每月末要召开酒吧成本分析会，结合当月的酒吧经营收入情况和酒吧成本支出以及与以前月度的成本进行对比分析，分析每一种酒水的成本率，将各单位的成本与实现的收入进行对比，对于未达到或明显超出毛利率标准的查找分析原因。分别规定不同的标准成本率，对成本率高的项目进行统计分析，并编制成本日报表和成本分析报告书。

任务三　酒水原料的采购验收管理

酒吧原料采购是指根据酒吧经营的需求，以合理的价格购买符合酒吧质量标准的原料。

一、酒吧原料采购的品种

（一）确定酒吧原料采购的范围

酒吧采购各项原料，要按照申购单来执行。申购的范围应包括：

①各类设备。

②酒吧日常用品、耗用品。

③各类进口、国产酒类。

④酒吧调酒所需配料。

⑤各类进口、国产饮料。

⑥各类水果。

⑦酒吧供应的小食品及食品半成品原料。

⑧各种调味品。

⑨杂项类。

（二）根据酒单选定采购项目

不同类型有不同的酒单，酒单的内容直接与酒水的供应和采购有关，酒吧原料采购项目一般包括以下几大类。

①酒水类。包括餐前开胃酒类、鸡尾酒类、白兰地、威士忌、金酒、朗姆酒、伏特加酒、啤酒、葡萄酒、清凉饮料、咖啡、茶等。

②小吃类。酒吧小吃常见的有饼干类、坚果类、蜜饯类、肉干类、油炸小吃和三明治等快餐食品。

③水果拼盘类。酒吧水果拼盘包括水果、果酱、新鲜蔬菜等。

④简餐类。这是新兴酒吧的产物，随着现在顾客需求的多样花，越来越多的酒吧提供简单的冷热餐，如西餐类罗宋汤、奶油汤，意大利面或炒饭等，再配以蔬菜沙拉或水果沙拉，庭院酒吧也做露天烧烤等。

（三）酒水采购注意事项

①保持酒吧经营所需的各种酒水及配料适当存货。

②保证各项饮品的品质符合要求。

③保证以合理的价格进货。

二、原料采购数量的计划

（一）影响采购数量的因素

为了避免出现采购数量过多或过少而影响酒吧正常经营的情况，确定一个合理的采购数量是酒吧经营者的一项基本职责。

①根据酒水销售淡旺季来确定数量。

②根据现有储藏能力确定采购数量。

③根据企业财务状况确定采购数量。

④采购地点的远近影响采购数量。

⑤食品原料的内在特点影响采购数量。

⑥市场供求状况影响采购数量。

⑦原料保质期影响采购数量。

以上是一系列制约因素，共同决定酒水的进货数量，另外还要考虑上期期末实地盘存数量等因素。

（二）采购数量的确定

一般情况下，采购数量的控制应注意以下几点：

1. 最低存货点

$$最低存货点 = 日需要量 \times 采购周期 \times 1/3 \text{ 或 } 1/2$$

如某酒水采购周期为 10 天，10 天的平均销售量 20 单位，如果最低存货点为采购周期销售量的 1/2，则在还有 10 个单位库存时，就应及时进行补充采购了。

2. 最高存货量

$$最高存货量 = 日需要量 \times 采购周期 \times 1.5$$

3. 水果、食品、易变质原料的采购数量

这类原料容易变质，购入后应尽快在保质期内用完。可以根据以下公式确定：

$$应采购数量 = 需使用数量 - 现有数量$$

$$需使用量 = 日需要量 × 采购周期$$

此类原料采购周期都比较短，一般 3~5 天需采购一次。需要采购员根据日使用数量确定需使用量。

4. 瓶酒、罐装食品采购数量的确定

这类品种不易变质，但并不意味着可以大批量采购，可以每两周或每月一次采购，订货数量可以根据库存需要进行变更。可以根据以下公式确定订货量。

$$订货数量 = 下期需要量 - 现有数量 + 期末需存量$$

$$期末需存量 = 日需要量 × 送货天数$$

在确定了酒水的品种后，还需根据经营的需要决定储备量。储备太多，不仅占用了空间，还会增加损耗，所以采购员应注意，科学合理储存才能将利润最大化。

三、原料采购质量的标准

要保证酒吧提供酒水的质量始终如一，就需要一个相应的质量标准。酒吧采购的主要依据，可以参照国家制定的相应国家标准。

①啤酒的国家标准 GB/T 4927—2008 规定，透明度应清亮透明，无明显悬浮物和沉淀物；色度要求 8~12 度，淡色啤酒为 5.0~9.5EBC（优级）；原麦汁浓度规定为 $(X ± 0.3)°$才符合要求；对 8~12 度啤酒规定总酸 <2.6 毫升/100 毫升；保质期规定熟啤≥120 天。

②葡萄酒的国家质量标准 GB/T 15037—2006，规定了葡萄酒的术语、分类、技术要求、检验规则和标志、包装、运输、储存等要求，该标准适用于以新鲜葡萄或葡萄汁为原料，经发酵酿制而成的葡萄酒。

③发酵酒的国家标准 GB/T 2758—2005 规定了发酵酒的感官指标、理化指标和卫生指标。

④软饮料、碳酸饮料的国家标准 GB/T 10792—2008，规定了果汁型、果味型、可乐型等不同类型汽水的一般性要求。

⑤食用酒精国家标准 GB/10343—2008 规定的感官要求：外观无色透明；气味具有乙醇固有的香味，无异味：口味纯净，微甜。

但是，目前我国酒类的国家质量标准与国际标准相比还是有一定的差距。如国外对葡萄酒的品质就有严格的检验标准。从洋酒标签上的质量体系和参数也能反映酒的质量。

四、原料采购流程

(一) 确定采购人员

一个合格的酒吧采购人员，应符合以下条件。

①了解酒水及酒吧食品制作的要领和吧台业务。采购员虽然不是调酒师、厨师，但至少应懂得原料的用途以及品质标准要求，以确保能买到所需的原料。

②熟悉原料的采购渠道。采购员应该知道什么原料在什么地方购买，哪里的品质好，哪里的货品便宜。任何酒吧都有多种采购渠道，这样才能保证供应。采购渠道的维护，也涉及采购员的人际关系。

③对采购市场和酒吧市场比较了解。采购经验都是在实践中逐步累积起来的，作为采购员应多了解原料市场供应情况，以及顾客对酒水、食品的偏爱和选择。

④了解进价与售价的核算方法。采购员应了解酒单上每一品种的名称、售价和分量，知道酒吧近期的毛利率和理想毛利率。这样，在采购时就能知道某种原料在价格上是否可以接受，或是否可以选择代用品。

⑤要掌握一定的市场采购技巧。在采购时，采购人员的经验至关重要，有时还需具备一定的谈判技巧。

⑥熟悉原料的规格及品质。采购员应对市场上各种原料的规格和品质有一定的了解，有鉴别品种和质量的能力。

⑦具备良好的职业道德。

(二) 管理员填写申购单

酒吧酒水管理员根据库存品存货情况填写申购单，经核准后交采购人员。

申购单一式两份，第一联送采购员。采购员需在采购之前请酒吧经理批准，并在申购单上签名。第二联仓管人员留存。

表 10-1 　　　　　　　　　　　　　　酒吧原料申购单

申请部门：　　　　　　　　　　　　　　　　　　　　　年　　月　　日

编号	品名	数量	单位	单价	用途

续　表

编号	品名	数量	单位	单价	用途

主管：　　　　　仓库：　　　　　采购部：　　　　　经理：

（三）采购人员填写申购单

采购人员根据订购情况填写订购单。订购单一式四联，第一联送酒水供应单位；第二联送酒水管理员，证明已经订货；第三联送酒水验收员，以便其核对发来的酒水数量和牌号；第四联则由采购人员保留。

并非所有酒吧都采用这样复杂的采购手续，然而，每个酒吧都应保存书面进货记录，最好是用订购单保存书面记录，以便到货核对验收。书面记录可防止在订货品牌、数量、价格和交货日期等方面出现误差。

表 10 - 2　　　　　　　　　　　酒吧订单

编号：

订购日期：	年　月　日		交货日期：	年　月　日
订货单位：			供货单位：	
付款条件：				

名称	数量	容量（毫升）	单价（瓶/元）	小计（元）

总计：

订货人：

（四）采购活动控制

①采购人员应根据申购单所列的各类品种、规格、数量进行购买。

②采购人员落实采购计划后，需将供货客户、供货时间、品种、数量、单价等情况通知酒水管理人员。

③验收手续按收货细则办理，收货人员应及时将验收情况通知采购员，以便出现问题及时处理，保证供应。

（五）落实供货

采购员将订货单向酒水经销商发出后，应落实具体供货时间，并督促其及时按质按量交货。

最好用订购单保存书面记录，以便到货时核对使用。可以防止订货牌号、报价、交货日期等方面发生误解和争议。

另外，酒吧在原料采购过程中，除了严格遵循上述采购程序进行酒水采购外，还必须对我国《进口酒类国内市场管理办法》（1997 年制定）有一个必要的认识和了解，以减少违规现象发生。

五、酒水验收管理

（一）验收员

酒水验收中，常会出现数量、品种、质量、价格上的出入，为了防止这类情况的发生，杜绝采购人员的营私舞弊，管理者应另派人员进行验收控制。

（二）验收管理的内容

①核对到货数量是否与订单、发货票上数量一致。

②核对发货票上的价格是否与订购单上的价格一致。

③检查酒水质量。验收员应从酒水的度数、保质期、颜色、有无沉淀、有无破瓶、瓶口拆封、瓶盖松动等方面来检查酒水的质量是否符合要求。

④如没有发货票，则应填写"无购货票收货单"。

⑤验收之后，验收员应在每张发票上盖验收章，并签名。

⑥验收员应根据发货票填写验收报表，然后送财务部，以便在进货日记账中入账和付款。

验收员不必每天填写酒水验收报表，所有进货成本信息可直接填入酒水验收汇总表，然后在某一控制期（1 周、10 天、1 个月）期末，再计算成本。

六、酒水储存管理

由于酒水在储存的过程中极易被空气与细菌侵入，导致变质，所以购进的酒水应存放在酒窖中妥善储存，防止损耗。

（一）酒窖是储存酒品的地方，酒窖的设计和安排应讲究科学性

1. 有足够的储存空间和活动空间

2. 通风良好

通风换气的目的在于保持酒窖中良好的空气，酒精挥发过多而空气不流畅，会使

易燃气体聚积，这是很危险的。

3. 保持干燥环境

酒窖相对干燥的环境，可以防止软木塞的霉变和腐烂，防止酒瓶商标的脱落；但是过分干燥会引起木塞干裂，造成酒液过量挥发、腐败。

4. 隔绝自然光和照明

自然光线，尤其是直射日光容易引起酒病的发生。自然光线还可能使酒氧化过程加快，造成酒味寡淡、酒液混浊、变色等现象。酒窖最好采取点灯照明，其强度应适当控制。

5. 防震动和干扰

震动干扰容易造成酒品的早熟，有许多娇贵的酒品受震动后，需要"休息"两周，方可恢复原来的风格。

6. 有恒温条件

酒品对温度的要求是苛刻的。各种酒的最佳储藏温度如下：

葡萄酒：10℃~14℃，最高不超过24℃；

啤酒：5℃~10℃；

利口酒：5℃~10℃；

起泡葡萄酒：10℃~14℃。

烈酒对温度的要求相对较低，但也不可储藏在温度大起大落的环境中，否则酒品的色、香、味将会受到干扰。

图 10-1 酒窖

（二）酒品的堆放

①凡软木塞瓶子，要横置堆放。横放的酒瓶，酒液浸润软木塞，起着隔绝空气的作用，这种堆放方式主要适用于葡萄酒。

②香槟酒主要采用倒置法堆放。因香槟酒的酿制方法与众不同。在酿制过程中，除在大酒槽内发酵 3～4 个星期外，不定期要装进瓶内，进行为期 3 个月左右的第二次发酵（碳酸气在此过程中产生）。其瓶塞也是特别的，倒置可使因继续发酵而成的沉淀物附于瓶塞上，发酵完成后只换瓶塞而不必过滤。市场出售的香槟酒，通常是已经在酒厂存放 3～5 年了，为防止其再次沉淀，倒置是最佳放法。

③蒸馏酒一般使用竖立存放

另外，同类饮料应存放在一起，以便于取酒。储藏室的门上可贴上一张平面布置图，以便相关人员找到所需要的瓶酒。为了保证能在某一地方找到同一种饮料，还应规定各种饮料的代号，并将代号打印到存料卡上。

图 10－2　横卧存放

（三）酒水存货管理

酒水存货记录称作"永续盘存表"，此表一般由酒水成本会计保管，而不能由酒水管理员或酒吧服务员保管。酒水成本会计在每次进货或发料时作好记录，反应存货增减情况。它是酒水存货控制体系中不可缺少的成分。

表 10 - 3 永续盘存表

代号：　　　　　　　　每瓶容量：　　　　　　　标准存货：
品名：　　　　　　　　单位成本：

日期	收入	发出	发出	节余

使用永续盘存表，可保存给各个酒吧间发料数量的记录，这样的记录对查明酒的短缺提供方便也保证了存货的安全。

保存永续盘存表，管理人员只需随时抽查存货的数量，就能发现酒水是否有缺少。通常，管理人员每隔数日抽查一次。如果存货记录数量与实际数量不同，应立即通过调查，查明原因。

每月月末，管理人员应在酒水保管员的协助之下，实地盘点存货。

（四）酒水的发放管理

1. 建立申领制度

酒吧在酒水原料的发放过程中都应制定相应的制度，以确保原料的正确使用。

（1）领料单制度

凡需从仓库领用原料，应一律填写正式的领料单，要求填写规范，字迹清楚。

（2）专人领用制度

原料使用部门应指定专人负责本部门所有酒水原料的领用工作。

（3）申领审批制度

原料领用部门应根据权限确定专人负责领料单的审批。

（4）领料时间和次数规定

酒吧应根据具体情况，规定仓库每天发放酒水原料的时间和次数。做到既不影响酒水的生产和销售，又保证酒水仓库管理员有时间整理、检查酒水的库存情况。有的酒吧规定酒水发料时间为上午 10：00～10：30，下午 17：00～17：30。

2. 酒水发放的程序

（1）下班之前，酒吧服务员将空瓶放在酒吧台面上面。

（2）填写酒水领料单。

表 10 – 4 酒水领料单

班次： 日期：
酒吧名称： 酒吧服务员：

品名	瓶数	容量	单价	小计

总瓶数： 审批人：
总成本： 发料人：
领料人：

（3）酒吧经理根据酒水单核对空瓶数和牌号。如果两者相符，在审批人处签字。

（4）酒吧服务员将领料单送到储藏室，酒水管理员根据空瓶和对领料单上的数据，用瓶酒替换空瓶，在领料人一栏签名。

（5）酒水管理员应按规定将空酒瓶处理掉。

（6）酒水管理员填写单价、小计。

任务检测

一、填空题

1. 酒吧成本包括（ ）、（ ）和经营费用。

2. 按酒吧成本与产品形成关系酒吧成本分为（ ）和（ ）。

3. 酒吧的标准化管理包括标准配方、（ ）、（ ）、（ ）、（ ）、标准成本和定价。

4. 酒水原料验收的内容包括（ ）、（ ）和填写酒水进货日报表。

5. 红葡萄酒的储藏适宜温度为（ ）左右。

二、简答题

1. 酒吧成本的特点是什么？

2. 酒吧日常成本管理的要点是什么？

3. 酒吧成本控制的内容包括哪些？如何进行酒水销售成本的控制？

4. 酒水原料采购的数量如何确定？采购流程是什么？

项目十一　酒吧员工的培训与考核

学习目标

知识目标

了解酒吧培训的意义和培训人员的素质要求；熟悉酒吧培训的方式；掌握酒吧培训的内容和作用。

技能目标

掌握酒吧培训对员工工作的作用；注意结合实践把握酒吧培训的类型和方法；熟知酒吧培训要点以应对酒吧随时发生的一切服务状况。

案例导入

新加坡 Bar None 酒吧的人员管理

新加坡 Bar None 酒吧认为，最大的浪费是人力的浪费。一个人做的工作，绝不会安排两个人去做，真正做到合理用工。他们对每人的工作量和工作时间都详细核算。如楼面部每一个服务员负责清理 5 个台面，每个领班负责 15 个台面，加上换休人员没有一个多余的人。如果一个服务员病了，就由领班顶替，主管则代领班。一个服务员完成自己的任务后，如有多余的时间还常要安排去做其他的工作。资客部对人员使用也很节约，分为不同的班次。晚上 8：30 客人较多时，人手就多一些，12：00 过后就少一点。有时仅一个领班和一名资客。每当有大批团队进入酒吧时，大家都放下手里的事情，一起突击把客人领到不同的台位安顿下来，然后，再各就各位，继续做好自己的工作。

任务一　酒吧员工的培训

一、培训的概念

酒吧员工培训是指酒吧对员工有计划、有组织实施的系统学习和挖掘潜力的行为过程。通过培训定期改进酒吧员工的知识、技能、态度及行为，激发员工潜力，确保酒吧员工能够按照预期的标准或水平完成工作任务。酒吧员工培训应该面向整个酒吧，并非只有某一部门或某一阶层的员工需要培训。

二、培训工作的意义

要想使酒吧经营进一步科学化、合理化、规范化，酒吧管理者就必须对酒吧自身的组织结构、设施设备、资金成本、技术方法、员工状况及人际关系等各种因素加以协调，只有在这些因素之间的关系相互均衡，构成一个有机的整体时，才能发挥出最大的功效。要想健全酒吧的组织机构，提高员工的劳动生产率，就必须对酒吧员工进行有计划的培训，进一步挖掘人的潜力，发挥人的积极性，最终达到企业的经营目标。

（一）培训对企业的意义

1. 通过培训能使员工较快地适应工作

新员工通过培训，同上岗后员工自己摸索经验相比，可以更快地掌握工作要点，加快学习速度，减轻紧张的情绪，更快地适应工作。

2. 培训员工可以提高工作质量

培训就是要把工作实践当中最好的方法教给员工，员工通过学习，掌握这些方法，在工作中避免出差错、走弯路，使工作质量得到提高。如果员工没有经过礼貌培训，在工作中对客人不礼貌，或者无意中得罪了客人，在客人的眼中，这个酒吧的服务质量就有问题。

3. 培训员工可以减少浪费

酒吧中的很多浪费是由于员工没有经过培训和缺乏经验造成的。经过培训，使员工掌握正确的操作方法，就可以减少浪费。酒吧工作中的浪费包括物料的浪费和损坏的浪费，如由于操作不熟练，把酒水倒洒了；或者由于没掌握正确的操作方法，损坏了工具、玻璃杯。在培训工作中，要充分地让员工有机会学，有机会练，这样就可以节省企业的各项开支和费用。

4. 培训员工可以减少事故的发生

许多资料表明，未经培训员工的事故发生率是经过培训员工的事故发生率的3倍。特别是操作有危险性的机器，由于未经培训的员工不知道机器的操作方法，又不熟悉环境，更容易发生事故。培训员工安全工作意识和技能，可以减少事故的发生。

5. 培训员工可以提高工作效率

培训员工可使员工达到比较高的工作效率，比如一个调酒员本来可以照顾 50~100 个座位的酒吧，假如同时有很多客人点了酒水，而且大多数是鸡尾酒，而调酒员没有经过培训，技术不熟练，就很难应付这种场面。如果通过培训，情况就不同了。只要技术操作达到要求，按标准每杯鸡尾酒用 1 分多钟，应付这种局面就会游刃有余。

（二）培训对员工的意义

培训工作不仅对饭店有好处，对员工也有好处。

1. 因为工作熟练，提高工作效率，可以逐步提高自己的收入

经过培训，不论新老员工，都可以在知识上、技能上提高一步，都可以改进工作方法，提高工作效能。

2. 为晋升更高一级的职位创造条件

培训不仅可以让员工学到在当前工作中遇到的技术知识，而且开始学习更高级的职位层次的工作要求和各种知识技能，这样就为自己能有机会晋升为管理人员或更高层次的职位创造了条件。

3. 提高员工的自信心和满足感

受过培训的员工会对自己的工作产生感情，产生自信心。由于技术知识的逐步增多，员工对工作得心应手，给员工一种特殊的满足感。

三、培训的原则和要求

培训工作是指任何能够提高服务员的服务知识与技能的学习。由于在工作岗位上的服务员都是成年人，因此培训工作应具有很强的实用性、针对性和持续性，其总体要求是"干什么，学什么""缺什么，补什么"。培训工作在此前提下，以适应成年人学习的方式开展工作。

1. 培训的实用性

培训成年人的过程，实际上是知识更新的过程，采用新的知识、技艺代替旧的知识、技艺。但成年人往往有种不重视重新学习的想法。所以在培训开始，负责培训工作的人员要大力宣传培训的实用性，让其产生学习的愿望，认为有必要去学习。让他们知道，学习新的知识、技艺对他们的工作是有帮助的。在学习过程中要有计划地安排学员参与培训。在技巧培训阶段，应鼓励学员参与，共同讨论，使他们在原有的基础上有新的提高。

2. 培训的针对性

采用各种不同的培训方式可以使培训变得生动形象。常用的正规上课是一种方式，教员的示范表演也是一种方式，另外，利用录音、录像设备也是一种培训方法，还可以让学员们按角色培训。培训的重点应放在引导而不是评分，学员希望了解他们现在做得怎样，然而重要的是让他们了解对他们采用的培训方式是有针对性的。通过这种

培训方式，可以让他们掌握所需要学习的基本知识和技巧。负责培训的教员应能够对不同的培训内容采用不同的培训方式，例如在学习外语时，应充分利用录音设备，发挥其作用；在讲授服务技巧时，应用现场示范等方式。与此同时，教员如果注意到以下几个问题，学习的效果会更好。

（1）一节课的时间长短应控制在学员注意力集中的时限内，适当安排休息。

（2）学员学习的进度是不一致的，作为培训的教员必须认识到这一点。培训时要有耐心，要给那些接受得慢的学员提供多一些时间或资料。

（3）培训的开始阶段不要强调进度，而要要求动作的准确性；培训中的重点要反复讲、反复练。

（4）要把讲的内容分解成几个环节，学员们分步练习，再分环节练习，然后把几个环节串起来练，直至达到要求。

（5）要让学员知道培训要达到的要求，并评价他们自己的学习，看看是否达到了预期的要求。

3. 培训的持续性

定期举行培训学习是很有必要的，这是因为：

（1）每年都有大批服务学校毕业生走上实际服务岗位需要进行培训；

（2）需要解决服务工作中不断出现的新问题；

（3）检验前期培训的实际效果。

四、培训的方式

培训的方式主要有两种，一种是讲课，或称课堂教学；另一种是实际操作。对于酒吧员工来说，两者都是非常重要的。

（一）课堂教学

作为教师，首先，一定要锻炼好自己的表达能力，讲课同接待客人不同，虽然同样需要有礼貌，但更重要的是要有逻辑思维。所有的讲课内容，具有一个逻辑顺序；而如何由浅入深地讲解，让学生听得懂，听得有兴趣，是需要技巧的。其次，要做好充分的准备，备课时要求准备各种实例，酒吧的知识很多，先从学生可以接触到的知识讲起，会有效得多。这一类的学习内容包括酒水知识、经营知识、成本核算知识等课程。在每次讲课前应简单复述学员已学过的内容，使学员在听新课前就可以巩固学过的知识和树立学好其他知识的信心。每次上课要精选出最基本的讲课材料，使学员能很容易记住主要的概念，还要准备补充材料，以便更好地讲透概念。在学习过程中，提问是主要的辅导手段之一，可以激发学生的思考，也可以检查学员已达到的知识水平。

（二）实际操作

这种培训方式要同工作区分开来，工作时间精力主要集中在营业上，在于向客人提供周到的服务。而实际操作的培训，则是在没有客人的情况下，对整个操作过程和经营过程的学习，可以比较无拘无束地，比较开放地来训练，还可以向教师提出问题。这种方式的学习，主要包括在经营酒吧时的各种操作，如迎接客人、开酒瓶、摇鸡尾酒、准备开吧、收吧清洁等。

教学方法有专人指导、角色扮演、情景教学、对话训练等。

1. 专人指导

采用这种教学方法的教师不是高级管理人员，而是受训学员的直属上司，或者是一般的服务员、调酒员。他们在工作之余可以指导学员或实习生的实际工作，如清洁、备料、迎客等。一方面帮助学员熟练操作，另一方面发挥自己的水平和培训指导能力。

2. 角色扮演

在专门的培训时间里，可以采用由三四个服务员、调酒员扮演顾客，一两个服务员、调酒员扮演工作中的调酒员，其他员工当评判的教学方法。可以先由指导老师表演一次，再让学员互相轮流表演，学员间互相评判，看谁做得准确、认真。有时可以同时表演正确和错误的做法，使员工得到深刻的印象。

3. 情景教学

这是较为高级的教学方法，具体做法是要求学员根据教师提出的情景，做出判断和提供解决的办法。可以锻炼学员分析和解决问题的能力。

4. 对话训练

让一个员工当顾客，一个员工做服务员和调酒员，进行对话练习，其他员工提出自己的意见，最后让教师做总结，主要的目的在于培养员工处理一些突发事件的能力，能够把服务质量搞好，同时应尽可能推销更多的酒水。

五、培训人员应具备的素质

作为酒吧培训人员，做好服务员的培训是自己工作的一部分。要想做好这项工作，就必须掌握与培训有关的知识及教学的要求。这是因为培训效果如何，在很大程度取决于培训师的能力。培训人员对培训工作的成功起着关键的作用。一般来说培训人员应具备以下几个条件。

（一）要有培训的热情

作为培训人员只有充满热情地教学员各种技能技巧，才能收到最佳的培训效果。

（二）要有广博的知识面

培训人员必须对本职工作有全面、深刻、系统的理解。对所讲授的知识必须有深度和广度的理解，不但知道怎样做才符合规范，而且要知道为什么要这样做，这样才能给学员讲清讲透。

（三）具有良好的语言表达能力

搞培训工作不论采用哪种方法，目的都是把一定的知识、一定的服务技巧传授给员工，所以培训人员必须使用简捷、明确、通俗易懂的语言。授课时要做到层次分明、条理清楚，使学员明确要学的是什么，有什么要求，该如何去做。

（四）要有耐心

培训工作培训人员的耐心周详的态度是不可缺少的。教授知识的目的是让全体参加培训的人员都掌握，而人的接受能力肯定是会有差异的。所以，在讲解示范时，要做到不厌其烦、耐心细致，该让学员掌握的要让学员全部学到手，否则培训的效果是不会好的。

（五）具有幽默感

实践证明，作为培训人员，讲课的方法、使用的语言对于讲课的效果是有直接影响的。具有幽默感的培训人员在讲课过程中适时地说几句幽默的话或穿插一个玩笑，不但能活跃学习气氛，还会相应地改善培训效果。

（六）合理安排时间

搞好培训工作要做好两个方面的时间安排，一是要给培训工作留出时间，无论是脱产培训还是业余培训，时间一定要安排合理，要对培训内容在时间上有个大致的估计，也应给培训人员一定的时间去备课。二是培训人员要学会如何充分利用有限的培训时间取得好的效果。例如：每次培训的内容大体上要占多少时间，复习讲课要占多少时间，实际操作演练要占多少时间，小组讨论要占多少时间等，这些都要统筹兼顾、合理安排。

任务二　酒吧员工培训的内容

酒吧员工培训的内容主要包括酒吧概况、职业道德、专业知识、操作技能、语言能力及团队意识等。

一、酒吧概况

对于新入职的员工，必须对其作酒吧发展历史和酒吧规章制度的培训，这样能使员工更快地认可和融入到酒吧环境之中。

（一）酒吧发展历史

由了解酒吧情况的人员向新员工做工作介绍，或者播放酒吧介绍的影片，内容包括酒吧发展历史、组织机构、主要领导和平面布置等。酒吧发展历史的培训也包括让新员工了解酒吧的历史、宗旨、酒吧精神、酒吧发展目标和经营哲学等，从而最终明确这个集体提倡什么，反对什么，应以什么样的精神风貌投入工作，应以什么样的态度待人接物，怎样做一名优秀员工。了解酒吧环境，可以带新员工参观工作环境，在参观过程中，除了向新员工介绍上文提到的关键部门和场所外，还应重点了解企业环境内的纪念建筑。这样做对新员工有以下作用。

1. 增进了解

参与酒吧培训的管理者一方面要让新员工认识和了解自己，另一方面也要尽可能多地认识新员工。有效的沟通和了解，能帮助新员工更快地融入到集体中，为尽快适应工作角色打下良好的基础。

2. 消除疑虑

新员工是怀着各种各样的想法进入企业的，有对未来的美好期待，也有对新环境的不安和疑虑。一般而言，这种不安和疑虑的心理都会持续一段时间，但良好的培训和接待却能够将这段时间缩短而使新员工更早并全力以赴地投入工作。

3. 适应工作

要让新员工了解他（她）即将从事的工作的基本内容和程序，知道自己应该如何开始，如何尽快进入角色。即使他们已经有了扎实的基础知识和丰富的实践经验，他们也还需要了解企业在这方面的不同要求。

4. 培养归属感

员工对企业的归属感，就是员工对企业从思想、感情和心理上产生的认同、依附、参与和投入，是对企业的忠诚和责任感。归属感是培养出来的。培训是培养归属感的最关键而又最有效的阶段。

（二）酒吧制度

新员工不可能在开始时就熟悉企业所有的规章制度，酒吧制度的培训主要是要让员工了解他们最关心的以及不了解的工作制度。酒吧制度大体上可以分为规章制度和责任。酒吧规章制度侧重于工作内容、范围和工作程序及方式，如酒吧员工管理细则。责任制度侧重于规范责任、职权和利益的界限及其关系。

培训员工酒吧制度，便于员工更快地熟悉酒吧并适应酒吧。酒吧制度和工作程序相辅相成，所以，在酒吧制度培训时应辅以工作内容的培训，包括酒吧业务或服务的基本知识、酒吧经营的特点、部门的主要职能、基本的工作流程、工作要求及操作要领等。这部分内容的培训也有利于新员工更快地熟悉工作程序，更早地进入工作状态。对新员工进行培训时，应让员工了解酒吧的娱乐性质；让员工衡量自己是否能接受、了解和喜欢酒吧工作；结合本酒吧，熟悉酒吧主题；具体到工作方面要熟悉酒吧工作及自己的工作内容；服务过程中，在不危害酒吧利益前提下保护自己的利益等。

二、职业道德

职业道德是酒吧培训的基本内容，主要包括热情友好，顾客至上；真诚公道，信誉第一；文明礼貌，优质服务；不卑不亢，一视同仁；团结协作，顾全大局；遵纪守法，廉洁奉公；钻研业务，提高技术。在酒吧经营管理中，如果出现违反职业道德的行为，一定会损害酒吧利益。酒吧经理要重视职业道德教育，目的是使员工树立起崇高的职业理想，具有高尚的职业感情，促成良好的行为和风气。

三、专业知识

作为酒吧员工，必须掌握专业知识才有对客服务和经营管理的基础。酒吧员工的专业知识包括酒吧常识、酒吧产品和服务质量知识、服务的程序和标准、岗位职责和素质要求、社交礼仪与人际沟通、酒吧规章制度及企业精神、客源国概况、酒吧市场营销、卫生安全等，管理人员还需掌握经济学原理、管理学原理等有关知识。

四、操作技能

操作技能是酒吧一般员工培训最为重要的内容之一。细节决定成败，操作服务的点点滴滴都会影响顾客的满意度。因此，酒吧管理者应按不同阶段、层次做好操作技能培训工作。

五、语言能力

语言是酒吧员工与顾客之间关系的润滑剂，是做好接待服务的重要工具。酒吧员工语言能力主要包括基本发音（普通话、常用方言、常用外语等）、表达能力、表述技巧等。酒吧管理者要根据客源情况有针对性地加强员工的语言能力培训。

六、团队意识

团队意识是现代酒吧员工必具的基本素质之一。酒吧管理者可通过户外拓展培训等方式，了解团队合作的作用和方法，培养酒吧员工对团队合作的认同感，增加对酒吧的归属感。

任务三 酒吧员工的评估与考核

评估与考核有不同的侧重点,考核侧重于技术知识和管理潜质方面的要求;评估侧重于操作技能和工作表现方面的要求。

一、酒吧员工的评估

评估是为考核提供平时对员工表现的评价,有的酒吧以此作为评定员工浮动工资或奖金的依据。酒吧一般在员工任职一段时间,通常是 3 个月后,进行评估,包括其工作表现、工作经验、目前的职位是否适合、是否应予以更多的训练,以便使其能适应本职工作或更换一个更高职位的工作。这些问题要在员工的直属上级对员工进行工作情况的初步评分后再由主管做出评估意见,最后由人事部负责人核准签字生效。

按评估时间分,一般有试用期评估,适用于试用期新员工;年度评估,适用于工作满一年的员工;晋升评估,适用于拟晋升的员工。评估有书面评估及面谈评估两种方式。评估应逐级进行,进行书面评估时,应由员工的直接上司进行,然后逐级上报;进行面谈时,应由各级领导及员工参与。一般情况下,书面评估和面谈要结合进行。

(一) 酒吧员工评估的原则

①酒吧员工评估是对员工工作表现和操作技能的考核方式。

②评估必须公平、公正、客观。

③在评估过程中,应对员工以往的工作表现及已有的操作技能进行客观评估。

④每项评估内容应以具体的事实为依据。

⑤为更客观更全面,评估前,评估负责人应征询其他部门经理、主管、员工对被评估员工的意见,作为参考依据。

⑥在评估的同时,应对被评估的员工提出更高的目标及要求、并对评估结果进行总结。

(二) 酒吧员工评估的程序

①选择评估时间,通知参加评估的酒吧员工,打印评估所需的表格,确保被评估的人员都得到了充分的培训。为员工填写好评估表的第一部分,并定好评估表的回收时间。

②把评估表发给员工，同时解释评估程序和目的。告诉员工他们在填写评估表时应注意的事项和交表时间。

③将评估表收回，通知员工参加面谈时间，并要求参加面谈的员工准备好评估面谈所需的资料，一般可以有这些信息：工作职责描述、违纪记录、奖惩记录、投诉记录、以前的评估记录（已过试用期的老员工）以及对酒吧经营目标的理解等。

④选择合适的地点和不会被打扰的时间来进行评估面谈。

⑤反馈评估结果并将评估结果存档，做好跟踪工作。

（三）酒吧员工评估的内容

1. 酒吧员工的表现

（1）酒吧员工工作态度

员工的工作态度主要表现在平时工作的方方面面，具体而言，应做到按酒吧操作程序、正确及时地完成各项工作；员工对上司安排的任务必须严格执行；工作认真负责，待客热情、说话和气，谦虚谨慎，举止稳重，面带微笑；不得与客人争论，时刻牢记客人就是上帝，解决不了的问题，应该及时上报直属上司；员工应在上班前做好一切准备工作，工作时间不得擅离岗位、早退或下班后滞留酒吧；热情待客，站立服务，使用礼貌用语。

（2）酒吧员工工作效率

对员工工作效率的评估，除了看客人的反馈外，还应该量化以下方面，即酒吧员工是否熟悉酒吧工作流程、是否熟悉酒吧工作制度、是否按照要求做好目标内事务、是否有实现目标的计划等。

2. 酒吧员工操作技能

操作技能的评估主要体现在操作的动作、熟练程度及细节上，如示瓶、开瓶、斟酒等技能的熟练程度。

二、酒吧员工的考核

考核是针对某种目的而对员工实行短暂性的一种测验，是员工工资升级的依据，反过来，也要按工资总额的增长幅度，制定考核范围。考核一般半年进行一次，有时为了特定的目的进行不定期的考核。由于考核需要时间，有的酒吧按照职务分类，仅对一部分员工进行考核。

（一）考核的方式

①计分考核：对考核的内容分别确定一个计分值，使用这种方法的关键在于能否给考核内容正确打分，标准能否量化。需注意的是，某些考核内容是难以计

分的。

②列出条款对员工进行考核：可以明确地显示员工的优缺点，但对员工的表现则不容易比较。

③主要事件考核：这是针对员工在一般工作时间的表现以及突发事件进行考核。

④抽样考核：对员工整体表现进行有选择的考核，如对工作能力、知识等进行考核。

⑤生产率考核：适用于可以计量的工作。

⑥技术知识和业务知识的考核：通常按工作实际出题目，着重从知识技能的发挥上考核员工的水准，从而给予其合适的评价。

（二）酒吧员工考核的原则

1. 公开原则

公开原则包括三个方面的要求：一是公开评价标准和方法，把这些信息公开地、无保留地传递给评价对象；二是评价过程公开，接受外来监督，防止出现暗箱操作；三是评价结果公开，把它通报给每一位被评价的对象。

2. 公正原则

制定的考核标准应从客观公正的原则出发，坚持定量与定性相结合的方法，建立科学适用的绩效指标评价体系。在制定绩效评价标准时，应多采取可以量化的客观尺度，尽量减少个人主观意愿的影响，要用事实来说话，切忌主观臆断和长官意志。

3. 全方位评价原则

员工在不同时间、不同场合往往有不同的行为表现。因此，在进行绩效评价时，应多方收集信息，建立多层次、多渠道、全方位的评价体系。这一评价体系应包括上级考核、同级评定、下级评议、专家鉴定、员工自评等几个方面。

4. 制度化原则

由于酒吧的经营是连续的过程、员工的工作也是持续不断的行为，因此，考核工作也应作为一项长期化、制度化的工作来抓，这样才能最大限度地发挥考核的各项功能。

（三）考核的内容

酒吧员工考核的内容一般包括四个方面，即德、能、勤、绩。

①德，是指员工的精神境界，道德品质和思想追求的综合体现；

②能，是指员工的能力素质，如操作能力、思维能力、组织能力等；

③勤，是指员工的工作态度，如工作热情、主动性、出勤率等；

④绩，是指员工的工作业绩，包括工作的数量、质量、经济效益等，这是员工考核的核心内容。

任务检测

一、填空题

1. 酒吧员工培训的方式有（　　）和（　　）两种。

2. 酒吧员工评估的内容有（　　）和（　　）。

3. 酒吧员工考核的方式有（　　）。

二、选择题

1. 下列不属于酒吧培训工作内容的是(　　)。

A. 啤酒知识　　　B. 利口酒知识　　　C. 营业前准备工作　　　D. 培训方法

2. 下列属于酒吧员工评估内容的是(　　)。

A. 技术知识　　　　　　　　　　B. 工作态度

C. 管理潜质　　　　　　　　　　D. 评估表发放时间

三、简答题

1. 酒吧员工培训的内容有哪些?

2. 酒吧员工评估的程序是什么?

3. 酒吧考核的原则是什么?

项目十二　酒吧服务质量管理

学习目标

知识目标

通过服务质量的介绍，了解酒吧服务质量的构成、属性和特点；把握服务质量常用的分析管理方法；掌握酒吧服务质量控制的基本方法。

技能目标

了解酒吧服务质量的含义、内容及特点；掌握酒吧服务质量分析方法；熟悉酒吧服务质量控制内容。

案例导入

浅谈酒吧优质服务

某饭店特色酒吧的器乐表演在当地享有盛名，同地区的其他饭店尽管也有相似的表演，但却门可罗雀。经过对顾客的调查访问发现，原来该饭店酒吧经营的秘诀在于表演期间全程提供了其他饭店所没有的贴心细致的服务。

其他饭店一般都是演员在台上表演，观众在台下观看，至于观众看明白了多少，观众的反馈如何，饭店并不关心。

而该饭店却不一样，在表演开始前，主持人会将表演内容和表演中涉及的器乐作一个大体的趣味介绍，调动客人的兴趣和热情。在表演期间，笑容可掬的服务人员会走动于观众之中，随时解答观众提出的与表演相关的问题。在客人活动区域内设置有一个器乐摆设空间，客人们可以亲自尝试演奏，有特长的客人还可以参与演出，与乐队同台表演。另外，主持人还在表演过程中穿插了很多互动的节目和游戏，充分调动了客人的积极性，让客人们也能随时插人节目进程中。表演结束后，饭店还会向客人发放精心准备的器乐小礼物，这些礼物不仅具有民族特色，而且设计精巧、时尚，让很多客人爱不释手。

因此，客人们一传十，十传百，这家饭店酒吧的名声便传了开去，吸引很多客人前来消费，每天都宾客盈门，生意兴隆。

任务一　酒吧服务质量概述

服务质量是酒吧业生存与发展的基础，酒吧之间的竞争，本质上是服务质量的竞争，因此，不断提高服务质量，以质量求效益，是每一家酒吧发展的必经之路。而随着酒吧业竞争的日趋激烈，宾客对酒吧服务质量的要求越来越高，酒吧业必须不断探索提高和完善自身服务质量的途径和方法，以取得良好的经济效益和社会效益。

一、酒吧服务质量的含义

（一）服务和质量

服务是一方能够向另一方提供的任何一项活动或利益，它本质上是无形的，并且不产生对任何东西的所有权问题，它的生产可能与实际产品有关，也可能无关。

国际标准化组织对质量的解释是"反映产品或服务满足明确和隐含需要的能力的特性总和"。

服务质量是指服务满足宾客服务需求的特性的总和。这里所指的"服务"包含为顾客所提供的有形产品和无形产品，而"服务需求"是指被服务者——顾客的需求。

（二）酒吧服务质量

酒吧服务质量是指酒吧以其所拥有的设施设备为依托，为宾客所提供的服务在使用价值上适合和满足宾客物质和心理需要的程度。所以，酒吧提供的服务既要满足宾客生活的基本需要，即物质上的需求，还要满足宾客的心理需要，即精神上的需求。而所谓适合，是指为宾客提供的服务的使用价值能否为宾客所接受和喜爱。所谓满足，是指该种使用价值能否为宾客带来身心愉悦和享受。

二、酒吧服务质量的内容

酒吧服务是有形产品和无形劳务的有机结合，酒吧服务质量则是有形产品质量和无形劳务质量的完美统一，有形产品质量是无形劳务质量的凭借和依托，无形劳务质量是有形产品质量的完善和体现，两者相辅相成，即构成完整的餐饮服务质量的内容。

（一）酒吧设施设备质量

酒吧是凭借其设施设备来为客人提供服务的，所以，酒吧设施设备是酒吧赖以存在的基础，是酒吧劳务服务的依托，反映出一家酒吧的接待能力。酒吧设施设备质量是服务质量的基础和重要组成部分，是酒吧服务质量高低的决定性因素之一。

酒吧设施设备包括客用设施设备和供应用设施设备。

1. 客用设施设备

客用设施设备也称前台设施设备，是指直接供宾客使用的设施设备。它要求做到设置科学，结构合理；配套齐全，舒适美观；操作简单，使用安全；完好无损，性能良好。

其中，客用设施设备的舒适程度是影响酒吧服务质量的重要方面，舒适程度的高低一方面取决于设施设备的配置，另一方面取决于对设施设备的维修保养。因此，随时保持设施设备完好率，保证各种设施设备正常运转，充分发挥设施设备效能，是提高酒吧服务质量的重要途径。

2. 供应用设施设备

供应用设施设备是指酒吧经营管理所需的生产性设施设备，如摇酒器、酒吧匙、电动搅拌机等。供应用设施设备也称后台设施设备，要求做到安全运行，保证供应，否则也会影响服务质量。

酒吧只有保证设施设备的质量，才能为客人提供多方面的感觉舒适的服务，进而提高企业的声誉和服务质量。

（二）酒吧实物产品质量

1. 酒水质量

酒吧管理者必须认识到酒水在宾客心目中占有的重要位置以及不同客人对酒水的不同要求，如有的客人为求满足其新奇感而品尝酒水，而有的客人只寻求符合口味的酒水饮料。无论哪种客人，他们通常都希望酒水都是经正规渠道进货的，经过了层层严格把关，绝对可靠，还必须保证其酒水产品的安全卫生。酒水产品质量是酒吧实物产品质量的重要构成内容之一。

2. 客用品质量

客用品也是酒吧实物产品的一个组成部分，它是指酒吧直接供宾客消费的各种生活用品。客用品质量数量应当充裕，能够满足客人需求，而且供应要及时。另外还必须保证所提供客用品的安全与卫生。

3. 服务用品质量

服务用品质量是指酒吧在提供服务过程中供服务人员使用的各种用品，如托盘等。它是提高劳动效率、满足宾客需要的前提，也是提供优质服务的必要条件。服务用品质量要求品种齐全、数量充裕、性能优良、使用方便、安全卫生等。管理者对此也应加以重视，否则将难以为宾客提供令其满意的服务。

（三）服务环境质量

服务环境质量是指酒吧设施的服务气氛给宾客带来的感官上的享受感和心理上的满足感。它主要包括独具特色的酒吧建筑和装潢，布局合理且便于到达的酒吧服务设施和服务场所，充满情趣并富有特色的装饰风格，以及洁净无尘、温度适宜的消费环境和仪表仪容端庄大方的酒吧服务人员。所有这些构成酒吧环境所特有的氛围，在满足宾客物质方面需求的同时，又满足其精神享受的需要。

通常对服务环境质量的要求是整洁、美观、有秩序和安全。在此基础上，还应充分体现出一种带有鲜明个性的文化品位。

（四）劳务服务质量

劳务服务质量是指酒吧服务人员提供的劳务服务的使用价值的质量，主要是满足宾客心理上、精神上的需求的程度。劳务服务质量也是酒吧服务质量的主要内容之一，它主要包括以下几个方面。

1. 服务项目

酒吧服务项目是酒吧为满足客人需求而规定的服务范围和数目。酒吧服务项目具有多样性的特点。管理者对服务项目的设立应以满足客人需求和方便为宗旨，加强市场调研，对宾客的兴趣、爱好、消费水平、新的需求进行了解，满足宾客的要求，同时考虑酒吧的服务成本，做到"两适"，即适应和适度。

2. 服务态度

服务态度是指酒吧服务人员在对客服务中所体现出来的主观意向和心理状态，其好坏是由员工的主动性、创造性、积极性、责任感和素质高低决定的，因而酒吧要求服务人员具有"宾客至上"的服务意识并能够主动、热情、耐心、周到地为宾客提供服务。员工服务态度的好坏是很多宾客关注的焦点，尤其是当出现问题时，服务态度成为解决问题的关键，宾客可以原谅酒吧服务中的许多过错，但往往不能忍受服务人员恶劣的服务态度，因此，服务态度是无形产品质量的关键所在，直接影响酒吧服务质量。

3. 服务方式

服务方式是服务活动和行为的表现形式，如站立方式、递送物品方式、斟酒等。服务方式在一定程度上反映了酒吧的服务规格。服务方式必须做到规范、优美、得体、符合礼仪。

4. 服务时机

服务时机即在什么时候提供服务，包括营业时间和某一单项服务行为提供的时间。

它在一定程度上反映了酒吧服务的适应性和准确性。

5. 服务效率

服务效率指酒吧员工在其服务过程中提供服务的时限，即对时间概念和工作节奏的把握，是酒吧员工素质的综合反映。酒吧服务人员的服务要力求快捷而不紊乱。

6. 服务技能

服务技能是酒吧提高服务质量的技术保证，是指酒吧服务人员在对宾客提供服务时所表现出的技巧和能力。服务技能的高低取决于服务人员的专业知识和操作技术，要求其掌握丰富的专业知识，具备娴熟的操作技术，并能根据具体情况灵活恰当地运用，从而达到给客人以美感的服务效果。也只有掌握好服务技能，才能使酒吧服务达到标准，保证酒吧服务质量。

（五）安全卫生质量

酒吧安全状况是宾客来酒吧消费时考虑的首要问题，因此，酒吧在环境气氛上要制造出一种安全的气氛，给宾客心理上的安全感。酒吧在日常服务中贯彻以防为主的原则，建立安全保卫组织制度和措施，做好防火、防盗工作，避免食物中毒等事件的发生。服务人员保守客人的秘密，以免引起不必要的麻烦。清洁卫生状况不仅直接影响到宾客的健康和旅居生活的质量，也反映了酒吧管理水平的企业素质。

三、酒吧服务质量的特点

服务是无形的，无法像有形产品那样定出一系列数量化的标准。但我们可以根据宾客对酒吧服务的共同的、普遍的要求对服务质量的特点进行分析，进而有针对性地采取相应措施，加强管理，实现优质服务。一般认为，酒吧服务质量有以下几个显著特性。

（一）酒吧服务质量构成的综合性

酒吧服务质量构成内容既包括有形的设施设备质量、服务环境质量、实物产品质量，又包括无形的劳务服务质量等。且每一因素又由许多具体内容构成，贯穿于酒吧服务的全过程。因此，要求酒吧管理者要重视客人对酒吧服务质量的各种评价，做好客人对服务质量的反馈调查；一线服务人员在服务中细心观察客人的各种物质和心理需求，提高对客服务技巧，并重视服务过程的每个细节和每次服务的效果，最终提高酒吧服务质量水平。

（二）酒吧服务质量显现的短暂性

酒吧服务质量是由一次一次内容不同的具体服务组成的，而每一次具体服务的使用价值均只有短暂的显现时间，即使用价值的一次性，如微笑问好、介绍酒水等。酒吧服务不能储存，服务结束就失去了使用价值，留下的只是宾客的感受，而且服务的提供过程和消费过程是同时进行、不可分割的。酒吧管理者应督导员工做好每一次服务工作，争取每次服务都能让宾客感到满意，从而提高酒吧整体服务质量。

（三）酒吧服务质量评价的主观性

酒吧服务质量评价是由客人享受各种服务后的物质和心理满足程度决定的，宾客实际得到的满意程度越高，对酒吧服务质量的评价也就越高。因此，要求酒吧管理者要重视客人对酒吧服务质量的各种评价，做好客人对酒吧服务质量的反馈调查；一线服务员工在服务中细心观察客人的各种物质和心理需求，提高对客服务技巧，并重视服务过程的每个细节和每次服务的效果，最终提高酒吧服务质量水平。

（四）酒吧服务对员工素质的依赖性

酒吧服务质量是在有形产品的基础上通过员工的劳务服务创造并表现出来的，这种创造和表现满足客人需要的程度取决于服务人员的素质高低和管理者的管理水平高低。因此，酒吧管理者应合理配备、培训、激励员工，努力提高员工的素质，发挥员工的服务主动性、积极性和创造性，同时提高自身素质及管理能力，遵循"员工满意—客人满意—客人忠诚"的酒吧经营理念，创造出满意的员工，满意的客人，忠诚的客人。

（五）酒吧服务质量的情感性

酒吧服务质量还取决于客人与酒吧之间的关系。如果关系融洽，客人就比较容易谅解酒吧的难处和过错；而关系不和谐，则很容易使客人小题大做或借题发挥。因此，酒吧与客人之间关系的融洽程度直接影响着客人对酒吧服务质量的评价，这就是酒吧服务质量的情感性特点。

任务二　酒吧的服务质量的分析管理

进行酒吧服务质量分析，可以帮助酒吧管理者找出存在的质量问题及其产生的原因，从而找到针对性的解决问题的措施和方法，以保证同类的质量问题不再出现，进而提高酒吧服务质量。酒吧服务质量分析的方法有很多，这里介绍两种常用的服务质量分析方法。

一、圆形图分析法

圆形图分析是指通过计算服务质量信息中有关数据的构成比例，以图示的方法表示存在的质量问题。其具体分析步骤如下：

（1）收集质量问题信息。酒吧管理者通过各种原始记录、质量信息报表、质量检查结果、客人意见调查表、客人投诉处理记录、质量考核表等方式多方收集现存的酒吧质量问题的信息。

（2）信息的汇总、分类和计算。对收集到的质量问题信息进行汇总，并根据不同的内容将其分类，然后计算每类质量问题的构成比例。

（3）画出圆形图。首先画一个大小适宜的圆形，并在圆心周围画一小圆圈（内填分析内容）；然后从最高点开始，按顺时针方向，根据问题种类及其构成比例分割圆形，并用直线与小圆圈相连；最后在分割的圆形中填入相应的问题种类及构成比例。至此，根据圆形图即可一目了然地掌握酒吧存在的服务质量问题及其程度。

例如，某酒吧在上季度共发现服务质量问题45例。其中酒水质量问题17例，服务态度问题15例，服务技能问题6例，安全卫生问题4例，其他问题3例。其圆形图如图12-1所示。

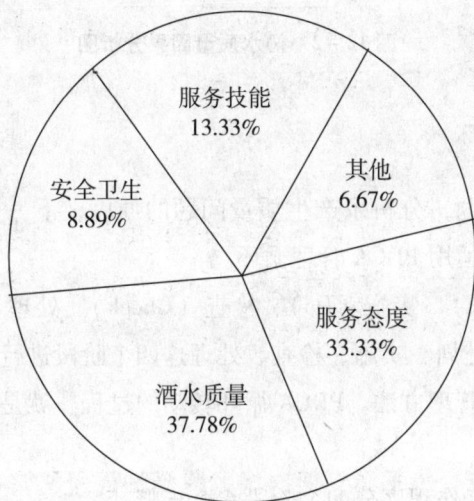

图12-1 服务质量问题分析圆形图

二、因果分析法

因果分析图又称鱼刺图、树枝图。（图12-2），是分析质量问题产生原因的一种有效工具。在酒吧管理过程中，影响服务质量的因素错综复杂。因果分析图通过对存在的质量问题及其产生的原因进行系统的整理分析，并以图示的方法直观地表示两者之间因果关系。其分析过程如下：

（1）用圆形图或排列图找出现存的质量问题。

247

（2）讨论、分析、找出产生问题的各种原因。应从大到小，从粗到细，追根究源，直到能采取具体措施为止。

（3）罗列找到的各种原因按其因果关系画出因果图。

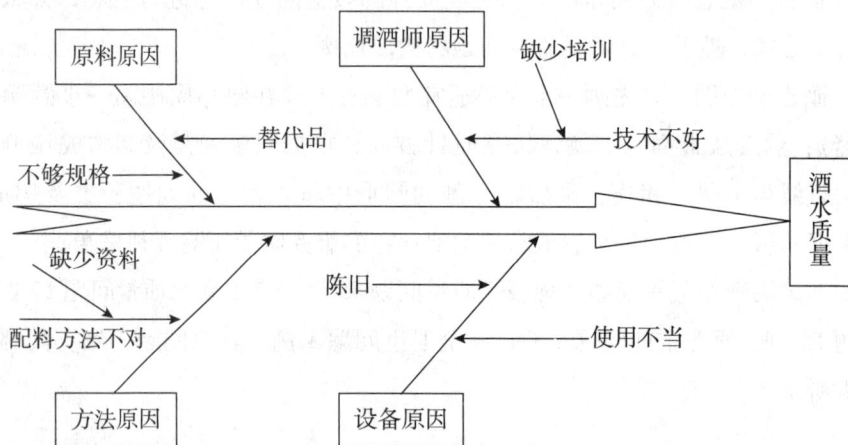

图 12－2 酒水质量因果分析图

三、PDCA 管理循环

找出了服务质量问题，分析了产生质量问题的原因，下一步就该寻求解决问题的措施与方法。这就需要运用 PDCA 管理循环。

PDCA 即计划（Plan）、实施（Do）、检查（Check）、处理（Action）的英文简称。PDCA 管理循环是指按计划、实施、检查、处理这四个阶段进行管理工作，并循环不止地进行下去的一种科学管理方法。PDCA 循环转动的过程，就是质量管理活动开展和提高的过程。

PDCA 管理循环的工作程序分四个阶段八个步骤：

（一）计划阶段

提出酒吧在一定时期内服务质量的主要任务和目标，并制定相应的标准。

步骤 1　分析服务质量现状，用圆形图找出存在的质量问题。

步骤 2　用因果图分析产生质量问题的原因。

步骤 3　找出影响质量问题的主要原因。

步骤 4　提出解决质量问题的质量管理计划，即应达到的目标及实现目标的方法。

（二）实施阶段

酒吧管理者组织有关部门或班组以及员工具体地实施质量管理计划所规定的目标。

步骤 5　实施计划，即按照制定的措施计划严格执行，同时还要注意做好各种原始记录，及时反馈执行中出现的各种情况。

（三）检查阶段

酒吧管理者应认真、仔细地检查计划的实施效果，并与计划目标进行对比分析，看是否存在质量差异，是正偏差还是负偏差。

步骤6　检查计划执行情况，看是否达到了预期目的。酒吧管理者检查要及时、认真、客观、公正，并与计划目标进行对比分析，看是否存在质量差异、是正偏差还是负偏差。

（四）处理阶段

酒吧管理者总结成功的管理经验，吸取失败的教训，提出本轮 PDCA 循环悬而未决的问题，自动转入下一循环的第一步，并开始新一轮的 PDCA 管理循环。

4.A：处理（Act）——如果有效，则规范化，否则，放弃或者重新试验　　　　1.P：计划（Plan）——确定改善的目标

4. Action　1. Plan

3. Check　2. Do

3.C：检查（Check）——研究改善结果是否有效　　　　2.D：实施（Do）——开始改善

图 12 - 3　PDCA 管理循环图

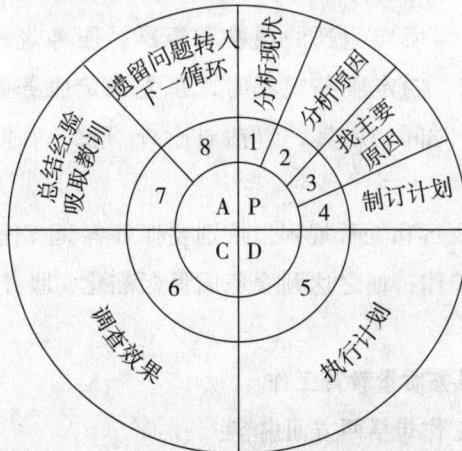

图 12 - 4　PDCA 管理循环八个具体步骤示意图

步骤7 总结经验教训。把成功的经验纳入有关质量标准、规范中去，使质量改进成果得到巩固和扩大。同时，对于质量管理中的失败之处，要注意吸取教训，以免重蹈覆辙。

步骤8 遗留问题转入下一轮循环。对于在这一 PDCA 循环中没有得到解决的问题，应及时加以整理，并把它作为制定新的服务质量整改方法的依据，转入下一个 PD-CA 训话阶段。一个 PDCA 循环过程至此结束，并可继续转入下一个循环过程。

任务三　酒吧服务质量控制管理

酒吧服务质量的控制是指采用一定的标准和措施来监督和衡量服务质量管理的实施和完成情况，并随时纠正出现的问题，保证酒吧服务质量管理目标的实现。

一、酒吧服务质量控制的基础工作

酒吧服务质量控制的目的是使酒吧的每一项工作都围绕着为宾客提供满意的服务，开展有效的服务质量管理，酒吧必须具备以下几个基本条件。

（一）收集酒吧服务质量信息

酒吧服务质量信息是反映服务质量的各种信息，如各种服务质量情况统计表、宾客意见卡、服务工作的原始记录等，这些记录是我们控制酒吧服务质量、发现服务质量问题、改进服务质量的重要依据。

（二）制定酒吧服务规程

服务规程是用描述性的语言规定酒吧某一特定的服务过程所包含的内容和作业顺序，规定该服务过程所应达到的规格和标准。服务规程既是服务过程动态的标准，也是服务的规范。制定服务规程时，首先确定服务的环节，再确定每个环节统一的动作、语言、时间、用具，包括对意外事件、临时要求的化解方式、方法等。

管理人员的任务是执行和处置规程，特别要抓好各套规程之间的薄弱环节，用服务规程来统一各项服务工作，使之达到服务质量标准化、服务岗位规范化和服务工作程序化、系列化。

（三）做好员工的服务质量教育工作

酒吧服务质量教育工作包括两方面内容：

1. 对员工进行服务质量管理的教育

其主要目的是使全体员工牢固树立服务质量第一的思想，懂得服务质量是酒吧的生命线；还要教育员工懂得质量管理的科学方法，自觉提高服务质量，自觉参加服务质量管理。

2. 对员工进行业务技术培训

酒吧要保证服务质量，必须提高员工的业务素质，员工业务素质的提高就要靠加强教育培训来实现。

二、酒吧服务质量控制的方法

在实际工作中，酒吧服务质量控制方法主要有以下几个方面。

（一）事前质量控制

所谓事前质量控制，就是为使酒吧服务结果达到制定的目标，在营业前所做的一切管理上的努力，其目的是防止营业服务中各种资源在质和量下产生偏差。事前质量控制要求根据酒吧服务质量管理标准，贯彻预防为主的方针，做好有形产品和无形劳务两大方面的充分准备，以确保在客人到来之前做好各种接待准备，做到有备无患。

事前质量控制的主要内容有人力资源的预先控制、物资资源的预先控制、卫生质量的预先控制以及事故的预先控制。

（二）服务过程中的质量控制

接待服务过程的质量是酒吧服务质量最直接、最具体的体现，是酒吧服务全过程的关键环节。服务质量的高低直接影响到顾客的满意程度和酒吧的声誉。

酒吧接待服务过程质量控制主要有以下两个方面的内容。

1. 层级控制

即通过酒吧各级管理人员一层管理一层地进行，主要控制重点程序中的重点环节。

2. 现场控制

酒吧服务质量的偏差往往是一瞬间发生的，有些偏差需要立即纠正，因此要加强现场管理。现场控制的主要内容是服务程序的控制、服务时机的控制、意外事件的控制和人力控制。

（三）事后质量控制，即服务质量的反馈控制

所谓反馈控制，就是通过质量信息的反馈，找出服务工作在准备阶段和执行阶段的不足，采取措施加强预先控制和现场控制，提高服务质量，使宾客更加满意。

信息反馈系统由内部系统和外部系统构成。内部系统是指信息来自服务员和经理等有关人员。因此，每天工作结束后，应召开简短的总结会，以便及时改进服务质量。信息反馈的外部系统是指信息来自宾客。为了及时得到宾客的意见。酒吧可放置顾客意见表，可主动征求客人意见。

建立和健全两个信息反馈系统，酒吧经理必须亲自或安排人员对每一个反馈信息做好记录，这样才有利于服务质量的改进，更好地满足宾客的需求。

扩展知识
吧台卫生工作流程

1. 服务员上岗前检查个人卫生是否符合卫生要求。

2. 清理吧台各部位卫生，擦拭吧台，货贺，橱窗，灯饰，展示商品，价签等，清扫地面并用墩布擦净。

3. 每日对食梯，冰块机，扎啤机，进行清洗消毒。

4. 酒具储藏柜要消毒的勺，放已消毒酒杯的货架或托盘等容器下面要垫消毒后的毛巾，放已消毒的勺、餐刀，餐叉的容器要铺垫已消毒的毛巾，客用、调酒用具要分别存放。

5. 储存酒水的保鲜柜（冰箱）和放凉菜的保鲜柜要每日清理并将内外擦拭干净，放凉菜的保鲜柜内要消毒。

6. 检查吧台存放的商品有无变质和超过保质期，商品存入吧台前要先检查外观和商标所标内容是符合卫生要求，并擦拭干净。

7. 吧台收款要专人负责，做到货款分开，防止污染。

8. 下班前做好收尾工作，餐具，酒具及啤酒，饮料机器要用专用盖布盖牢。

小贴士
酒吧经营之添酒服务技巧

一、酒吧经营之添酒服务技巧

在整个酒吧服务过程中，服务员应及时向宾客杯中增添酒，直至宾客示意不要为止。宾客台面上出现空杯，服务人员袖手旁观置之不理，是最严重的酒吧服务失职。一是对宾客服务的不周到；二是不利于进一步提高酒吧酒水的销售业绩。在酒吧服务过程中为宾客添加酒水时应注意以下几点：

1. 当宾客酒杯中酒水少于1/3时，就应该征询宾客意见，及时添加酒水。

2. 当宾客需要添加新的饮品时，服务人员应主动为宾客更换酒杯。

3. 宾客单杯购买酒水，需要添加时，一定要换用新的酒杯奉给宾客，切不可将酒水斟入原酒杯中。

4. 宾客台面上应始终留有酒杯，当着宾客的面撤收空酒杯是不礼貌的行为（会被宾客误认为在赶客人）。当然，如果在服务过程中宾客示意收去空酒杯则另当别论。

二、酒吧经营雪茄烟的服务

当宾客点雪茄烟后，酒吧服务员应准备一盒长支火柴、一个烛台和蜡烛、一把雪茄烟剪、一杯白兰地酒。具体服务步骤如下：

1. 将上述物品置于铺有台布的服务车上，推于宾客台面前。

2. 取下烟的包装，用雪茄烟剪将烟嘴部剪开一个小口。

3. 点燃蜡烛，将烟在烛焰上方3~4厘米处不断转动烘烤。

4. 用蜡烛的外焰将烟点燃，并将烟不时地晃动以助燃。

5. 将点燃的雪茄烟的烟嘴部轻轻蘸一下白兰地酒液。

6. 将点燃的烟递送给宾客，注意烟嘴部须朝向宾客。

🍵 任务检测

一、选择题

1. （　）是无形产品质量的关键所在，直接影响酒吧服务质量。

A. 礼貌礼节　　B. 职业道德　　C. 服务态度　　D. 服务技能和效率

2. 酒吧的宾客都习惯用自己的主观经验和愿望去衡量、评价酒吧的服务质量水平，特别重视自己的心里感受，所以同样的食宿条件、消费环境、服务态度，因宾客不同可以产生不同的甚至完全相反的联想和感受。这说明宾客消费需要具有（　）的特点。

A. 宾客消费需要的无限性　　　　B. 宾客消费需要的多层次性

C. 宾客消费需要的主观性　　　　D. 宾客消费需要的可变性

3. 酒吧接待能力是酒吧能够接待宾客并满足其需要的各种条件的总和，但不包括（　）。

A. 设施设备　　B. 服务水平　　C. 服务技能　　D. 环境气氛

4. 管理者通过现场巡视，督导下属员工按服务操作规程操作；及时处理宾客投诉，消除影响，发挥了酒吧控制的（　）。

A. 预先控制职能　　　　　　　　B. 现场控制职能

C. 反馈控制职能　　　　　　　　D. 事后控制职能

5. 服务质量的最终体现是（　）。

A. 宾客满意程度　　　　　　　　B. 受欢迎程度

C. 出售率　　　　　　　　　　　D. 投诉率

二、简答题

1. 酒吧服务质量的特点是什么?

2. 简述 PDCA 管理循环的工作程序的四个阶段八个步骤。

3. 简述酒吧服务质量控制的方法。

参考文献

［1］单铭磊．酒水与酒文化［M］．北京：中国物资出版社，2011.

［2］王天佑，袁广杰．酒水经营与管理［M］．3 版．北京：旅游教育出版社，2011.

［3］王天佑．酒水销售管理［M］．北京：清华大学出版社，北京交通大学出版社，2008.

［4］单铭磊．调酒与酒吧服务管理［M］．北京：北京大学出版社，2012.

［5］边昊，朱海燕．酒水知识与调酒技术［M］．北京：中国轻工业出版社，2010.

［6］贺正柏．菜点酒水知识［M］．北京：旅游教育出版社，2007.

［7］徐利国．调酒知识与酒吧服务实训教程［M］．北京：高等教育出版社，2010.

［8］熊国铭．现代酒吧服务与管理［M］．2 版．北京：高等教育出版社，2010.

［9］付生生，郑渊．酒水服务与酒吧管理［M］．2 版．大连：东北财经大学出版社，2011.

［10］陈昕．酒吧服务训练手册［M］．北京：旅游教育出版社，2006.

［11］牛晓斐，潘勇．酒吧服务实训教程［M］．北京：旅游教育出版社，2009.

［12］腾宝红．酒吧服务员岗位作业手册［M］．北京：人民邮电出版社，2008.

［13］林德山．酒水知识与操作［M］．武汉：武汉理工大学出版社，2009.

［14］吴克祥，曾婷婷．酒文化与酒水管理［M］．天津：南开大学出版社，2010.

［15］孙坤．菜肴与酒水制作［M］．合肥：安徽人民出版社，2009.

［16］田芙蓉．酒水服务与酒吧管理［M］．昆明：云南大学出版社，2007.

［17］黄进．酒水知识与调酒技术［M］．北京：中国地图出版社，2007.

［18］周文伟．国际调酒学［M］．苏州：苏州大学出版社，2007.

［19］龚威威，蔡丽平，韦薇，等．调酒技艺［M］．北京：清华大学出版社，2011.

［20］霍华德·沃森，徐楠楠，王玲玲，等．酒吧设计风格［M］．北京：高等教育出版社，2007.

［21］陈玉伟．酒吧：管理与产品制作［M］．北京：中国物资出版社，2011.